주머니 속의 미국사

주머니 속의 미국사

초판 1쇄 펴낸 날 2004. 2. 5
초판 6쇄 펴낸 날 2010. 9. 17

지은이   유종선
발행인   홍정우
발행처   도서출판 가람기획
등록   제17-241(2007. 3. 17)
주소   (121-841)서울시 마포구 서교동 465-11 동진빌딩 3층
전화   (02)3275-2915~7
팩스   (02)3275-2918
이메일   garam815@chol.com

값은 뒤표지에 있습니다.
잘못 만들어진 책은 구입하신 서점에서 바꾸어 드립니다.

주머니 속의 역사_002

주머니 속의 미국사

유종선 지음

신대륙 발견에서 9·11 테러까지

다시 쓰는 미국의 역사

이 책은 필자가 쓴 《한 권으로 보는 미국사 100장면》을 독자들이 보다 쉽게 미국사에 다가갈 수 있도록 간추린 것이다. 간추려 썼다고 는 하지만 많은 부분을 다시 쓰고 수정 · 보완했기 때문에 어느 면에 서는 이 책의 개정판이라 해도 좋을 듯하다.

미국의 역사에 관심은 있지만 두꺼운 책을 펼치기가 부담스러운 독자들에게 이 책은 좋은 안내서가 될 것으로 기대한다. 어차피 본격 적으로 미국사를 공부할 생각이 아니라면 대부분의 독자들은 이 책 만으로도 미국사에 대한 전반적인 지식을 얻을 수 있을 것이다.

이 책을 집필하면서 필자는 되도록 쉽고 간결하게 글을 쓰고, 그러 면서도 반드시 필요한 내용은 빠뜨리지 않도록 주의를 기울였다. 또 한 독자들이 책을 읽으면서 나름대로 상상의 날개를 펼칠 수 있도록 필자의 생각은 되도록 배제한 채 함축적으로 사실 위주의 역사를 쓰 고자 노력했다.

물론 방대한 역사를 간략하게 쓰다 보니 부족한 면도 있을 것이다. 무엇보다 '장면화' 하기가 어려운 문화사 영역을 배제한 것은 필자에게도 아쉬움으로 남는다. 또한 나름대로 꼭 중요하다고 생각되는 장면들은 놓치지 않으려 했지만 알지 못하는 사이 지나쳐버린 것도 있을 것이다. 앞으로 필자가 구상 중인 본격적인 미국사가 출간되면 이러한 아쉬움은 어느 정도 해소될 수 있을 것으로 기대한다. 미국을 알고 싶어하는 많은 독자들에게 이 책이 조금이나마 도움을 줄 수 있다면 더 바람이 없겠다.

이 책이 나오기까지 많은 분들의 도움을 받았다. 특히 교정과 편집 작업을 맡아 수고한 가람기획 출판사 여러분께 감사를 드린다.

2004년 1월
울산대학교 연구실에서 유종선

차 례

왜 미국의 역사를 읽는가

미국(美國, United States of America) 하면 무엇이 떠오르는가? 세계
유일의 초강대국, 부자 나라, 미국의 꿈(The American Dream) 같은,
듣기만 해도 부럽고 가슴 설레는 말들을 떠올리는 사람들도 있겠지
만, 오만한 제국, 황금 만능주의, 빈자의 무덤 같은 정반대의 이미지
를 떠올리는 사람들도 있을 것이다. 어떤 때는 우리의 친구인 것처럼
행동하다가도 순식간에 오만한 강대국으로 표변하는 미국을 보면서
적잖은 한국인들은 혼란을 느낀다.

미국이란 어떤 곳인가? 사실 미국에는 많은 얼굴이 있다. 미국을
알면 알수록 좋은 면보다는 지금껏 보지 못했던 나쁜 면들이 눈에 더
잘 들어온다. 잠깐 여행하면서 둘러보는 미국은 아름답고 친절하지
만 그곳에서 오래 살아본 사람들, 특히 한국인들은 미국이 싫다고 말
하는 경우가 많다.

이것은 별로 놀라운 일이 아니다. 미국만이 아니라 지구 위에 있는
어느 나라든 마찬가지일 것이다. 그저 정도의 차이만 있을 뿐이다.
그 다양한 얼굴을 보기 전까지는 누구도 어떤 나라에 대해 잘 안다고
말할 수 없다. 그러므로 막연한 선입견이나 불충분한 지식, 그리고

한두 가지의 개인적 경험만으로 쉽게 어떤 결론을 내려서는 안 된다.

다양한 얼굴들을 보고 경험하는 것 못지않게 한 나라를 이해하는 데 있어 중요한 것은, 그 다양하고 모순되는 얼굴들을 가지고 그 나라가 어떻게 살아가고 있는지를 이해하는 일이다. 종교와 도덕이 땅에 떨어진 듯이 보이는 사회지만 대통령은 자신의 집무실에서 각료들을 소집해 경건한 성경공부 모임을 인도한다. '악의 축'을 응징하기 위해 전쟁을 준비하는 백악관 앞에 수많은 사람들이 모여 맹렬한 반전 시위를 벌인다. 그러다가도 일단 전쟁이 벌어지면 반전주의자도 한순간에 열렬한 애국자가 된다. 이기적인 개인주의가 판을 치는 가운데 사람들은 자선사업에 아낌없이 돈을 내놓는다. 원래 살던 사람들(인디언들)을 사냥하듯이 잔인하게 몰살한 사람들이 다른 나라들의 소수민족 탄압을 맹렬히 비난한다. 그러면서도 대부분의 미국인들은 이에 대해 별다른 양심의 가책을 느끼지 않는다.

이것은 미국이 다양성을 존중하는 사회라거나, 사람들과 사회가 위선적이라는 따위의 말로 간단히 설명할 수 있는 문제가 아니다. 심각한 자기모순을 안고 있는 한 한 국가와 사회는 오래 존속할 수 없다.

이 모든 다양성과 모순을 안고도 미국이 여전히 강대국으로서의 지위와 자기정체성을 유지할 수 있는 것은 '모순을 모순으로 느끼지 않고 해소해나가는' 자신만의 독특한 삶의 방식이 있기 때문이 아닐까? 이 중에는 물론 위선적이고 자기기만적인 요소들도 있다. 그렇지만 모두가 그런 것은 아니다. 우리 눈에는 우스꽝스러운 자기기만으로 보이지만 미국인들 스스로는 진심으로 전혀 그렇게 생각하지 않는 것들도 있다.

미국의 역사를 공부하는 것은 말하자면 이러한 그들만의 삶의 방식을 이해하기 위해서다. 물론 역사가 전부는 아니다. 그들의 언어를 익히고 그 사회에 직접 들어가 부대끼며 살아보기 전에는 미국을 제대로 안다고 말할 수 없다. 그렇지

뉴욕 엘리스 섬에 몰려든 이민자들(1906). 미국은 세계 각국의 이민자들이 원주인(인디언)들을 몰아내고 건설한 다민족 사회다.

만 제3자의 입장에서 그래도 비교적 손쉽게 그들의 삶에 들어가볼 수 있는 방법이 있다면 그것은 역사를 통해서다. 역사에는 그들의 가치관과 삶을 크게 굴절시킨 중요한 사건들과 장면들이 있다. 우리 눈에는 하찮게 보여도 그들에게는 엄청나게 중요했던 역사의 장면들도 있다. 이러한 장면들이 연속적으로 이어지면서 그들의 가치관과 삶의 방식은 점점 일관되고 분명한 모습을 지니게 되고, 이것은 다시 역사의 새로운 장면들을 통해 후대에 이어진다.

미국의 역사를 공부하는 데 바로 읽는 역사와 거꾸로 읽는 역사, 정통주의 역사와 수정주의 역사가 있다고 말한다. 이른바 역사관의 문제다. 관점이나 태도에 따라 한 가지 사건이나 사실도 전혀 다르게 보일 수 있다. 미국을 알기 위해 미국의 역사를 읽는다고 하는데, 먼저 어떤 역사관으로 접근할 것인지를 정해야 하지 않을까? 물론 중요한 문제지만 미리 걱정할 필요는 없을 듯하다. 역사관이라는 것은 객관적 사실보다는 개인적 경험이나 선입견에서 비롯되는 경우가 더 많기 때문이다.

중요한 것은 있는 그대로의 사실이다. 역사여행을 떠나기 위해서는 옛날에 무슨 일이 있었는지에 대한 단순하고 순수한 호기심 하나면 일단 충분하다. 여기에 한 가지를 더한다면 최대한 동정적인 태도, 다시 말해 처음부터 무조건 비판하기보다는 끝까지 이해하고자 노력하는 마음가짐이다. 역사를 '거꾸로' 읽거나 비판하거나 '수정주의적으로' 해석하는 일은 나중에 해도 늦지 않다. 지금부터 가벼운 마음으로 미국 역사로의 짧은 여행을 떠나보기로 하자.

제1장 개척

아메리카의 원주인, 인디언

콜럼버스가 발견한 신대륙에는 이미 사람이 살고 있었다. 원래 인도를 찾아 배를 타고 나섰고, 그래서 죽을 때까지 자기가 발견한 땅을 인도라 믿었던 그는 이 사람들을 인도인(인디언)이라 불렀다. 인디언은 아메리카 대륙에서 기원한 또 하나의 호모 사피엔스가 아니고 아시아에서 건너온 종족이다. 말하자면 아메리카 최초의 이민자인 셈이다. 이들은 언제, 어떤 경로로 아메리카로 건너오게 되었을까?

지금으로부터 약 3만 년 전에 갈색 피부, 검은 머리카락과 눈동자, 불거져나온 광대뼈로 한눈에 몽고족임을 알 수 있는 한 무리의 사람들이 시베리아 동쪽 끝 데주뇨프 곶에 서 있었다. 그들의 고향은 원래 몽고의 고비 사막 부근이다. 지금 서 있는 곳에서 남서쪽으로 5,000킬로미터나 떨어진 곳이다. 추위와 굶주림, 그리고 원주민의 습격을 헤치고 이곳까지 오는 데 수십 년이 걸렸고 그 사이에 처음 길을 나섰던 동료의 대부분이 목숨을 잃었다.

왜 그들은 고향을 떠나야만 했는가? 고비 사막은 원래 넓은 초원과 비옥한 토지가 펼쳐진 축복받은 땅이었다. 그런데 갑자기 기후가 변해 땅이 마르기 시작했다. 그들은 살아남기 위해 새로운 초원을 찾아나서지 않을 수 없었다. 운 나쁘게도 그들의 앞에는 척박하고 추위가 살을 에는 땅만이 펼쳐져 있었다. 급기야 더 갈 곳이 없는 이곳 바다까지 내몰렸다. 게다가 추격대가 그들을 뒤쫓고 있었다. 어떻게 해야 할 것인가?

그때 갑자기 눈앞의 구름이 걷히고 남서쪽 바다(베링 해협) 저편에 우뚝 솟은 땅(빅 다이오미드 섬)이 보였다. 근처에서 훔친 카약 몇 척에 서둘러 올라탄 이들은 무작정 섬을 향해 노를 저었다. 그러나 수십 킬로미터를 항해하여 당도한 그 섬에는 먹을 것이 없었고 터를 잡고 살기에는 너무 황량해 보였다. 바다 건너 동쪽으로 가까이 또 섬이 하나 보였으므로 그들은 항해를 계속하여 오늘날 알래스카 수어드 반도 서쪽 끝에 닿았다. 이렇게 해서 인디언이 최초로 아메리카에 발을 내디뎠던 것이다.

위의 이야기는 물론 상상으로 지어낸 것이다. 그렇다고 해서 이 이야기가 전혀 근거가 없는 것은 아니다. 아메리카 인디언의 기원에 대해서는 의견이 분분하지만, 대부분의 학자들은 이들이 몽고족으로, 시베리아로부터 위의 길을 따라 아메리카로 건너왔다고 말한다. 물론 한 무리만 건너온 것이 아니고 수천 년에 걸쳐 많은 사람들이 건너왔다. 당시 북미 대륙은 빙하로 뒤덮여 있었으므로 이들은 빙하 사이로 남진을 계속해 남북미 전체에 퍼져 살게 되었다.

아메리카에 건너온 인디언들은 유럽 인들이 몰려오기까지 수천 년, 아마도 수만 년을 다른 문명들로부터 격리된 채 독자적으로 살아왔다. 오늘날의 멕시코와 페루 지역에는 잉카와 마야 문명이 화려한 꽃을 피웠는데, 이를 처음 목도한 스페인 사람들은 당시 멕시코의 도시가 마드리드만큼 크고 베니스만큼 아름다웠다고 말했다. 마야 제국에서 사용된 달력은 유럽 인들이 자랑하는 율리우스 달력보다 더 정확했다고 한다.

이에 비해 북미주의 인디언들은 문명적으로 훨씬 낙후된 상태에 있었다. 1500년대까지도 대부분의 북미 인디언들은 서양 문명사에서 말하는 초기 철기시대쯤에 해당하는 반농경, 반수렵 생활의 단계에 머물러 있었다. 현재의 뉴멕시코와 애리조나 주 일대에 살던 푸에블로 족 정도가 한곳에 정착하여 집을 짓고 공동생활을 했을 뿐이다.

대평원에 살던 인디언들은 들소 떼를 따라 이동하면서 수렵생활을 했다. 수렵이라고는 하지만 걸어다니면서 활과 창으로 하는 아주 원시적인 형태였다. 서부 영화를 보면 인디언들이 날렵한 말에 올라타 들소 떼를 쫓는 장면이 많이 나오는데, 사실 이들이 탄 말은 나중에 유럽에서 건너온 것이다. 미국 동북부 뉴잉글랜드 지역에 살던 인디언들은 주로 농경생활을 했는데, 콩·호박·담배 등을 재배했다. 때로는 카누를 타고 물고기도 잡고 사슴 같은 들짐승도 사냥했다. 비버를 잡아 그 가죽으로 외투를 만들어 입기도 했지만, 대부분의 남자들은 한겨울에도 거의 벌거벗고 살았다.

인디언 사회는 대부분 매우 단순한 조직을 가지고 있었다. 공동체의 기본 단위는 추장이나 장로협의체가 이끄는 부족이었다. 추장이나 장로의 권위는 절대적이었고 같은 부족들 간의 분쟁은 이들의 중재에 의해 대부분 평화적으로 해결되었다. 넓은 땅에 흩어져 살았으므로 서로 거의 왕래가 없었고, 이웃하여 산다고 해도 서로의 영역을 침범하지 않았다. 다른 인류의 조상들과 마찬가지로 그들도 영원불

멸을 믿었고 자연을 숭배했다. 인디 언들은 흔히 호전적이고 잔인하며 미개한 유목민족으로 묘사되고 있지 만 이는 서부 영화가 만들어낸 허구 로서 사실과는 전혀 다르다. 비록 문 명적으로는 미개했으나 그들은 평화 를 사랑한 고상한 민족이었다.

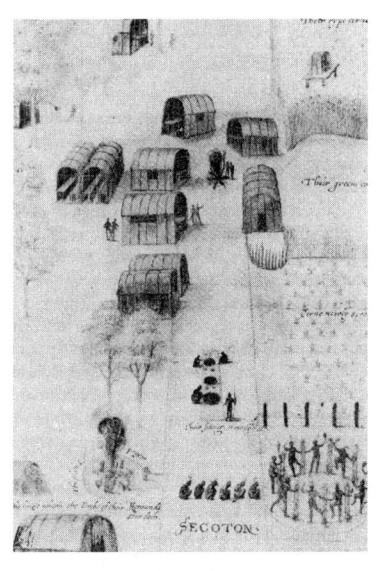

콜럼버스가 신대륙을 발견할 당시 아메리카에는 약 5,000만 명의 인디 언이 살고 있었던 것으로 추정된다. 그러나 북미에는 단지 약 150~200 만 명 정도만이 있었다. 왜 인디언 들이 남쪽에 더 몰려 살게 되었을 까? 아마도 자연환경 때문이었을 것

존 화이트라는 초기 탐험가가 1580년경 버지니아 세커턴의 한 인디언 마을을 묘사 한 그림이다. 당시 인디언들의 생활상을 엿볼 수 있는 귀중한 자료다.

이다. 북미 대륙에서 빙하가 걷히기 시작한 것은 불과 7~8,000년 전 의 일이고 그전까지는 따뜻한 남쪽이 훨씬 살기 좋았다.

북미 인디언의 수가 적었다는 것은 미국의 역사와 관련해 우리에 게 한 가지 중요한 점을 시사한다. 곧 인디언들은 처음부터 유럽 인 들의 적수가 되지 못했다는 것이다. 불과 수백만의 원시인들이 총과 대포로 무장한 수천만의 유럽 인들을 상대할 수는 없었다. 인디언들 은 일방적으로 토벌당했고, 살아남기 위해 가끔 처절하게 저항했을 뿐이다. 미국인들이 인디언들의 맹렬한 저항을 뚫고 서부를 개척했 다는 식의 이야기는 사실과 크게 다르다. 인디언들에게 '희생된' 유

럽 인들의 수는 역사를 통틀어 수천, 많아야 수만을 넘지 않는다. 반면 유럽 인들이 죽인 인디언의 수는 그 수백 배에 달한다.

지금 북미 대륙에는 에스키모를 포함하여 약 150만 명의 인디언들이 살고 있다. 유럽 인들의 정복과 그들이 가지고 온 문명의 선물, 곧 홍역과 감기와 성병 등으로 인해 수많은 인디언들이 죽어갔다. 살아남은 일부는 유럽 인들과 섞여 혼혈이 되기도 했고, 대부분은 아직도 오지에서 낙후된 삶을 살고 있다.

인디언의 역사는 흑인 노예의 역사와 함께 미국 역사의 치부이고 미국의 양심을 할퀴는 지울 수 없는 상처로 남아 있다.

유럽과 신세계의 만남 - 콜럼버스의 신대륙 발견

크리스토퍼 콜럼버스 일행이 아메리카, 정확히 말하면 오늘날의 산살바도르 섬을 '발견한' 것은 1492년 10월 12일 새벽 2시경이었다. 산타마리아 호 등 세 척의 범선을 끌고 스페인의 팔로스 항을 떠난 지 33일 만의 일이었다.

사실 아메리카를 발견한 것은 콜럼버스가 처음이 아니다. 우선은 인디언들이 먼저 발견했고, 콜럼버스 이전에도 동양의 배들이 태평양을 건너 아메리카 서해안에 상륙했을 가능성도 있다. 1010년에는 토르핀 카를세프니라고 하는 노르만 인이 동료들과 함께 아이슬란드로부터 오늘날의 뉴펀들랜드로 건너와 2~3년을 머문 적도 있었다. 무엇보다도 콜럼버스가 '발견한' 것은 임자 없는 빈 땅이 아니었다. 인디언들이 이미 터를 잡고 살고 있었기 때문이다. 이를 '발견했다'고 우기는 것은 원주인을 몰아내고 그 땅을 차지한 정복자의 궤변이다. 엄격히 말하면 콜럼버스와 유럽 인들이 신대륙을 발견한 (discover) 것이 아니고 유럽과 신대륙이 처음 만났다고(encounter) 해야 할 것이다.

물론 이것은 콜럼버스의 업적을 깎아내리려는 것이 아니다. 콜럼버스의 아메리카 도착은 분명 세계사의 가장 획기적인 사건 중의 하나다. 노르만 인의 발견은 발견으로 끝났지만, 콜럼버스가 아메리카를 다시 발견한 후에는 유럽 인들이 몰려와 식민지를 만들고 오늘날의 아메리카를 건설한 것이다.

이것은 당시 유럽의 정치·경제적 상황과 밀접한 관련이 있었다. 우선 중세 말기의 혼란을 틈타 지방의 강자로 떠오르기 시작한 여러 군주들은 넘치는 군사력을 국외로 돌릴 필요성이 생겼다. 해외 식민지는 야심만만한 군인들에게 힘의 분출구를 제공함으로써 국내 정치의 안정을 기할 수 있게 했고, 식민지에서 흘러들어오는 보물은 군주들에게 엄청난 부를 안겨주었다. 더 결정적으로는 종교개혁과 종교전쟁의 여파로 유럽에 수많은 종교적 난민이 발생한 사실을 지적할 수 있다. 신대륙은 이들에게 이상적 피난처를 제공했다. 유럽의 상황이 이렇지 않았다면 콜럼버스의 아메리카 발견도 일회적 사건으로 그쳤을지 모른다.

콜럼버스의 항해와 신대륙 발견은 흔히 모험, 용기, 개척정신의 상징으로 사람들의 입에 오르내린다. 그는 뛰어난 뱃사람이면서 비범한 용기의 소유자였다. 당시 유럽의 실력자였던 이사벨라 스페인 여왕의 인정을 받을 만큼 그의 용기와 모험심은 일찍부터 많은 사람들의 칭송의 대상이었다.

대서양을 건너겠다는 그의 계획 또한 그랬다. 당시 지구가 둥글다는 사실을 믿었던 사람은 별로 없었고, 둥글기 때문에 어느 곳을 가기 위해서는 전혀 반대의 길을 택해도 될 것이라는 기발한 착상에 도달한 사람은 더욱 없었다. 다만 콜럼버스가 몰랐던 것은 지구가 과연 얼마나 큰가 하는 것이었다. 그가 궁극적으로 가고자 한 곳은 중국과 인도였는데(마르코 폴로의 여행기를 통해 이들의 존재는 유럽 인들에게 이미 잘 알려져 있었다), 서쪽으로 가는 길이 지금까지 사람들이 다니던 동쪽 길보다 열 배나

콜럼버스의 신대륙 상륙. 이들의 손에 들린 십자가와 총은 아메리카의 앞날을 상징하는 듯하다.

더 멀다는 것을 알았더라면 아무리 용기 넘치는 사람이라도 그렇게 쉽게 모험의 길을 떠나지는 못했을 것이다.

아무튼 그가 모험의 길을 떠나게 된 데는 여러 가지 이유가 있었다. 그는 열렬한 가톨릭 신자였는데, 당시 이슬람의 위협이 심각했던 상황에서 중국과 인도의 왕들 가운데 기독교에 동조할 사람들이 있는지를 찾아보고자 하는 것도 이유 중 하나였다고 한다. 그 외에도 유럽의 패자覇者를 꿈꾸는 이사벨라의 야심, 군인으로서의 정복욕, 그리고 무엇보다 경제적 욕심도 있었다.

당시 유럽에서 향신료는 음식과 약품으로 두루 쓰인 대단히 귀한 물건이었는데, 주로 중동 지방을 통해 동양으로부터 흘러들어왔다. 문제는 그 무역 통로의 한가운데에 오스만투르크가 버티고 앉아 길을 가로막고 있는 것이었다. 그들을 피해 아프리카 대륙을 멀리 남으로 돌아가는 방법이 있었지만 이것은 너무 멀고 위험한 길이었다.

콜럼버스는 지구가 둥글다는 것을 믿고 무조건 서쪽으로 가보기로 했다. 운 좋게 동양으로 가는 새 길을 찾아내면 무역을 독점하여 일

확천금을 얻을 수도 있고, 혹시 중간에 임자 없는 땅이라도 발견하면 그곳의 왕이 될 수 있을지도 모르는 일이었다. 그가 스페인을 떠날 때 소지했던 이사벨라 여왕의 특허장에는 목적을 달성했을 때 그가 받게 될 '영예와 은전'에 대해 이렇게 기록하고 있다.

우리는 그대 콜럼버스가 대양에서 앞서 말한 도서와 대륙(일본과 중국을 말함. 콜럼버스는 인도의 동쪽에 이들 나라가 있음을 알았고, 동쪽에서 출발하면 인도에 앞서 이들 나라에 먼저 도착할 것이라고 믿었다—필자 주)을 발견하고 정복한 후 이곳의 제독이 되기를 원하노라. ……그리고 앞으로 경은 자신을 돈 Don 크리스토퍼 콜럼버스라고 부르고 이의 칭호를 쓸 수 있으며, 경의 아들과 상속자가 위의 직책을 맡게 되면 그들에게도 '돈', 제독, 국왕 대리 및 총독의 칭호를 붙일 수 있다…….

'돈'은 스페인의 귀족 칭호다. 직조공의 아들로 태어난 콜럼버스에게 이것은 대단한 영예였을 것이다.

콜럼버스는 '서인도'를 발견함으로써 이러한 자신의 꿈이 이루어질 것으로 확신했다. 첫 번째 항해를 성공적으로 마친 후에도 세 번이나 더 그곳으로 가 자신의 나라를 건설하고자 했으나, 불행하게도 그는 돈과 명예 그 어느 것도 얻지 못했다. 결국은 같이 목숨을 건 동료들과 그를 재정적으로 후원한 이사벨라 모두에게 버림받고, 쓸쓸함과 가난 속에서 1506년에 사망했다.

오늘날에도 콜럼버스에 대한 평가는 엇갈린다. 절세의 영웅이자 모험가로 추앙하는 사람이 있는가 하면, 추잡한 장사꾼, 잔인한 정복자에 불과하다고 폄하하는 사람도 있다. 특히 콜럼버스 자신과 그 부하들이 인디언들에게 가한 잔학행위는 그의 명성에 결정적인 흠을 남기고 있다.

콜럼버스는 특히 미국에서 인정을 받지 못하고 있다. 콜럼버스 기념일(Columbus Day, 매년 10월 둘째 주 월요일이며, 원래는 10월 12일이었다)이 있기는 하지만 아는 사람은 알고 모르는 사람은 모르는 그저 그런 명절일 뿐이다.

이처럼 콜럼버스 기념일이 유명무실해진 가장 큰 이유는 인디언을 비롯한 소수민족들의 거센 반발 때문이다. 콜럼버스의 신대륙 도착이 유럽 인들에게는 복음이었을지 몰라도 인디언들에게는 비극의 시작이었다. 동시에 그가 가톨릭 신자이자, 이탈리아 사람이었고, 스페인과 밀접했다는 사실도 주류 미국인들의 정서와는 맞지 않는 면이 있었을 것이다.

어찌 되었든 콜럼버스 이후 신대륙은 유럽 침략자들에 의해 무법천지가 되었다. 잉카와 마야의 화려한 문명이 유럽 인들의 총칼 앞에 하루아침에 잿더미가 되었고, 기독교와 신의 이름으로 수많은 인디언들이 학살당했으며(인디언들의 인간성 여부는 당시 유럽 기독교계의 첨예한 논쟁거리였다), 엄청난 양의 금은보화가 배에 실려 신대륙에서 유럽으로 흘러들어갔다. 스페인의 신대륙 독점을 시기한 포르투갈이 항의하자 교황은 1494년에 이 거대한 땅을 그들에게 사이좋게 나누어 주었다. 머지않아 영국, 프랑스, 네덜란드가 신대륙 경영에 합류했다. 이렇게 해서 유럽 인들에 의한 아메리카 정복의 역사가 본격화되었다.

순례의 조상들(The Pilgrim Fathers)

    콜럼버스의 신대륙 '발견' 이후에도 북미 대륙은 한동안 유럽 인들의 관심 밖에 있었다. 스페인은 유명한 무적함대를 앞세워 신대륙 경영을 독점했는데, 중남미 하나만으로도 충분했을 뿐 아니라 그 이상은 진출하고 싶어도 힘이 닿지 않는 형편이었다. 다른 나라들도 신대륙에 큰 관심은 있었지만 스페인의 견제로 뜻을 이루지 못하고 있었다.

    1588년 신흥 강국으로 부상한 영국과 스페인 사이에 전쟁이 일어나 영국 해군이 스페인의 무적함대를 격파하는 일대 사건이 벌어졌다. 영국은 스페인을 꺾고 하루아침에 유럽의 최강대국으로 떠올랐으며 신대륙의 주도권도 자연히 스페인에서 영국으로 넘어갔다.

    스페인과 달리 영국의 신대륙 진출은 북미에 집중되었다. 스페인과의 전쟁 전에도 험프리 길버트와 월터 롤리의 탐험을 거쳐 1587년 최초의 영국 이민자들이 노스캐롤라이나 연안의 로어노크 섬에 정착한 일이 있었다. 1606년에는 체서피크 만을 거슬러 일단의 이민자들이 대륙에 첫발을 내디뎠고, 이들은 북미 최초의 영국 식민도시 제임스타운을 건설했다. 초기에는 엄청난 어려움이 있었지만 당시 유럽

귀족들의 기호품이었던 담배 덕분에 이들은 어느 정도 자리를 잡는 데 성공했다.

그러나 최초의 이민자들이 갖은 고생을 하며 신대륙 경영의 기초를 마련했음에도 불구하고 오늘날 미국인들은 이들을 자기네들의 선조로 생각하지 않는다. 우선 이들 대부분이 빈민이나 부랑자, 전과자 등 선조로 내세우기는 좀 부끄러운 비천한 계층 출신이었으며, 이들이 신대륙에 건너온 것도 돈벌이 외에는 다른 목적이 없었다. 그러나 미국이 이들에 의해 시작된 것은 엄연한 역사적 사실이다. 미국이 개척정신에 불타고 자유와 평등의 숭고한 이념을 가진 이들에 의해 시작되었다는 것은 어느 나라에나 있을 법한 하나의 건국신화에 불과하다.

어찌 되었든 미국인들이 오늘날 그들의 선조로 자랑스럽게 내세우는 사람들은 이른바 '순례의 조상들(The Pilgrim Fathers)'이라는, 1620년 메이플라워 호를 타고 뉴잉글랜드 플리머스로 건너온 일단의 청교도들이다. 더 정확히 말하면 이들은 분리주의자들(The Separatists)이라고 하는 청교도의 한 급진적 분파다. 이들이 어떻게 신대륙까지 오게 되었는지 그 배경을 잠시 살펴보도록 하자.

영국의 프로테스탄트들을 청교도라고 불렀던 것은 모두 잘 아는 사실이다. 대륙에서 종교개혁이 일어나자 영국의 헨리 8세는 1534년에 '수장령'을 발표해 로마 교황과의 관계를 일방적으로 단절하고 스스로 영국국교회의 수장首長이 되었다. 이것도 어떻게 보면 종교개혁이라고 할 수 있겠지만, 헨리 8세가 만든 영국국교회는 교황이 임명한 사제들을 몰아내고 국왕이 새로 사제들을 임명한 것에 지

케이프 코드에 닻을 내린 메이플라워 호. 후대에 그려진 그림이지만 순례의 조상들이 품었던 이상과 불안감을 잘 표현하고 있다.

나지 않았다. 교회의 조직이나 교리 역시 로마 교회의 것을 거의 그대로 따랐다. 분파에 따라 정도의 차이는 있었지만 청교도들은 여기에 반대했고 이 때문에 영국에서는 16~17세기 내내 국왕과 청교도 사이에 분쟁이 끊이지 않았다.

청교도 가운데도 여러 분파가 있었는데, 분리주의자들은 가장 급진적인 부류에 속했고 따라서 일찍부터 박해의 대상이 되었다. 이들은 박해를 피해 네덜란드의 레이덴으로 피난을 갔다가 그곳마저도 안전하지 못하자 신대륙으로 넘어올 결심을 하게 된 것이다. 이들은 버지니아 주식회사와 몇몇 상인들로부터 식민지 경영의 허가장과 자금을 받아들고 메이플라워 호를 타고 두 달간의 힘든 항해 끝에 원래 예정했던 지점보다 훨씬 북쪽인 케이프 코드에 도착했다. 1620년 11월 11일의 일이었다.

그런데 이들이 도착한 곳은 너무 북쪽이어서 아직까지 어느 누구도 본격적으로 탐험하거나 특허장을 받은 일이 없었고, 따라서 이들은 배에서 내리기 전 시민적 정치공동체를 자체적으로 구성하기로 서로 협약을 맺었다. 이것이 유명한 '메이플라워의 서약'이다. 배에 탔던 성인 남자 41명이 서명한 협약의 내용은 다음과 같다.

(아래 서명한 우리는) 신의 영광과 기독교 신앙의 증진, 그리고 우리의 국왕 및 조국의 명예를 위하여 버지니아의 북부 지방에서 최초의 식민지를 건설하기 위해 이 배를 타고 왔다(당시에는 플로리다 북쪽 해안지역 전체를 버지니아라고 불렀다―필자 주). 이제 이 문서를 통하여 바람직한 질서수립과 보존, 그리고 위의 목적들의 촉진을 위해 엄숙하게 상호간에 신과 서로의 면전에서 계약을 체결하고 시민적 정치 단체로 결속한다. 이를 바탕으로 식민지의 일반적 복지를 위하여 가장 적합하고 적절하다고 생각되는 정의롭고 공평한 법률과 법령과 결정, 그리고 관직들을 수시로 제정하고 구성하고 조직하기로 한다. 이를 입증하기 위해…… 우리의 이름들을 여기 서명하노라.

　이에 따라 이들은 동료 가운데 존 카버를 지도자로 선출하고, 정착지에 종교적 자유와 인민 평등을 근간으로 하는 공동체를 건설하기로 약속했다. 이것은 아마 역사상 구성원들이 모두 참여한 계약에 의해 정치공동체가 만들어진 유일무이한 예가 될 것이다. 다른 식민지들과 달리 이들이 건설한 플리머스는 후일 매사추세츠에 합병될 때까지 거의 완벽한 자치권을 행사했다.

　일단 희망을 안고 배에서 내리기는 했지만 그들이 이후에 겪어야 했던 어려움은 상상을 초월하는 것이었다. 때는 마침 겨울이어서 북쪽의 사나운 추위가 몰아닥쳤고 먹을 것도 많이 부족했다. 결국 그해 겨울에 절반 이상이 목숨을 잃었다. 그러나 불굴의 신앙적 열정으로 뭉친 그들은 포기하지 않았고, 이듬해 메이플라워 호가 본국으로 돌아갈 때 아무도 그 배를 다시 타지 않았다.

그들에게 행운이 있었다면 주위에 버려진 농토가 많았고 무엇보다도 원주민들의 도움을 받을 수 있었다는 것이다. 원주민들은 이들에게 옥수수 씨앗을 주고 농사짓는 법도 가르쳐주었다. 그해 추수가 끝나고 순례의 조상들은 그들을 도와준 인디언들을 초대해 옥수수와 야생 칠면조로 사흘 동안 감사의 잔치를 벌였다. 이것이 미국 추수감사절의 기원이라고 전해진다.

이렇게 어려움을 극복하고 나자 순례의 조상들은 궁핍하지만 그런대로 낯선 땅에 자리를 잡고 살 수 있게 되었다. 이들의 종교적 열정과 개척정신을 동경하는 사람들이 더러 바다를 건너 찾아오기도 했다. 하지만 플리머스는 식민지로는 번성하지 못하고 1691년에 이웃의 매사추세츠 식민지에 합병되고 말았다. 합병 당시 플리머스에는 겨우 7,000명의 주민들만이 남아 있었다.

하지만 순례의 조상들이 보여준 개척정신과 불굴의 의지는 훗날 미국인들에게 신화처럼 살아남았고 오늘날의 강대한 미국을 이룬 정신적 자산이 되었음을 아무도 부인하지 못할 것이다.

13개의 식민지

순례의 조상들이 신대륙에 발을 내디딘 이후 북미 동해안에는 속속 영국의 식민지들이 건설되기 시작했다. 17세기부터 18세기 초에 이르기까지 모두 13개의 식민지가 건설되었는데, 각 식민지들의 이름과 건설 경위는 다음과 같다.

버지니아 1606년 런던 주식회사라고 하는 투자회사에 의해 건설된 최초의 식민지다. 담배 농사로 크게 번성했다. 존 스미스가 초대 총독이었는데, 그를 사랑했던 인디언 아가씨 포카혼타스의 이야기로도 유명하다. 1622년 인디언들의 공격으로 큰 타격을 입고 런던 주식회사가 특허장을 반납하는 바람에 영국 왕의 직할 식민지가 되었다.

펜실베이니아 1681년 퀘이커 교도였던 윌리엄 펜이 건설했다. 펜은 이곳에서 토지 무상분배, 만장일치에 의한 의사결정, 사형의 폐지 등 퀘이커 교의 종교적 이상들을 실천했다. 특히 독일계 퀘이커 분파인 메논 종파 교도들이 대거 이곳으로 몰려들었다. 펜의 이 같은 '거룩한 실험(The Holy Experiment)'은 18세기 유럽 지성계에 커다란 영향을 미쳤다.

메릴랜드 볼티모어 경이 찰스 1세에게 특허장을 받아들고 체서피크 만 북단 일대에 건설한 식민지다. 가톨릭 교도였던 볼티모어는 원래 이곳을 가톨릭 교도들에게만 개방할 생각이었으나 이민자를 끌어들이기 위해 종교 관용법(The Maryland Toleration Act, 1634)을 발표하고 프로테스탄트들도 받아들이기 시작했다. 그러나 나중에는 프로테스 탄트들의 세력이 오히려 강대해져 가톨릭 교도들이 공민권을 박탈당하는 일도 벌어졌다. 옥수수, 담배, 육류 등을 생산하는 농업 식민지로 발전했다.

매사추세츠 일단의 청교도들이 1620년대 후반 이곳에 정착함으로써 시작되었다. 1630년대에 본국의 박해를 피해 수만 명의 청교도들이 대거 이곳에 건너와 크게 발전했다. 주민들이 직접 선출한 초대 총독 존 윈스럽의 탁월한 지도력도 돋보였다. 주도시는 보스턴이었으며, 주민 대부분이 청교도들이었기 때문에 다른 어떤 식민지보다도 반영 反英적 분위기가 강했다.

로드아일랜드 매사추세츠의 지나치게 경직된 종교적 분위기에 반발 해 로저 윌리엄스가 추종자들을 이끌고 1636년 로드아일랜드 프로비던스에 건설한 식민지다. 완전한 종교의 자유를 보장하고 매사추세츠와는 달리 주민 모두에게 동등한 투표권을 부여함으로써 많은 이민자들을 끌어모았다.

코네티컷 역시 매사추세츠 출신 토머스 후커 목사가 1636년에 건설했다. 하트포드와 뉴헤이븐을 중심으로 발전했으며, 1662년에 찰스 2세에게 정식 특허장을 받았다.

델라웨어 1638년 스웨덴 이민자들이 포트크리스티나, 오늘날의 윌밍턴에 정착한 데에서 비롯되었다. 1655년 뉴욕 주(당시는 뉴암스테르담 주)로 편입되었다가 1682년 다시 펜실베이니아 주에 양도되었으며, 미국 독립전쟁의 발발과 더불어 비로소 자치주로 독립해 오늘날의 이름을 가지게 되었다.

메인과 뉴햄프셔 존 휠라이트가 매사추세츠로부터 건너와 건설했다. 처음에는 매사추세츠 식민지에 부속되어 있었으나 1680년에 뉴햄프셔가 독립했고, 메인은 1820년에야 매사추세츠로부터 떨어져나왔다.

뉴욕 원래 네덜란드 인이 세운 뉴암스테르담 식민지를 영국이 1668년 무력으로 빼앗고 뉴욕으로 이름을 바꾸었다. 주로 해상무역을 통하여 번성했으며, 영국령이 된 후에도 많은 네덜란드 인들이 건너와 정착했다.

뉴저지 1664년에 뉴욕에서 떨어져나와 건설된 식민지다. 토지 무상 분배, 종교의 자유, 민주주의를 표방했기 때문에 많은 이민자들이 몰려들었다. 1702년에 영국 왕의 직할 식민지가 되었다.

캐롤라이나 1663년 찰스 2세가 8명의 궁정대신들에게 버지니아와 플로리다 사이의 지역에 대한 특허장을 교부함으로써 건설된 식민지다. 성공회 이외의 종교를 금지했으며, 쌀과 담배를 주로 재배하는 농경 식민지로 번성했다. 1729년에 왕의 직할 식민지가 되면서 사우스캐롤라이나와 노스캐롤라이나로 나뉘었다.

조지아 1732년 제임스 오글소프가 조지 2세에게 특허장을 받았다. 술과 노예를 금하는 엄격한 정책, 토지 소유의 제한, 그리고 이웃 플로리다와의 잦은 분쟁으로 이민자들의 인기를 끌지 못했다. 1751년에 왕의 직할 식민지가 되었다.

신대륙의 자유와 민주주의

　신대륙에 속속 식민지들이 세워졌지만 최초의 이민자들이 겪어야 했던 어려움을 생각하면 신대륙은 사실 꿈의 낙원은 아니었다. 위험한 뱃길, 척박한 땅과 기후, 굶주림과 외로움, 사나운 원주민이 있었지만 이러한 악조건 속에서도 사람들은 끊임없이 바다를 건너 미지의 땅으로 몰려들었다. 1690년 25만에 불과했던 식민지 인구는 이후 25년마다 두 배씩 늘어 1775년에는 250만 명을 헤아렸다.

　이들은 무엇을 바라고 신대륙에 건너왔는가? 그것은 한마디로 '자유'였다. 지긋지긋한 전쟁과 압제와 가난으로부터의 자유―막연하게나마 사람들이 가슴에 품었던 것은 이러한 자유에 대한 이상이었다. 신대륙에 건너온 사람들은 구대륙에서 자유와 행복을 박탈당한 평민과 하층계급 출신이 대부분이었다. 잘사는 귀족들이 올 리는 없었다.

　과연 신대륙은 이들의 꿈을 이루어주었을까? 엄격히 말해 신대륙은 영국의 식민지였으므로 영국 국왕과 법의 지배를 받아야 했다. 그러나 영국은 지리적으로 너무 멀리 떨어져 있어 식민지에 대해 어떤 효과적인 지배력을 행사한다는 것이 사실상 불가능했다. 여기에 각 식민지들은 이민자들을 모으기 위해 신앙의 자유, 주민자치, 토지사유 등의 특혜를 내걸지 않을 수 없었다. 이러한 것마저 없다면 누가 목숨을 걸고 이곳에 올 것인가? 이미 1619년에 버지니아 식민지는 투표를 통한 주민의 참정권, 의회제도, 토지사유를 규정한 신대륙 최초의 민주주의 헌법을 제정했다. 나아가 '메이플라워의 서약'은 아주 급진적이고 이상적인 직접 민주주의의 이념을 담고 있었다. 불행하게도 플리머스 자치령이 그렇게 오래가지 못했으므로 이러한 이상이 광범위하게 실현되지는 못했다.

그러나 정도의 차이는 있을지라도 많은 사람들은 이런 종류의 정치적 이상을 마음에 품고 있었고, 이러한 경향은 특히 북부에서 강했다. 예를 들어 매사추세츠 식민지를 세운 매사추세츠 만 주식회사가 영국 정부로부터 받은 특허장은 사실상 거의 완전한 자치를 허용하고 있었다. 이에 따라 매사추세츠는 매년 정해진 날짜에 주민 모두가 참여하는 투표를 통해 관리들을 선출하고 주민들의 의사를 정치에 반영하기 위한 양원제 의회제도를 발전시켰다. 또한 주민들은 이른바 부락자치회(Town Meeting)라는 자치기구를 만들어 치안, 농사, 교육 등 주민의 생활에 관계되는 모든 문제들을 스스로의 힘으로 해결했다. 뉴잉글랜드의 여러 주에는 아직도 이러한 주민자치의 전통이 강하게 남아 있어, 여기에서 주민들의 의견이 집약되고 여론이 형성된다. 다른 식민지들의 경우도 마찬가지였다.

물론 식민회사와 특권을 가진 사람들은 자신들의 권리를 포기하고 싶어하지 않았지만 유럽식의 왕정이나 귀족정치를 해서는 일이 잘 풀리지 않았다. 사람들이 이를 무시해버리면 그만이었고, 그렇다고 달리 이들을 제재할 수 있는 방법도 없었다. 결국 각 식민지 당국은 울며 겨자 먹기 식으로 주민들의 참정권을 확대하지 않을 수 없었다. 주민 직선의 의회가 점차 식민 총독과 관리들을 제치고 식민지의 실질적인 최고 의사결정 기구로 자리를 잡게

메릴랜드 주 볼티모어의 초기 정착촌. 처음에는 이처럼 주로 해안가에 마을을 짓고 살았다.

되었다. 그러나 사실은 이마저도 그 권한이 대단히 제한적일 수밖에 없었다. 사람들은 필요한 최소한의 것 외에는 의회나 정부에 자신들의 권리를 넘겨주지 않았고, 대부분의 일을 개인 또는 작은 공동체 차원에서 스스로 처리했다. 이처럼 신대륙에는 독립 이전에 이미 프랑스의 정치가 알렉시스 드 토크빌이 말한 미국식 민주주의가 자리를 잡아가고 있었다.

물론 신대륙에서 사람들이 누렸던 자유와 민주주의를 필요 이상으로 과장할 필요는 없다. 우선 신앙의 자유가 종교적 관용을 뜻하는 것은 아니었다. 국교도들에게 박해받았던 청교도들은 이제 그들만의 세상이 되자 그들 종파 이외에는 누구도 같이 사는 것을 허락하지 않았다. 가톨릭은 말할 것도 없고 퀘이커나 위그노 같은 프로테스탄트들조차 매사추세츠가 아닌 다른 식민지들로 발길을 돌려야만 했다.

거기에 칼뱅 식의 신정정치를 동경하던 청교도 성직자들은 민주주의를 천하고 사악한 정치제도로 몰아붙였다. 신분제의 구습도 없어지지 않았다. 처음에는 모두 똑같이 가난하고 고생을 했다. 그러나

시간이 흐르면서 그들 간에도 빈부의 차이가 생겨나고 부자들은 자연히 유럽의 귀족들을 닮아가기 시작했다. 이러한 경향은 본국과의 유대가 강했던 남부에서 특히 심했다. 농장경영으로 부자가 된 '졸부'들은 유럽풍의 저택을 짓고 밤마다 호화로운 연회를 열었다. 그들은 영국의 귀족들보다 어떤 면에서 훨씬 거들먹거리고 영국식의 전통에 충실하려 들었다. 18세기 초 남부를 방문한 한 영국의 귀족은 "영국은 변했는데 버지니아는 변하지 않았다. 버지니아 인들은 본국 사람들보다 한층 더 영국적이다"라고 말했다.

그럼에도 불구하고 신대륙은 여전히 자유와 무한한 가능성을 가진 땅이었다. 몇몇 사람들이 해안선을 따라 살고 있을 뿐, 하루만 서쪽으로 가면 주인 없는 땅이 그들을 기다리고 있었다. 고생할 각오만 되어 있다면 이곳은 관리도 목사도 간섭할 수 없는 무한한 자유의 땅이었다. 자유라는 말을 이해하기 위해서는 복잡한 이론이 필요하지 않았다. 이곳에서 자유는 이론이 아닌 생활과 생존의 원리였다. 그것은 양심에 따라 무엇이든지 할 수 있음을 뜻했다.

물론 자유에는 대가가 따른다. 자유는 구호만으로 얻어지는 것이 아니다. 자유가 실질적인 의미를 갖기 위해서는 자립적 경제기반, 곧 '내 땅'이 있어야만 했다. 땅은 서쪽에 무한정 있었지만 아무리 힘들여 내 땅을 일궈놓았다 하더라도 그것만으로 안심할 수는 없었다. 우선 땅을 빼앗겼다고 생각하는 원주민들의 사나운 도전이 있었고, 식민지가 확대되면서 정부도 이들이 힘써 일궈놓은 땅에 '부당한' 소유권을 주장하는 일들이 늘어났다. 이러한 위협으로부터 내 땅을 지키기 위해서는 효과적인 자위수단, 곧 무기를 소지하는 것이 필수적이었다.

　자유란 곧 내 땅을 소유하는 것이고 이를 지키기 위해서는 무기를 지녀야 한다는 생각은 후일 미국 헌법에 자유권과 함께 재산권, 무기 소지의 권리가 불가침의 기본권으로 명문화되는 바탕이 된다. 어떤 학자들은 이를 두고 미국 민주주의의 공화적 전통이라고도 말하지만, 엄밀히 말해 미국인들은 헌법 이전에 이미 그들의 생활을 통해 이러한 원칙을 몸에 익혀가고 있었던 것이다.

식민지의 경제

자유와 더불어 신대륙 이민자들에게 가장 절박했던 것은 바로 먹고사는 문제였다. 무작정 바다를 건너오기는 했지만 막상 무엇을 해서 자신과 가족을 먹여 살릴지는 정말 막막한 일이 아닐 수 없었다.

먼저 눈에 띄는 것은 임자 없이 버려진 무한정한 땅이었다. 일찍 건너와 해안지역에 좋은 땅을 차지한 사람들은 그래도 운이 좋았다. 나중에 온 사람들을 반긴 것은 울창한 원시림과 돌로 뒤덮인 척박한 땅이었다. 막막하기는 했지만 별다른 방법이 없었다.

그들은 눈과 비를 피할 수 있는 오두막을 얼기설기 지었다. 다음에는 집 주위의 나무들을 잘라내고 돌무더기를 치워 농사 지을 땅을 마련했다. 그곳에 옥수수와 밀을 심었다. 첫 수확을 할 때까지는 야생 칠면조, 사슴, 물고기 같은 것들을 닥치는 대로 잡아 연명하는 수밖에 없었다. 옷은 사슴이나 양의 가죽을 대강 꿰매어 입었다. 엄청난 육체노동에도 불구하고 이들에게는 먹을 것조차 충분하지 않았다. 정말 가혹한 삶이 아닐 수 없었다.

생사를 넘나드는 힘든 생활이었지만 어쨌든 이들은 살아남았다. 자연히 이들은 힘들게 가꾼 삶의 터전인 땅을 목숨처럼 소중히 생각했고, 홀로 역경을 헤쳐가면서 강한 자립심이 몸에 배게 되었다. 이들 자영농의 통나무집과 개간된 농토가 숲과 들판에 들어서면서 신대륙은 점차 사람이 살 만한 땅으로 변해갔다. 일단 이렇게 해서 최소한의 삶의 기반이 확보되자 이민자들은 점차 다른 경제활동으로 눈을 돌리게 되었다. 여기에는 북부와 남부 사이에 큰 차이가 있었다.

북부는 산지가 많은 지형적 특성으로 인해 농업이 상대적으로 불리했다. 대신 이곳에는 울창한 산림과 풍부한 해산자원이 있었다. 지천으로 널린 질 좋은 참나무와 소나무는 배를 만들기에 안성맞춤이었다. 곳곳에 크고 작은 조선소가 세워지고, 여기에서 만든 배를 가지고 고기잡이와 무역을 해서 큰돈을 버는 사람들이 늘어났다. 고기잡이의 주 어종은 대구였는데, 대구로 돈을 번 사람들은 자랑스럽게 대구를 가문의 문장으로 삼기도 했다.

무역은 처음에는 생필품 위주였다가 나중에는 이익이 많이 남는 밀무역이 성행했다(영국은 식민지인들의 허가받지 않은 무역행위를 엄격히 규제했다). 이른바 삼각무역(Triangular Trade)이라는 것인데, 그 과정은 조금 복잡했다.

우선 뉴잉글랜드의 양조장에서 빚은 럼주를 배에 가득 싣고 아프리카의 해안으로 간다. 럼주는 아프리카 사람들에게 특히 인기가 있어, 럼주 몇 병이면 노예를 한 명 살 수 있을 만큼 값이 비쌌다. 이렇게 해서 산 노예들을 배에 싣고 이번에는 서인도제도로 가서 농장에 이들을 팔아넘겼다. 그 돈으로 다시 럼주의 원료인 당밀을 구입하여 뉴잉글랜드로 돌아오면 부두에는 양조장 주인들이 줄지어 이들을 기다리고 있었다.

이렇게 해서 북부에는 어업과 무역업, 상업이 발달했고 보스턴, 뉴욕 같은 항구들이 번창했다. 자연스럽게 삶 자체가 도회적 분위기로 흘러갔다. 일부 자영농을 제외하고 대부분의 사람들은 큰 항구가 있는 도시를 중심으로 모여 살았다.

남부는 북부와 사정이 많이 달랐다. 지형적으로 산지가 적고 넓은 들이 펼쳐져 있어서 자연스럽게 농업이 주 산업이 되었다. 교통이 편리하고 인력 수급이 용이한 해안에는 대규모 플랜테이션 농장들이 길게 늘어섰고, 내륙에는 주로 나중에 이민 온 사람들과 농장에서 독립해나온 사람들이 거친 땅을 개간하고 터를 잡았다.

버지니아와 메릴랜드의 농장들은 처음부터 거의 담배만을 재배했지만 캐롤라이나, 조지아 주에서는 담배 외에도 쌀과 염료 작물을 재배해 수출했다(영화에서 보는 것처럼 남부에서 대규모의 목화를 재배하기 시작한 것은 훨씬 후의 일이다). 담배, 쌀, 염료는 거의가 수출을 위한 것이었으므로 해상무역과 조선업도 함께 발전했으며, 그중 사우스캐롤라이나 주 찰스턴은 농산물의 집산과 수출항으로 크게 번성했다.

남부와 북부의 이러한 경제구조의 차이는 사회, 문화, 정치 등 삶의 다른 영역에도 영향을 미칠 수밖에 없었다. 남부는 점차 대농장주들의 귀족사회가 되었다. 이들은 궁궐보다 크고 화려한 집을 짓고 밤마다 잔치를 벌였으며, 수입한 값비싼 옷과 보석으로 치장했다. 이에 비해 소규모 자영농과 노동자들은 엄청난 육체노동과 궁핍에 시달렸다. 노예들의 형편은 더 말할 나위가 없었다. 화려한 저택과 목가적인 농촌 풍경의 이면에는 억압적이고 정체된 듯한 삶의 분위기가 음습하게 자리잡고 있었다.

이에 비해 북부는 적어도 겉으로는 훨씬 활달하고 자유롭고 도회적인 분위기였다. 물론 이곳에도 부자와 가난한 사람이 있었지만 전체적으로 볼 때 남부에 비해 경제적으로나 사회적으로 훨씬 평등했을 뿐 아니라, 부자라고 해서 거들먹거리거나 가난하다고 드러내놓고 멸시하기는 어려운 분위기가 있었다.

남부와 북부는 이러한 삶의 방식 차이로 인해 이미 식민지 시대부터 서로를 불신하고 충돌하는 일이 잦았다. 나라가 둘로 나뉘기 일보 직전의 상황까지 간 적도 있었고, 급기야는 사활을 건 전쟁을 벌이기까지 했다. 전쟁을 겪고 세월이 흐르면서 차이가 많이 없어졌다고는 하지만 수백 년이 지난 오늘날까지도 미국의 남부와 북부는 사회, 정치, 경제적으로 여전히 매우 다른 전통이 지배하는 이질적인 사회로 남아 있다.

흑인 노예

자유의 땅 신대륙에서 근세사의 가장 악명 높은 노예제도가, 그것도 200년 이상이나 계속되었다는 것은 분명 역사의 아이러니가 아닐수 없다. 비록 이제 공식적으로 노예제도가 철폐되기는 했지만 여기서 비롯된 인종간의 갈등은 여전히 남아 있으며, 언제 터질지 모르는 시한폭탄처럼 미국의 앞날에 어두운 그림자를 드리우고 있다.

미국에서 흑인 노예제는 언제 어떻게 시작되었을까? 식민지인들이 새 땅에 이주해 가장 먼저 부딪힌 문제 중의 하나는 일손이 턱없이 부족하다는 것이었다. 도구도 변변치 않았던 시절에 거친 땅을 일구는 데 많은 노동력이 필요했음은 두말할 나위가 없다. 남부에서는 이 문제가 더욱 심각했는데 이곳의 주산물인 담배는 특히 많은 일손을 필요로 했기 때문이다. 그러므로 남부의 농장주들은 아주 일찍부터 노동력을 안정적으로 공급받아야 할 필요성을 절감하고 있었다.

처음에는 흑인이 아닌 백인 노예들이 이 문제를 어느 정도 해결해줄 수 있었다. 노예 하면 우리는 보통 흑인 노예를 생각하지만, 개척 초기에는 백인 노예들이 흑인 못지않게 많았다. 대서양을 건너오는데 뱃삯을 지불하지 못한 가난뱅이들, 본국에서 추방된 범법자나 채

무자들, 유럽에서 마구잡이로 납치되어온 어린이들과 집시들이 농장에서 노예로 일하는 경우가 많았다. 이러한 백인 노동력이 비교적 싸고 풍부하게 공급되고 있었고, 아직은 식민지 경제 규모가 그렇게 크지 않았으므로 노동력 부족 문제가 그리 심각한 것은 아니었다.

그러나 1680년을 즈음하여 백인 노동자들의 공급이 갑자기 끊기는 사태가 발생했고 이를 계기로 전부터 조금씩 있었던 흑인 노예의 수입이 본격화되었다. 아프리카 흑인들

CHARLESTOWN, *April* 27, 1769.

TO BE SOLD,
On WEDNESDAY *the Tenth Day of* MAY *next,*

A CHOICE CARGO OF

Two Hundred & Fifty

NEGROES:

ARRIVED in the Ship
COUNTESS of SUSSEX, THOMAS DAVIES,
Master, directly from GAMBIA, by

JOHN CHAPMAN, & Co.

*** *THIS is the Vessel that had the Small-Pox on Board at the Time of her Arrival the 31st of March last : Every necessary Precaution hath since been taken to cleanse both Ship and Cargo thoroughly, so that those who may be inclined to purchase need not be under the least Apprehension of Danger from Infection.*
The NEGROES are allowed to be the likeliest Parcel that have been imported this Season.

최근 아프리카에서 싣고 온 250명의 건강한 흑인 노예들을 경매한다는 광고 전단이다. 경매 일자는 1769년 4월 27일, 장소는 찰스타운.

이 신대륙에 최초로 건너온 것은 1619년의 일이라고 한다. 네덜란드 선적의 범선 한 척이 스무 명의 흑인들을 싣고 제임스타운에 들어온 것이 그 시초였다. 이후로도 가끔 노예선이 들어왔지만, 흑인 노예의 수는 오랫동안 극소수에 불과했다. 그런데 17세기 말부터 흑인 노예들이 물밀듯 쏟아져들어와 불과 수십 년 만에 캐롤라이나 등 남부 몇 주에서는 흑인의 수가 백인의 수에 육박하기에 이르렀다.

흑인들이 처음부터 노예였는지 아니면 계약 노동자였는지는 확실하지 않다. 다만 노예제도가 법으로서 공식적으로 인정된 것은 1662년 버지니아 법이 처음이며, 그 이전에는 하나의 사회적 관습으로만 시행되었다. 동 법령은 새로 태어난 아이의 노예 여부를 어머니의 신

분에 따라 정하고, 노예가 기독교인으로 세례를 받더라도 노예의 신분에서 해방되지 않는다고 규정하고 있었다. 이후로 대부분의 식민지는 버지니아처럼 법으로서 노예제도를 승인하거나 적어도 묵인하는 입장을 취했는데, 이러한 법령 그리고 사회적 관습과 얽히면서 노예제도는 식민지에서 아주 당연한 사회적 제도로 자리를 잡아갔다.

또 하나 주목되는 점은 초기에는 남부 못지않게 북부에도 많은 노예가 있었다는 사실이다. 다만 북부에서는 남부와 달리 노예들이 주로 집안의 허드렛일을 맡아 했고 그들에 대한 대우도 비교적 덜 가혹한 편이었다. 그러나 이것은 어떤 도덕적 이유보다는 북부와 남부의 경제구조가 현저히 달랐기 때문이다. 다시 말해 북부에는 많은 노동력을 필요로 하는 대규모 농장들이 없었던 것이다.

처음에는 북부나 남부를 막론하고 노예제도가 그렇게 비도덕적인 것으로 여겨지지 않았다. 심지어 평등과 박애를 내세웠던 퀘이커 교도들조차 집안에 몇 명의 흑인 노예들을 거느리고 있는 것을 부의 상징으로 자랑스럽게 생각할 정도였다.

혹자는 기독교와 노예제도가 어떻게 조화될 수 있으며, 양심적인 청교도들이 어떻게 노예를 거느릴 수 있었느냐고 반문할지 모른다. 그러나 일반적으로 서구 기독교 역사만을 놓고 보자면 이 둘은 전혀 모순되지 않는다. 적어도 프랑스 혁명 이전까지 서구에서 기독교의 원리를 근거로 불평등한 사회적 신분제도가 국가적으로 부정된 예는 찾아볼 수 없기 때문이다. 이 점은 신대륙에서도 마찬가지였다.

사람들은 유럽에서 전통적으로 내려오던 노예제도를 아주 당연하게 받아들였고, 때로는 성직자들 자신이 앞장서서 노예제도를 옹호하는 일도 있었다. 성서 어디를 뒤져봐도 노예를 없애라는 말은 없다는 것이 이들의 주장이었다. 어떤 이들은 경제적 이유를 들어 노예제도를 옹호하기도 했다. 노예가 없으면 식민지 경제는 곧 파탄이 날 것이고 그렇게 되면 신대륙의 꿈과 희망도 사라질 것이라고 했다. 노예는 주인이 돈을 주고 산 '재산'이기 때문에 어떻게 다루든 이는 주인의 자유라고 말하는 사람도 있었고, 나아가 흑인은 인종적으로 미개한 종족이므로 개화된 백인의 지배를 받는 것이 당연하다는 논리를 펴는 사람도 있었다.

평등과 노예, 전혀 모순되는 이 둘이 당연한 것처럼 공존하는 이중성. 그러나 따지고 보면 미국 역사의 이중성은 비단 노예제도에서만 발견되는 것은 아니다. 여기에는 문명의 이름으로 희생된 원주민, 청교도적 근검정신이 일구어낸 황금만능주의, 반공을 위한 국제적 독재와 제국주의 등이 포함된다. 그러나 정도의 차이만 있을 뿐 이러한 이중성은 모든 나라의 역사에서 공통적으로 발견된다는 사실도 잊어서는 안 된다.

쫓겨나는 인디언-필립 왕의 전쟁

신대륙의 역사는 흔히 개척과 용기와 모험의 역사로 불린다. 그러나 이처럼 고상한 덕목의 이면에는 과연 무엇이 숨겨져 있을까? 왜 식민지인들에게 용기와 모험의 정신이 필요했을까? 고향을 떠나 새로운 땅에 정착하는 것이 누구에게나 쉬운 일은 아니다. 하지만 식민지인들에게는 그보다 더욱 어려운 문제가 있었다. 바로 신대륙의 원래 주인인 인디언들과의 싸움이었다.

인디언과 식민지인 간의 관계가 처음부터 적대적이었던 것은 아니었다. 제임스타운을 건설한 최초의 신대륙 이민자들과 플리머스에 도착한 순례의 조상들이 인디언의 도움으로 살아남은 것은 잘 알려진 이야기이지만, 개척 초기만 해도 인디언들은 고향을 떠나온 유럽 '난민'들이 자리를 잡고 살도록 여러모로 보살펴주었다.

그러나 이주민들이 증가하고 이들이 서쪽으로 진출해오면서 이들과 인디언 사이에는 필연적으로 싸움이 잦아졌다. 당연히 이 싸움은 처음부터 인디언들에게 불리한 것이었다. 아무리 용감한 그들이라고는 하지만 도끼나 창 같은 원시적 무기로는 장총을 당해낼 수 없었기 때문이다. 이 사실을 안 유럽 인들은 싸움이 본격화되면서 매우 잔인하고 조직적으로 인디언들을 '소탕' 하기 시작했다.

당시 식민지인들은 한밤중에 인디언 마을을 습격해 불을 지르고는 바깥에 지켜 서 있다가 도망 나오는 주민들을 살해하곤 했다. 1637년 매사추세츠에 거주하는 청교도들과 피쿼트 족과의 싸움에서는 한 동네에 살던 인디언 600명이 이런 방법으로 몰살당한 일도 있었다. 이에 맞서 일부 인디언들은 조직적인 저항을 시도하기도 했으나 백인들의 반격을 이겨내지 못하고 점점 서쪽으로 밀려났다.

1675년, 도망가던 뉴잉글랜드의 인디언들은 마지막 힘을 모아 최후의 저항을 시도했다. 이른바 필립 왕의 전쟁으로 불리는 이 전쟁은 식민지 시대 유럽 인과 인디언 간에 벌어진 가장 치열한 전투였다. 이 전쟁으로 뉴잉글랜드에 거주하던 백인 16분의 1이 죽고 마을 절반이 불탔다. 인디언들의 피해는 더욱 막심했고, 전쟁에 가담한 부족민은 거의 모두가 죽거나 잡혀 노예로 팔려나갔다.

필립 왕은 이 전쟁을 이끈 인디언 추장 메타콤의 기독교 세례명이었다. 기독교로 개종했던 그의 아버지가 지어준 이름인데, 그의 아버지는 플리머스에 내린 순례의 조상들을 도와주었던 왐파노아그 족의 추장 마사소이트였다. 마사소이트는 오랫동안 유럽 인들과 사이좋게 지내다가 1661년에 죽고, 아들 메타콤이 그 뒤를 이어 추장이 되었다. 메타콤은 전부터 백인들에 대해 나쁜 감정을 가지고 있었는데, 추장이 되자 저항적인 동족들을 모아 백인들과 전쟁을 벌일 준비를 했다.

1675년 6월, 왐파노아그 인디언 세 명이 무고하게 백인들에게 살해당하는 사건이 일어나자 메타콤은 이를 구실로 전사들을 이끌고 스

애리조나의 나바호 인디언이 그린 벽화. 몰려오는 유럽 인들에 대한 그들의 공포감이 잘 나타나 있다.

완시와 인근 마을들을 습격, 주민 일부를 살해하고 마을에 불을 지른 후 달아났다. 식민지 토벌대가 곧 뒤를 쫓았으나 그는 이미 산 속으로 피신한 후였다. 토벌대는 메타콤을 잡지 못하자 인근의 인디언 마을들을 무차별로 소탕해나가기 시작했다. 이에 인디언들은 모두 메타콤 쪽으로 돌아섰고, 싸움은 이제 서로의 사활을 건 전면전으로 확대되었다.

싸움은 격렬했고 양측의 피해는 엄청났다. 매사추세츠, 메인, 뉴햄프셔의 변경에 있던 백인 마을들은 인디언의 습격으로 거의 불타버렸다. 로드아일랜드 사우스 킹스턴 부근에서 벌어진 그레이트 스웜프 전투에서는 인디언 나라간세트 족의 전사 1,000여 명이 전사했다.

1676년 봄 메타콤은 코네티컷 강을 따라 동쪽으로 진출해 프로비던스, 플리머스, 보스턴을 위협했다. 그러나 식민지 토벌대의 대규모 역공세가 잇달아, 메타콤과 함께 전쟁을 이끌던 나라간세트 추장 카콘체트가 전사하고 인디언군은 매사추세츠 디어필드에서 결정적인 패배를 했다. 메타콤은 남은 전사들을 이끌고 도망치다가 브리지워터에서 백인과 내통한 자신의 심복에게 암살되고 말았다. 1676년 8월 12일의 일이었다.

메타콤의 저항이 실패로 돌아가면서 인디언과 백인 간의 대결은 사실상 끝이 났다. 이후로도 인디언들은 불·인전쟁(French-Indian

War) 때 프랑스에 가담해 식민지에 저항했으나 프랑스의 패배로 뜻을 이루지 못했다. 불 · 인전쟁 후에도 메타콤의 뒤를 이은 위대한 추장 폰티액이 최후의 저항을 시도했지만(폰티액의 반란, 1763~1764) 이 또한 실패로 돌아갔다.

이처럼 인디언들은 백인들의 용기와 개척정신에 의해 자신들의 땅과 목숨을 빼앗기고 신대륙의 소수민족으로 전락해갔다.

영국과 프랑스의 식민지 쟁탈전 - 불·인전쟁

개척 초기 신대륙에는 영국뿐만 아니라 프랑스도 나름대로 식민지 진출에 열을 올리고 있었다. 처음에는 영국이 뉴잉글랜드 남쪽, 프랑스는 그 위쪽으로 땅을 나누어 사이좋게 진출했기 때문에 별 문제가 없었지만, 양국이 본격적으로 식민지 확장을 시도하면서 충돌은 피할 수 없는 것이 되었다. 이른바 불·인전쟁(The French-Indian War, 1755~1763)은 이렇게 해서 일어났는데, 프랑스가 평소 좋은 관계를 유지하던 인디언들을 대규모로 싸움에 끌어들임으로써 이러한 이름을 얻었다.

이 전쟁은 어떻게 보면 영국과 프랑스 사이의 식민지 쟁탈전에 불과하지만, 이후 영국과 식민지 간의 갈등이 고조되고 이것이 결국 식민지의 독립선언으로 이어졌다는 점에서 미국사에서 매우 중요한 의미를 가지는 사건이다.

영국과 프랑스 간의 본격적인 싸움은 오대호 남쪽의 오하이오 계곡을 누가 차지하느냐를 놓고 벌어졌다. 퀘벡을 거쳐 오대호 연안까지 진출한 프랑스의 입장으로서는 북쪽이 너무 춥고 땅도 거칠었기 때문에 자연 오대호 남쪽을 돌아 밑으로 진출하려 했다. 한편 영국의 각 식민지들도 이민자들이 몰려들면서 새로운 땅이 필요했는데, 남쪽은 애팔래치아 산맥이 가로막고 있었으므로 오하이오 계곡은 이들에게도 거의 유일한 진출로가 될 수밖에 없었다.

싸움의 발단은 버지니아 오하이오 주식회사라는 한 식민회사가 영국 정부로부터 오하이오 계곡 식민 특허장을 받아들고 이주 희망자들을 모집한 데에서 비롯되었다. 프랑스는 이를 '부당한 영토 침해'로 간주, 군대를 보내 곳곳에 요새를 쌓고 이주민들을 위협하기 시작했다. 이에 맞서 버지니아 정부도 소규모 원정대를 파견했으나 이들은 도착 즉시 프랑스 군대에게 쫓겨나고 말았다. 훗날 미국 독립전쟁의 영웅 조지 워싱턴이 불과 22세의 나이에 이 원정대의 대장을 맡았다. 이러한 사정이 알려지면서 처음부터 프랑스의 진출을 불안해하던 영국 정부는 곧 대규모의 원정대를 파견해 프랑스와 일전을 벌이기로 했다. 이렇게 해서 불·인전쟁이 벌어지게 된 것이다.

전쟁 초기에는 프랑스군의 연전연승이었다. 최초의 대규모 충돌은 1755년 6월 19일 뒤켄 요새(지금의 피츠버그) 부근에서 일어났는데, 명장 몽칼름 후작이 이끄는 프랑스·인디언 연합군이 에드워드 브래덕 장군 휘하의 영국군을 맞아 대승을 거두었다. 영국군 1,377명 중 977명이 이 전투에서 죽거나 부상당했다. 이후에도 프랑스군은 윌리엄 헨리 요새 전투(1757), 티콘데로가 전투(1758)에서 승리했다. 당시 영국은 7년 전쟁(1756~1763)이라는 유럽의 분쟁에 휘말려 신대륙을 돌아볼 여유가 없었다.

그러나 1758년 대재상 윌리엄 피트가 영국 수상이 되면서 사정이 달라졌다. 그는 불·인전쟁에 신대륙 경영의 사활이 달려 있다는 것

1759년 9월 13일의 퀘벡 전투. 영국군이 절벽을 타고 올라가 프랑스군의 배후를 습격하는 장면이 묘사되어 있다.

을 깨닫고, 불리한 전황을 반전시키기 위해 최정예의 원정대를 신대륙에 추가로 파견했다. 이들의 활약에 힘입어 영국군은 1759년부터 프랑스군을 몰아붙이기 시작했고, 결국 양국 군은 1759년 9월 퀘벡에서 최후의 일전을 벌이게 되었다.

싸움은 처음부터 프랑스군에 불리했다. 영국군은 비록 수적으로는 불리했으나 잘 훈련되어 있었고, 이를 지휘하는 제임스 울프 장군은 젊지만 유능하고 용감했다. 거기에 영국군은 세인트로렌스 강의 제해권을 완전히 장악하고 있었다. 프랑스군은 요새에 틀어박혀 쳐들어오는 영국군을 맞아 싸울 수밖에 없었다. 퀘벡 요새는 워낙 견고하고 강 쪽으로 높은 절벽이 있어 공격이 쉽지 않았다. 그러나 뜻밖에도 울프는 요새 정면의 절벽을 기어올라 프랑스군의 배후를 급습했고, 허를 찔린 프랑스군은 제대로 싸워보지도 못하고 대패하고 말았다. 싸움의 와중에 몽칼름과 더불어 울프도 전사했다.

퀘벡 전투로 불 · 인전쟁은 사실상 끝이 났다. 다음해에는 최후의 요새 몬트리올이 함락되었고, 캐나다 총독은 프랑스가 가지고 있던 모든 영토를 영국에 넘긴다는 항복문서에 서명했다. 그러나 영불 간의 식민지 문제가 최종 타결된 것은 유럽에서 7년 전쟁이 끝난 후 열린 파리 강화회의(1763)에서였다. 캐나다는 뉴펀들랜드 연안과 카리브 연안의 몇 개 섬을 제외한 신대륙의 모든 식민지를 영국에 빼앗겼다. 7년 전쟁 때 프랑스 편을 들었던 스페인은 플로리다를 영국에 넘겨주는 대신 루이지애나와 그 서쪽의 프랑스 식민지를 넘겨받았다.

불·인전쟁은 규모만 놓고 본다면 그리 큰 전쟁은 아니었지만 결과는 대단히 중요한 것이었다. 첫째, 전쟁의 위험 앞에서 식민지들이 처음으로 단결의 필요성을 절감하게 되었다는 점이다. 본국 정부의 중재가 있기는 했지만 1754년 6월 식민지 대표들은 뉴욕 주 알바니에 모여 상호연맹의 절대적인 필요성을 확인하고, 벤저민 프랭클린이 기초한 연맹규약을 채택했다. 비록 각 식민지들의 반대로 무산되기는 했지만 이 규약은 중앙정부의 조세권과 방위권을 명시함으로써 훗날 세워질 독립국가의 모습을 예견했다.

둘째, 불·인전쟁의 승리로 식민지에 대한 영국의 간섭이 본격화되었다는 점이다. 전쟁 중 식민지들은 지원군도 보내고 물자도 보급하는 등 나름대로 기여를 했으나, 불·인전쟁은 기본적으로 영국 혼자 치러낸 전쟁이었다.

막대한 전비를 지출한 영국은 전쟁이 끝나자 당연히 식민지에 보상을 요구하면서 간섭을 강화했고, 여기에서 비롯된 갈등은 결국 식민지의 독립선언과 전쟁으로 이어졌다. 재미있는 것은 조지 워싱턴, 이스라엘 푸트남 같은 독립전쟁의 영웅들이 불·인전쟁에 참전하면서 귀중한 실전 경험을 쌓게 되었다는 사실인데, 결과적으로 보면 영국은 자신의 피를 흘려가며 식민지의 독립을 위해 길을 닦아준 셈이 되고 말았다.

제2장 독립과 건국

독립을 향하여 - 영국과 식민지의 갈등

불·인전쟁은 1763년 영국의 승리로 끝이 났다. 그로부터 불과 13년이 지난 1776년 식민지는 영국에 대해 독립을 선언했다. 13년 동안 무슨 일이 있었을까? 불·인전쟁 당시 동지로서 같이 프랑스에 맞서 싸웠던 이들이 돌연 서로 총을 겨누는 적이 된 이유는 무엇일까?

미국 혁명(식민지 독립전쟁에서 건국에 이르는 일련의 사건들을 미국인들은 즐겨 '혁명'이라 부른다)의 원인에 대해서는 관점에 따라 다른 설명이 있을 수 있다. 가장 전통적인 설명에 따르면, 식민지가 영국으로부터 독립을 추구하게 된 근본적인 이유는 '자유'에 대한 열망 때문이었다.

물론 식민지가 영국의 예속하에 있었고 식민지인들이 이를 혐오했던 것은 사실이다. 그러나 영국의 신대륙 식민지 지배는 사실 대단히 관대했으며, 예를 들어 영국의 인도 지배와는 본질적으로 다른 것이었다. 식민지인들이 본국 사람들보다 자유롭지 못했다거나 억압받고 있었다는 증거는 별로 없다. 게다가 불과 10여 년 전만 하더라도 자유라는 말을 거의 입에 올리지 않던 식민지인들이 갑자기 이 말을 마

치 지상 최고의 덕목인 양 말하는
것은 누가 봐도 부자연스러운 일이
었다.

이것은 미국의 독립이 '자유'라
는 한 단어만으로는 충분히 설명될
수 없음을 암시한다. 어떤 의미에서
'자유'는 독립전쟁을 일으킨 다른
덜 고상한 이유를 가리는 명분이었
는지도 모른다. 어떤 학자들은 그
덜 고상한 이유가 바로 경제적인 것
이라고 말한다. 불·인전쟁 이후 영
국이 식민지에 대해 각종 세법을 부

'보스턴 학살'. 반영 감정을 고조시키기 위
해 의도적으로 사실을 과장해 그리고 있다.

과하면서 경제적 압박을 가해오자 그동안 영국의 보호를 받으며 부
를 쌓아올린 식민지의 소수 거부들이 대중들을 전쟁의 대열에 끌어
들이기 위해 자유라는 명분을 동원했다는 것이다.

실제로 '자유의 아들들(The Sons of Liberty)'을 자처하며 독립전쟁
을 '자유를 위한 전쟁'으로 몰아갔던 새뮤얼 애덤스나 존 핸콕 등이
당시 보스턴의 부유한 상인들이었던 것을 보면 이러한 주장에 전혀
일리가 없는 것은 아니다. 심지어는 독립전쟁 직후 제정되어 민주주
의 헌법의 교과서라고까지 불리는 미국 헌법이 사실은 부자들의 재
산권 보호를 위해 만들어진 것이며, 자유나 평등 따위의 고상한 이념
들은 그저 부수적인 것에 불과하다고 주장하는 사람들도 있다.

아무튼 미국의 독립전쟁이 불·인전쟁 후 영국이 식민지에 새롭게

부과한 각종 세금이 직접적인 원인이 되어 일어난 것은 사실이다. 불·인전쟁, 그리고 이와 동시에 치러진 7년 전쟁으로 막대한 전비를 지출한 영국은 이를 보충하기 위해 식민지들에 더 많은 세금을 부과하기로 하고 이와 관련된 각종 법을 무더기로 만들어 시행하기 시작했다. 당밀법(1764), 요새 비용 분담법(1765), 인지법(1765), 타운센드 법(1767) 등이 그것이다.

여기에 대해 식민지들은 자신들의 동의 없이 법이 만들어졌다는 이유를 들어 철폐를 요구하고(대표 없이 과세하지 못한다는 것은 명예혁명 이후 영국에서 하나의 확립된 원칙으로 자리잡고 있었다) 영국 상품에 대한 대규모 불매운동을 전개했다. 일부 과격주의자들은 자유의 아들들이라는 비밀결사를 조직해 영국 세무원들에게 테러를 가하기도 했다.

식민지의 거센 반발에 부딪힌 영국은 부득이 인지법만을 철폐했으나 이미 식민지에 고조된 반영 기운을 되돌릴 수는 없었다.

이전부터 반영적 분위기가 특히 강했던 보스턴에서 결국 충돌의 서막이 올랐다. 1768년 이후로 영국은 만약의 사태에 대비해 보스턴에 4,000명의 병력을 주둔시켜왔는데, 1770년 3월 이들과 보스턴 주민들 사이에 사소한 이유로 충돌이 빚어져 몇몇 주민이 사망하는 사태가 벌어졌다. 사망자는 노예 한 사람을 포함해 다섯 명에 불과했지만 자유의 아들들은 이 사건을 보스턴 '대학살'이라고 어마어마하게 부풀려 떠들어대기 시작했다. 이들의 장례식에는 보스턴 주민 1만 6,000명 중 1만 명 이상이 참가해 대규모 시위를 벌였다. 다른 식민지에서도 이와 비슷한 움직임이 일어날 조짐이 보였다. 다행히 영국이 군대를 본 진지로 신속히 철수하고, 타운센드 법을 일부 철폐하는 등 식민지에 유화적인 태도를 취함으로써 이 사건은 더 이상 확대되지 않았다. 자유의 아들들에게 이것은 큰 실망이었다.

그 후 별다른 일 없이 몇 년이 지났다. 그러나 이것은 폭풍 전의 고요에 불과했다. 1773년 이른바 '보스턴 차 사건(The Boston Tea Party)'이라고 하는 좀더 심각한 충돌사태가 발생했다. 사건의 대체적인 경위는 다음과 같다.

1767년 제정된 타운센드 법은 식민지로 들어오는 인도산 차에 대하여 관세를 부과했는데, '보스턴 학살' 사건으로 동 법이 철회되었음에도 불구하고 이 조항만큼은 그대로 남아 있었다. 이에 따라 식민지에서는 차값이 상승하고 차의 밀무역이 성행하여 밀수업자들이 큰 돈을 벌기도 했다. 문제는 영국이 1773년 영국 동인도 회사에 모든 차 수출에 대한 독점권을 부여하고 수출관세를 면제해준 데 있었다. 이렇게 되면 동인도 회사의 차가 밀수품보다도 가격이 낮아 식민지 차 시장을 사실상 독점하게 될 것이고 차 밀무역으로 돈을 벌던 미국 상인들은 도산하게 될 것이 뻔했다.

식민지에서는 곧 반영 여론이 비등하고 영국산 차에 대한 대대적 불매운동이 벌어졌다. 차를 싣고 필라델피아와 뉴욕에 도착한 동인도 회사 배들은 짐도 풀지 못하고 항구를 떠나야 했다.

보스턴에서는 이번에도 자유의 아들들이 더 과격한 행동으로 나섰다. 1773년 12월 16일, 모호크 인디언으로 분장한 일단의 자유의 아들들이 항구에 정박 중이던 세 척의 동인도 회사 소속 배에 올라 배 위에 쌓여 있던 342개의 차 상자를 바다에 던지며 '잔치'를 벌였다. 항구에 늘어선 주민들은 박수를 치며 환호했다. 이것이 유명한 '보스턴 차 사건'이다.

　이번에는 영국 정부도 물러서지 않았다. 영국 의회는 바다에 버려진 차값을 매사추세츠 식민지가 배상할 때까지 보스턴 항구를 폐쇄하고 사건 주모자들을 영국에 압송하여 재판하겠다는 일련의 '강제법(The Coervive Acts, 식민지인들은 이를 '도저히 참을 수 없는 법'이라 불렀다)'을 통과시켰다. 곧이어 영국군 4개 연대가 보스턴에 도착했고, 의회는 이듬해 캐나다 이남으로부터 오하이오, 미시시피 강에 이르는 지역을 퀘벡 식민지에 병합한다는 이른바 퀘벡 법을 통과시켰다. 이것은 식민지인들의 서부 진출을 사실상 봉쇄하는 것으로, 식민지의 반영 감정은 이것으로 돌이킬 수 없는 것이 되고 말았다.

　미국 독립전쟁은 이렇게 해서 시작되었는데, 여기서 다시 처음의 질문으로 돌아가보자. 식민지가 독립을 추구하게 된 것이 '자유' 때문이 아니라면 경제적인 것인가? 불·인전쟁 이후 영국이 식민지에 부과한 각종 세금이 결정적 계기가 되었던 것은 부인할 수 없는 사실이다. 그러나 진심으로 자유의 이상에 불탔던 많은 사람들, 그래서 독립을 위한 투쟁에 기꺼이 참여하여 목숨까지 버릴 준비가 되어 있었던 사람들은 '하찮은' 경제적 이익 때문에 식민지가 독립을 원했다는 주장에 절대 동의하지 않을 것이다. 아마도 아메리카 식민지가 영국 혼자 다스리기에는 너무 힘이 커진 것이 근본적인 이유가 아니었을까? 명분이나 계기야 어떻든 식민지들의 독립은 언젠가는 일어날 자연스러운 역사의 흐름이었다.

독립선언

보스턴 차 사건은 전쟁의 서막이었다. 1774년 6월 조지아를 제외한 12개 식민지 대표들이 필라델피아에 모여 '참을 수 없는 법들'의 철회를 영국 왕에게 청원했으나, 영국 왕은 이를 단호히 거부했다. 1775년 4월 18일, 매사추세츠 렉싱턴에서 영국군과 식민지인들 사이에 첫 무력충돌이 일어나 식민지인 여덟 명이 전사했다. 식민지의 여론은 들끓기 시작했다. 친영적 분위기가 강했던 버지니아에서조차 독립을 외치는 목소리가 커져갔다. 패트릭 헨리가 의회에서 '자유가 아니면 죽음을 달라' 라는 유명한 연설을 한 것도 이때였다.

최초의 무력충돌이 벌어진 한 달 뒤, 식민지 대표들은 필라델피아에 모여 영국과의 전쟁을 결의하고 식민지 연합군을 조직하기로 결정하는 한편 조지 워싱턴을 연합군 총사령관에 임명했다. 그로부터 약 1년이 지난 1776년 7월 4일, 식민지 대표들은 다시 필라델피아에 모여 토머스 제퍼슨이 기초한 독립선언서(The Declaration of Independence)를 만장일치로 채택하고 엄숙하게 미국의 독립을 선포했다. 공식적으로 미국이라는 나라가 탄생하는 순간이었다.

여기서 우리가 이상하게 생각하는 것은 보스턴 차 사건이 일어난 뒤 2년 6개월이 지나서야 비로소 식민지가 독립을 선언했다고 하는 것이다. 왜 이렇게 오랜 시간이 걸렸을까?

그것은 한마디로 식민지에 독립을 반대하는 강한 여론이 있었기 때문이다. 당시만 해도 대부분의 사람들이 영국 이민 1세나 2세여서 모국에 강한 애착을 가지고 있었다. 이들에게 독립은 곧 모국에 대한 배신을 의미했다. 영국의 식민지 정책이 좀 가혹한 것은 사실이지만 이런 사정을 국왕에게 호소해 평화롭게 해결할 수 있지 않을까? 왜 군이 싸움을 벌여 동족의 가슴에 총을 겨누어야만 하는가? 독립주의자들이 '충성분자(The Loyalists)' 또는 '보수반동(The Tories)' 이라고 매도한 이런 반독립주의자들이 전체 식민지 인구의 3분의 1 가량 되었고, 이들은 독립선언 후에도 영국 편을 들기 일쑤였다. 뉴욕 같은 곳에서는 식민지 연합군보다 영국군에 지원해 싸운 사람이 더 많았을 정도였다.

토머스 페인이 《상식(The Commonsense)》이라는 책을 쓰지 않았더라면 식민지의 이런 여론분열은 끝내 극복되지 못하고 독립주의자들의 노력은 실패로 끝났을지 모른다. 퀘이커 교도이면서 격정적 이상주의자였던 페인은 신대륙의 이상에 고무되어 1774년 대서양을 건너왔다. 그러나 도착해보니 신대륙은 독립문제로 어수선한 분위기였다. 그가 보기에 이것은 정말 어처구니없는 일이었다. 너무나도 당연한 일을 왜 망설이는 것일까? 그는 곧 격정적인 펜을 휘둘러 신대륙 독립의 당위성을 역설했다. 이렇게 해서 근대 정치사의 가장 유명한 저술의 하나인 《상식》이 세상에 나오게 되었다.

이 책은 꿈과 자유로 가득 찬 거대한 신대륙이 폭군이 지배하는 조그만 섬나라의 지배를 벗어나야 한다는 것은 그야말로 하나의 상식에 불과하다는 요지를 담고 있다. 유명하기는 하지만 사실 이 책은 사상적 깊이도 없고 이성보다는 격정에 호소하는 경향이 있다. 그러나 바로 이런 점 때문에 《상식》은 식민지에서 폭발적인 반향을 불러일으켰다. 1776년 1월에 출판되자마자 재판을 거듭해 50만 부 이상이 팔렸다. 당시 식민지 인구가 노예를 포함하여 300만 명 정도였다고 하는데, 50만 부라면 성인 백인 남자들은 대부분 이 책을 보았다는 말이 된다. 이 책의 영향이 얼마나 컸던지, 런던에서는 사람들이 '토머스 페인'이라는 글자를 구두 밑창에 새겨넣고 그를 '밟아대는' 것이 유행할 정도였다.

이렇게 해서 식민지에는 반영과 독립의 기운이 부쩍 높아졌고 곧이어 소집된 제3차 식민지회의에서는 버지니아 대표 리처드 헨리 리의 발의로 독립의 문제가 구체적으로 거론되었다. 식민지회의는 독립선언서를 기초할 이른바위원회를 구성했고, 당시 문필가로 이름을 날리던 토머스 제퍼슨이 중심이 되어 선언문의 초고를 작성했다. 이 초고는 본회의에 넘겨져 별다른 수정 없이 채택되었다. 다만 영국의 노예무역을 비난한 부분에 대해서는 남부의 농장주들과 북부의 노예상들이 맹렬히 반대해 이를 삭제하기로 했다.

독립선언서는 식민지가 독립을 선언하는 대원칙을 밝히고 영국 국왕의 부당한 식민지 정책을 열거하는 내용으로 되어 있는데, 우리에게는 특히 다음의 서론 부분이 잘 알려져 있다.

……우리는 다음을 자명한 진리로 생각한다. 모든 사람은 평등하게 태

독립선언서를 기초한 인물들. 좌로부터 존 애덤스, 로저 셔먼, 로버트 리빙스턴, 토머스 제퍼슨, 벤저민 프랭클린.

어났으며 하느님은 그들에게 누구도 빼앗을 수 없는 몇 가지 권리를 부여했다. 여기에는 생명과 자유와 행복 추구의 권리가 포함된다. 이 권리를 확보하기 위해 인민은 정부를 만들었으며, 정부의 정당한 권력은 인민의 동의에서 나온다. 정부가 이러한 목적을 파괴할 때에는 인민은 언제든지 이를 변혁 내지 폐지하고, 인민의 행복과 안전을 가장 효과적으로 가져다 주어야 한다는 원칙에 기초하고 이를 위한 기구를 갖춘 정부를 새로이 조직할 수 있는 권리가 있다.

진실로 인간의 역사에서 보면 오랜 정부를 천박하고 일시적인 이유로 변경해서는 안 되며, 사람들은 이미 몸에 밴 형식을 폐하면서까지 악폐를 시정하기보다는 오히려 그 악폐를 참을 수 있는 데까지 참는 경향이 있음을 알 수 있다. 그러나 학대와 착취가 오랫동안 계속되고 인민을 절대 전제정치 밑에 예속하려는 계획을 분명히 했을 때에는, 이러한 정부를 타도하고 미래의 안전을 위해 새로운 보호자를 마련하는 것이 인민의 권리이고 또한 의무인 것이다. 식민지는 지금까지 이러한 고통을 겪어왔고, 이제 우리가 지금까지 내려온 정부를 변혁해야 할 필요성도 여기에 있는 것이다……

독립선언서의 이 부분은 말할 것도 없이 영국 명예혁명의 이론적 토대였던 존 로크의 사회계약론의 영향을 받은 것이다. 미국의 독립선언서는 평등, 천부인권, 인민의 동의, 저항권 등 근대 민주주의의 핵심 사상을 이론이 아닌 실천강령으로 선언한 최초의 중요한 문서다. 물론 독립선언서를 만들고 이를 승인한 식민지회의의 대표들이 이런 고상한 이념들을 얼마나 마음 깊이 양심적으로 신봉하고 있었는지는 별개의 문제다. 왜냐하면 그들 중에는 많은 노예를 거느린 남부의 농장주들과 노예무역으로 치부한 북부의 상인들도 다수 끼어 있었기 때문이다. 또한 독립선언서 후반에 열거된 영국 국왕의 폭정 사례들이 얼마나 사실에 맞는지, 그리고 미국 독립전쟁이 여기서 암시되는 것처럼 폭정에 맞선 인민의 거룩한 투쟁이었는지에 대해서도 이견을 표할 수 있을 것이다. 이런 점에서 보면 독립선언서는 그것이 표방하는 고상한 이념에도 불구하고 하나의 정치적 선전에 불과하다는 평가도 나올 만하다.

그럼에도 불구하고 근대 민주주의 역사에서 미국 독립선언서가 지니는 중요성을 절대 과소평가할 수는 없다. 기안자들이 어떤 목적과 생각으로 만들었든지간에 독립전쟁에 참가한 많은 사람들은 진실로 독립선언서가 내세운 고상한 이념을 위해 싸우고 이를 위해 목숨을 바쳤다. 특히 민주주의의 이상에 고취된 수많은 유럽 인들이 자원해서 독립전쟁의 지원군으로 나선 것은 그야말로 기대 이상의 소득이었다. 그로부터 불과 15년 후에는 미국 독립의 영향을 받아 프랑스에서 대혁명이 일어나고 유럽 전체가 구체제 타파의 격랑에 휩싸이는 등 세계사에 커다란 변혁이 몰아닥치게 되었던 것이다.

독립전쟁, 그리고 승리

식민지의 독립선언으로 일단 전쟁이 시작되기는 했지만 이상하게도 사태는 조용히 흘러가고 있었다. 비록 영국이 당시 세계 최강의 군대를 보유하고는 있었지만 대서양을 건너 군대와 물자를 대규모로 수송하는 일은 결코 쉽지 않았다. 그렇다고 미국이(이제는 더 이상 식민지가 아니다) 영국을 몰아쳐 빨리 전쟁을 끝낼 수 있는 형편도 못 되었다. 아직도 독립에 반대하는 목소리가 만만치 않았고 몇몇 주는 아예 필요한 군대와 물자를 보내주지도 않았다. 심지어 영국군에 가담해 싸우는 사람들도 적지 않았다.

이런 사정으로 인해 처음에는 탐색전 정도의 소규모 전투만 산발적으로 벌어졌다. 뉴욕을 누가 차지하느냐 하는 것이 싸움의 초점이었다. 뉴욕은 허드슨 강으로 통하는 전략적 요충지로서, 이곳을 빼앗기면 '성지' 필라델피아가 위험에 처하게 되는 것이다. 하우가 이끄는 영국군은 1776년 말 이곳에 대규모 공세를 펼쳐 강력한 방어진지를 구축하고 저항하는 워싱턴이 이끄는 군대를 뉴욕에서 몰아내는데 성공했다. 워싱턴은 패잔병을 이끌고 쓸쓸히 델라웨어 강을 건너 후퇴할 수밖에 없었다. 미국으로서는 이때가 최대의 위기였다.

그런데 때마침 영국군이 성탄절을 보내기 위해 추격을 갑자기 멈추는 바람에 워싱턴 군은 겨우 사지에서 벗어날 수 있었다. 어떻게 보면 신사적인 영국군이 잠시 쉬었다가 새해 들어 다시 싸우자는 신호를 보낸 것인데, 워싱턴의 입장에서는 그럴 만한 여유가 없었다. 이대로 가다가는 패할 것이 불을 보듯 뻔했다. 워싱턴은 생각 끝에 후퇴하던 발길을 돌려 얼어붙은 델라웨어 강을 다시 건너갔다. 그리고는 성탄절을 맞아 느긋하게 쉬고 있던 영국군을 트렌턴에서 미명에 기습해 대승을 거두었다. 비록 소규모의 전투이긴 했지만 여기에서 승리함으로써 땅에 떨어졌던 군대의 사기가 크게 올라갔고, 여세를 몰아 이듬해에는 새러토가 대전투에서도 합중국군이 승리함으로써 적어도 전쟁을 지구전으로 끌고 갈 수 있는 발판이 마련되었다.

전쟁은 지루하게 계속되었다. 별다른 전투도 없이 진지에 처박혀 대치하거나 소규모 유격전으로 시간을 보냈다. 합중국으로서는 빨리 전쟁을 끝내고 싶어도 군사력, 특히 해군력이 턱없이 열세였기 때문에 별다른 방법이 없었다. 프랑스가 1778년에 합중국 편에 가담해 참전했지만 전황을 크게 바꾸지는 못했다. 영국은 초반에 결정적인 승기를 잡았으나 형편없는 지휘관들과 또 반쯤은 불운으로 인해 아까운 기회를 놓쳐버리고 말았다. 새러토가에서 패배한 뒤로는 영국도 섣불리 군사행동에 나설 수가 없었다.

그러나 영국으로서는 이 전쟁을 무한정 끌고 갈 형편이 아니었다. 아무리 제해권을 장악하고 있다고는 하지만 대서양을 건너 본국에서 필요한 병력과 물자를 보급하는 데에는 한계가 있었다. 지나치게 오래 끌다보면 영국군은 제풀에 지쳐 쓰러질 것이 뻔했다. 또 식민지에 힘을 쏟느라 약해진 틈을 노려 프랑스가 본토를 침공해온다든지 하면 큰일이 아닐 수 없었다. 결국 영국은 1780년에 들어 군사행동을 재개하기로 결정했다.

영국은 북쪽에서는 뚜렷한 돌파구가 없다고 보고 방향을 크게 돌려 남부를 공략하기로 했다. 남부를 휩쓸아 북진하면서 식민지의 심장부 버지니아를 제압하고 워싱턴 군을 남북 양쪽으로부터 압박한다는 전략이었다.

1780년 5월 콘월리스 경이 지휘하는 영국군 대부대가 사우스캐롤라이나의 요충지 찰스턴을 공격해 함락시켰다. 합중국군 5,000명이 고스란히 영국군의 포로가 되었는데, 이는 지금까지 합중국군이 입은 피해 가운데 가장 큰 것이었다. 이어 8월에는 게이츠 장군이 이끄는 합중국 원정대를 캠던에서 대파하고 샬럿, 윈스보로를 거쳐 캐롤라이나와 버지니아 전역을 휩쓸었다. 그나마 그린 장군이 이끄는 민병대의 눈부신 활약으로 영국군의 진격이 조금이나마 지체되었다. 아무튼 영국군은 1781년 8월 1일 체서피크 만 입구의 요크타운을 점령하고 그곳에 난공불락의 요새를 건설하기 시작했다. 그곳만 지키고 있으면 강력한 영국 해군이 체서피크 만을 마음 놓고 드나들면서 합중국의 심장부를 제압할 수 있었다.

이제는 워싱턴으로서도 뭔가 행동을 하지 않으면 안 되었다. 사실 영국군이 남부를 유린하는 동안 워싱턴은 별로 한 일이 없었다. 사람들은 조바심을 냈고 정적들은 그의 비겁함을 공격하기 시작했다. 말이 총사령관이지 그가 지금까지 보여준 것이 무엇인가, 술 취한 독일인 몇 명을 해치운 것 말고 그가 한 일이 무엇인가, 이렇게 몰아세우

전쟁 중 군대를 사열하는 조
지 워싱턴. 밸리포지, 1777년
겨울.

는 사람들도 있었다. 1776년 성탄절에 워싱턴이 독일 용병들로 구성
된 영국군을 기습한 것을 비꼰 것이다. 워싱턴은 점잖게 이 비난을
받아넘겼지만 그로서도 내심 켕기는 바가 없는 것은 아니었다.

　워싱턴의 생각은 뉴욕에 자리를 잡고 꼼짝도 하지 않는 영국군 본
대를 공격하는 것이었다. 그러나 프랑스군 사령관 로샹보는 요크타
운 공격을 주장했고 결국 그의 의견이 채택되었다. 워싱턴은 뉴욕을
공격하는 척하면서 비밀리에 군대를 남쪽으로 보냈다. 동시에 그라
스 제독이 이끄는 프랑스 함대가 서인도제도를 떠나 체서피크 만으
로 향했다.

　1781년 9월 5일, 프랑스 함대와 영국 함대가 체서피크 만에서 맞
닥뜨려 프랑스군이 승리했다. 이로써 체서피크 만의 제해권이 합중
국측으로 넘어갔고, 프랑스 배들이 이제 막 도착한 합중국과 프랑스
군대를 요크타운 주위로 신속히 실어 날랐다. 요크타운을 포위한 연
합군은 1만 5,000명, 영국군은 그의 절반 가량이었다. 영국군은 맹
렬히 저항했지만 수적으로 열세인데다가 보급선이 완전히 끊겨 갈수
록 고전했다. 영국군의 유일한 희망은 뉴욕의 본대가 그들을 구원하
러 오는 것이었지만 무슨 일인지 뉴욕 주둔 사령관 헨리 클린턴은 주

저주저하며 시간만 끌었다. 결국 10월 17일 콘월리스는 휘하의 전 장병과 함께 항복했다. 클린턴은 이틀 후 군대를 이끌고 뉴욕을 출발했지만 이미 모든 것이 끝난 후였다.

요크타운에서 영국군은 확실히 큰 타격을 입었다. 그렇다고 영국이 이 전쟁에서 졌다고 말할 수는 없다. 요크타운 전투 후에도 영국군은 여전히 뉴욕, 찰스턴, 사바나, 디트로이트를 점령하고 있었다. 프랑스군은 서인도제도로 돌아가버렸고 바다는 다시 영국군의 차지가 되었다.

전투에서 승리했는데도 별로 달라진 것이 없고, 그렇다고 고립무원의 상태에서 달리 군사행동을 취할 수도 없었던 워싱턴은 크게 실망했다. 후일 그는 이때가 전쟁 중 가장 어려웠던 시기였으며, 정말 "눈앞이 캄캄했다"고 말했다.

지친 것은 영국도 마찬가지였다. 반전여론이 물 끓듯 했고 식민지 대신 셸번 경 같은 '자유주의자'들의 영향으로 궁정에서도 전쟁을 이제 끝내자는 분위기가 고조되었다. 식민지를 놓치기 싫었던 국왕 조지 3세는 그렇다면 하야하겠다고 엄포를 놓기도 했지만 결국 대신들의 의견에 따르지 않을 수 없었다.

강화회의는 파리에서 열렸다. 그러나 너무 많은 것을 요구하는 프랑스 때문에 협상은 지지부진했다. 사실 프랑스는 20년 전 영국에게 당한 수모를 갚아주려고 했지만 영국은 그런 프랑스에 굴복할 의사가 전혀 없었던 것이다. 거기에 합중국은 영국과 단독강화를 위한 비밀협상을 진행하고 있었고, 설상가상으로 서인도제도에 정박해 있던 자국 함대가 영국군의 공격을 받아 궤멸하는 불상사가 일어났다. 결국 프랑스는 아무것도 얻은 것 없이 1783년 9월 3일 강화조약에 서명을 하지 않을 수 없었다.

이 조약에서 영국은 합중국을 독립국으로 인정하고 대서양에서 미시시피 강에 이르는 광대한 지역을 합중국의 영토로 내놓았다. 얻은 것이라고는 미시시피 강을 영국 상인들에게도 개방하겠다는 것과, 전쟁 중에 몰수한 '충성분자들'의 재산을 원래 주인들에게 돌려주겠다는 약속뿐이었다. 결국 전쟁으로 무엇인가를 얻은 나라는 합중국뿐이었다.

헌법 제정

영국과의 전쟁에서 승리하고 난 후에도 미국은 아직 통일된 국가가 아니었다. 전쟁 중이던 1777년 11월, 각 주의 대표들이 모인 대륙회의는 이른바 연방규약(The Articles of Confederation)을 채택하여 어떻게 연방정부를 구성할 것인지 대강을 정한 바 있는데, 이에 따라 기존의 각 주 대표자 회의(이른바 대륙회의)가 연방의회(The Congress of Confederation)로 이름을 바꾸고 중앙정부의 기능을 수행하고 있었다. 그러나 말이 중앙정부이지 연방의회는 아무런 실권이 없는 형식적인 기구에 불과했다. 미국은 여전히 준독립적 권리를 행사하는 13개 자치주의 협력체에 지나지 않았던 것이다.

존 애덤스가 초대 주영대사로 부임해 런던에 도착했을 때 영국 외무성의 한 관리는 "아니, 왜 혼자만 왔습니까? 우리는 13명의 대사가 같이 오는 줄 알았는데"라고 뼈 있는 농담을 했다. 한마디로 나라의 체면이 말이 아니었다.

이런 상황에서 좀더 강력한 중앙정부의 출현을 바라는 여론이 높아졌고, 알렉산더 해밀턴 등이 주동해 1787년 5월 25일 필라델피아에서 '현 정부의 위기에 대처하고 연방을 지키기 위해 연방규약을 개정하기 위한' 13개 주 연합회의가 개최되었다. 조지 워싱턴, 제임스 매디슨, 알렉산더 해밀턴 등 당시의 유명한 지도자급 인사들이 이 모임에 각 주의 대표로서 참석했다. 존 애덤스, 토머스 제퍼슨은 대사로 외국에 나가 있었기 때문에 불참했다.

원래 이 모임의 취지는 기존의 연방규약을 조금만 손보자는 것이었지만 만나서 서로 의견을 들어보니 이것으로는 부족하고 아예 처음부터 헌법을 다시 만들자는 쪽으로 의견이 모아졌다. 그래서 이 문제에 조예가 깊은 제임스 매디슨에게 새 헌법의 초안을 부탁했다(이 때문에 제임스 매디슨은 '미국 헌법의 아버지'로 불린다).

사실 매디슨은 전부터 이를 예상하고 나름대로 생각해둔 것이 있었다. 그는 1) 대통령, 의회, 사법부가 정부의 권한을 나누는 대통령제 정부 형태를 채택한다. 2) 연방의회는 양원제로 한다. 3) 하원의원은 국민의 직접선거로 선출하고 상원의원은 하원에서 선출한다. 4) 연방의회에 보낼 의원 수는 각 주의 인구에 비례한다는 내용을 골자로 하는 헌법초안을 제시했다. 이를 '매디슨 안(Madison's Plan)'이라고 한다.

대통령제 정부 형태에 대해서는 몽테스키외가 제시한 견제와 균형 모델이 신대륙의 이상에 가장 부합하는 것으로 이미 모두의 동의를 얻고 있었기 때문에 별다른 이의가 제기되지 않았다. 그러나 연방의회의 구성 문제는 달랐다. 매디슨 안은 큰 주에 유리하도록 되어 있는 것이 분명했기 때문이다. 작은 주들을 대신해 뉴저지 대표 윌리엄 패터슨이 새로운 안을 제시했다. 연방의회를 단원제로 하고 각 주가 똑같은 수의 대표를 보내자는 안이었다. 당연한 일이지만 버지니아처럼 인구가 많은 주들은 매디슨 안을 지지했고, 작은 주들은 뉴저지 안을 지지했다.

여기에서 알 수 있듯이 새 헌법을 만드는 데 있어 가장 먼저 문제가 되었던 것은 중앙정부에서 강한 발언권을 얻고자 하는 각 주 간의 암투였다. 작은 주의 입장에서 보면 뉴저지 안도 일리가 없는 것은 아니었다. 그러나 인구에서 엄청난 차이가 나는 여러 주가 중앙정부에서 똑같은 발언권을 갖는 것은 현실적으로 볼 때 큰 주들의 반발을 살 것이 뻔했다. 만약 이것 때문에 버지니아나 뉴욕 같은 큰 주들이 빠져나간다면 연방은 하루아침에 와해될 것이다. 결국 대표들은 간단한 토의 끝에 뉴저지 안은 폐기하기로 결정했다.

그렇더라도 매디슨 안에 문제가 없는 것은 아니었다. 이 안대로 한다면 몇몇 큰 주들이 중앙정부를 좌지우지하게 되는데, 그러면 작은 주들이 탈퇴하려고 하지 않을까? 대표들은 이 문제로 고심했지만 뚜렷한 해답이 없었다. 여기에 돌파구가 마련된 것은 코네티컷 주 대표단이 '타협안'을 들고 나오면서부터였다. 타협안은 말 그대로 큰 주와 작은 주의 입장을 타협한 내용을 담고 있었다. 즉 매디슨 안대로 연방의회는 양원으로 하고 하원의원들은 각 주의 인구에 비례하여 국민의 직접선거로 뽑는다. 그러나 상원은 각 주에서 동등한 수의 대표를 보낸다고 하는 것이다. 이 '절묘한' 타협안은 모두의 압도적인 지지를 얻었다. 이렇게 해서 어려운 문제 하나가 비교적 쉽게 해결되었다.

다음으로 중앙정부의 비용을 각 주들이 어떻게 나누어 부담하느냐 하는 문제였다. 인구비율로 하자는 원칙에는 쉽게 합의가 가능했으나 문제는 노예가 인구에 포함되느냐 하는 것이었다. 노예의 수가 적었던 북부 대표들은 노예도 당연히 인구에 들어가야 한다고 주장했다. 이에 대해서 조지아 주와 사우스캐롤라이나 주 대표들은, 만약 그렇다면 연방 하원에 보낼 의원 수도 노예를 포함한 인구비율로 해야 할 것이라고 맞섰다. 이 문제도 격론 끝에 이른바 '5분의 3 타협안(The Three-Fifth Compromise)'이 채택되었다. 노예 수의 5분의 3만을 인구에 포함한다는 것이다. 여기에서는 노예주들이 많은 양보를 한 것으로 인정되었으므로 그들을 달래기 위해 적어도 1808년까지는 노예제를 법률로써 철폐하지 못한다는 내용을 헌법에 넣기로 했다.

마지막으로 중앙정부의 상징이라 할 대통령을 어떻게 뽑을 것인가 하는 문제가 있었다. 국민의 직접선거로 뽑느냐, 아니면 의회에서 뽑느냐 하는 것인데 여기에서도 타협이 이루어졌다. 즉 국민이 선거하되 대통령을 직접 뽑는 것이 아니고 대통령 선거인단을 선출해 이들이 나중에 대통령을 뽑는다는 것이다. 주에서 보낼 선거인단의 수는 그 주가 연방 하원과 상원에 보내는 대표단의 수와 같도록 했다.

이러한 타협 과정을 거쳐 헌법의 최종안이 완성되었다. 그해 9월 17일 39명의 각 주 대표들이 여기에 서명을 했고, 주 의회의 승인을 거쳐 이 헌법이 정식 효력을 갖도록 서로 합의했다. 물론 각 주의 승인을 얻는 것도 쉬운 일은 아니었다. 새 헌법이 눈에 띄게 강력한 중앙정부를 지향하고 있었으므로, 주의 독립과 자치를 주장하는 많은 사람들은 갖가지 공작으로 헌법의 비준을 방해했다. 이들을 반연방주의자들(The Anti-Federalists)이라 부른다. 이들의 주장을 반박하기 위해 매디슨, 해밀턴, 제이 등 3인의 연방주의자들이 쓴 연방정부 옹호론이 유명한 〈연방교서(The Federalist Papers)〉다.

전후의 혼란상태를 지켜워하던 사람들은 반연방주의자들보다는 연방주의자들의 주장에 동조했고, 새 헌법은 우여곡절 끝에 델라웨어 주를 시작으로 13주의 동의를 얻는 데 성공했다. 새 헌법은 1788년 7월 2일에 정식으로 발효되었으며, 이듬해 4월 6일 대통령 선거가 실시되어 조지 워싱턴이 초대 대통령으로 선출되었다. 이렇게 해서 미국은 통일된 국가로서 민주주의의 긴 여정을 시작했다.

견제와 균형 – 미국식 정치제도의 수립

미국의 헌법은 이른바 '미국식 민주주의'로 불리는 독특한 정치제도를 구현하고 있으며, 그 근본 원리는 '견제와 균형'이라는 말로 요약할 수 있다. 이를 좀더 자세히 살펴보자.

기존의 연방규약과 비교할 때 새 헌법에서 가장 눈에 띄게 달라진 점이 있다면 연방정부의 권한이 크게 강화되었다는 것이다. 연방규약하에서는 각 주정부가 동의하지 않으면 연방정부는 거의 아무것도 할 수가 없었다. 새 헌법에서는 연방정부가 독자적으로 법을 제정하고 집행하며 필요하면 공권력(군대, 경찰, 감옥 등)으로 이를 강제할 수 있는 제도적 장치가 마련되었다. 연방정부에서 제정된 법은 이제 명실상부한 최고법(Supreme Law)으로, 주정부는 무조건 이를 따르지 않으면 안 되었다.

나아가 주 국회의원과 행정관리는 "본 헌법을 지지할 것을 서약" (제6조)해야만 하며, 각 주는 연방의 법을 집행하기 위해 필요하다면 경찰력을 동원할 의무를 지게 되었다.

그러나 헌법과 연방법률이 나라의 최고법이라고 해서 모든 문제에 연방정부가 전권을 갖는 것은 아니었다. 오히려 연방정부가 권한을 행사할 수 있는 분야는 몇 가지로 제한되어 있었으며, '헌법에서 명시적으로 연방정부에 부여되지 않은 권한, 그리고 명시적으로 주정부에 대해 금지하지 않은 권한'은 전적으로 주정부에 속하도록 했다. 이에 따라 주정부는 지방정부의 운영, 기업설립 허가, 종교와 교육의 문제, 국민의 건강·안전·복지에 관한 문제에서 완전한 독립적 권한을 가지며, 조세권도 원칙적으로 주정부에 위임되었다. 연방정부는 기본적으로 선전포고권과 외교권을 가지며, 여기에 제한된 범위에서의 조세권, 지방군대에 대한 일반적 감찰권이 추가되었다. 또한 이민을 허가하고 대외 무역과 주간 무역을 규제할 수 있는 권한도 연방정부에 귀속되었다.

결국 새 헌법은 연방정부의 권한을 강화하는 동시에 주정부의 독립성도 보장함으로써 양자간에 힘의 견제와 균형이 이루어지도록 했다. 이것은 연방정부가 지나치게 허약해 국가의 기강과 질서가 무너지거나, 반대로 연방정부가 지나치게 강대해 국민의 의사를 무시한 독재국가가 되는 것을 막기 위함이었다.

새 헌법이 추구한 '견제와 균형'의 원리는 국가 운영에 민주적 요소와 귀족정치적 요소를 적절히 배합한 데서도 찾아볼 수 있다. 이것은 선거를 통하여 국민이 직접 정치에 참여하도록 하면서 다수의 국민이 모든 것을 마음대로 처리하지 못하도록, 다시 말해 소수의 의견도 반영될 수 있는 제도적 장치를 마련하는 것이었다.

사실 새 헌법은 기존의 어떤 법률에 비해서도 많은 민주적 요소들을 파격적으로 도입했다. 선거권과 피선거권을 부여하는 데 있어 재산의 제한을 없앤 것이 가장 단적인 예가 될 것이다. 오늘날에는 재

The President and other executive officers carry out the laws

Congress enacts the laws

Federal courts apply and interpret the laws

견제와 균형. 의회는 입법, 대통령과 행정부는 법의 집행, 사법부는 법의 적용과 해석이라는 권력분립의 대원칙을 표방했다.

산을 근거로 피선거권과 선거권을 제한할 수 없다는 것이 하나의 확립된 민주주의 원칙이지만, 당시만 해도 재산이 없는 사람은 곧 노예나 다름이 없고 시민으로서의 권리와 책임을 다할 수 없다는 것이 일반적인 생각이었다. 그러나 국민의 대다수가 힘들게 생활을 꾸려가는 무산대중인 상황에서 이들의 의사가 국가를 좌우하게 되면, 일부 부유한 유산계급의 운명은 어떻게 될 것인가? 가난한 대중이 수적인 힘을 앞세워 부유한 소수의 재산을 빼앗으려 하지 않을까? 부자가 대다수였던 '헌법의 아버지들'에게 이것은 심각한 걱정거리였고, 결국 그들은 '다수의 독재'를 막기 위한 제도적 장치가 필요하다는 데 의견을 같이했다.

미국 헌법에 국회가 양원제로 되어 있는 것은 바로 이 때문이다. 하원은 주민의 직접투표로 인구비례에 의해 선출되기 때문에 이는 기본적으로 다수의 의견을 대변한다. 이에 비해 상원에는 각 주가 똑같은 수의 의원을 보내도록 했고 이들의 선출 역시 주민이 아닌 주의회가 하도록 했다. 이렇게 되면 자연히 명망 있고 부유한 인사들이 상원에 모이게 되고 이들이 하원을 견제하면서 소수의 이익을 대변하게 될 것이다. 1913년의 헌법 개정으로 지금은 상원의원도 주민의 직접선거로 선출되지만, 상원이 부유한 소수의 이익을 대변하는 전통은 아직도 매우 강하게 남아 있다.

마지막으로 정부 내에서의 견제와 균형에 관한 것이다. 헌법이 제정될 당시 사람들이 무엇보다도 우려했던 것은 입법부의 독재 가능성이었다. 아무리 상하원 간에 상호 견제의 기능이 있다고는 하지만 입법부는 기본적으로 다수의 인민을 대표하는 기구이므로 언제나 다수독재의 위험성을 안고 있었다.

새 헌법은 이러한 입법부 독재를 막기 위해 행정부, 특히 대통령에게 입법부를 견제할 수 있는 광범위한 권한을 부여했다. 위헌심사권이라는 막강한 권한을 쥔 연방대법원 판사를 대통령이 지명하고, 입법부가 통과시킨 법을 대통령이 거부할 수 있도록 한 것 등이 그 예다. 물론 그렇다고 해도 국가 의사의 최종 결정권은 어디까지나 입법부에 있으며, 대통령이 거부한 법이라도 입법부가 다시 통과시키면 대통령도 이에 대해서는 다시 거부권을 행사하지 못하도록 했다.

입법부의 견제와 관련해 또 하나 주목할 만한 것은 연방대법원의 위헌심사권이다. 이것은 입법부가 제정한 법의 위헌 여부를 대법원이 심사할 수 있도록 한 권한인데, 원칙적으로 어떤 법률도 대법원에서 위헌 판결이 나면 폐기되어야 하므로 대법원은 기술적으로 입법부보다 상위의 기관이 된다.

물론 지금까지 미국 대법원이 위헌심사권을 발동한 예는 그다지 많지 않지만 단지 그 상징성만으로도 대법원은 의회의 횡포를 아주 효과적으로 억제해왔다.

국가 살림의 기초를 마련하다 – 알렉산더 해밀턴

1789년 4월 30일, 이날은 미합중국 초대 대통령이 정식 취임하는 뜻 깊은 날이었다. 수많은 군중이 연방정부 건물이 위치한 뉴욕 월 스트리트를 가득 메웠다. 그들은 손에 꽃을 들고 '위대한 미국 만세' '위대한 미국 대통령 만세'를 외치고 있었다. 드디어 조지 워싱턴이 장중한 몸짓으로 정부청사 발코니에 모습을 드러냈고 곧이어 엄숙한 취임식이 거행되었다. "나는 미국 대통령직을 성실하게 수행할 것과 미국 헌법을 유지하고 지키는 일에 최선을 다할 것을 엄숙히 선서하노라." 워싱턴이 차분한 어조로 취임선서를 마치자 다시 한 번 우레와 같은 군중의 함성이 뒤따랐다.

그러나 이렇게 모두의 흥분과 기대 속에 탄생한 새 정부는 사실 외화내빈의 극치와도 같았다. 대통령과 부통령 외에 정부관리는 청사 내의 잡무를 맡아볼 열서너 명 남짓의 서기들이 전부였고, 더구나 이들에게 지급할 급료조차 마련되지 않은 상태였다. 나라를 꾸려가려면 틀림없이 앞으로 많은 비용이 필요할 텐데 이를 어떻게 마련할지에 대해서는 아무런 대책도 없었다. 연방법원이 아직 조직되지 않아 국회에서 아무리 법을 만들어봐야 이를 시행할 수가 없었다.

연방정부 소속의 군대는 장교와 사병을 합해 총 672명에 불과했고, 더구나 해군은 완전 해체되어 한 명의 군인도 남아 있지 않았다.

알렉산더 해밀턴. '미국의 가장 위대한 재무장관'이라 불린다.

워싱턴은 역시 비범한 인물답게 차분하게 일을 처리해나갔다. 우선 정부조직을 만드는 것이 급선무였다. 급한 대로 국무성, 재무성, 전쟁성, 법무성을 만들고 토머스 제퍼슨, 알렉산더 해밀턴, 헨리 녹스, 에드먼드 랜돌프 같은 전국적 저명인사들을 장관으로 임명했다. 특히 재무장관으로 임명된 해밀턴의 임무는 막중한 것이었다. 초대 정부가 안고 있는 가장 큰 어려움이 바로 재정문제였기 때문이다. 워싱턴의 취임 당시 국고는 그야말로 텅텅 비어 있었다. 오히려 독립전쟁 때 외국으로부터 빌려 쓴 막대한 빚이 고스란히 남아 있었고, 참전 군인들에게 지불하지 못한 급여만도 엄청난 액수였다. 해밀턴이 계산한 바로 당시 연방정부는 5,000만 달러가 넘는 빚이 있었는데, 이제 막 출범한 정부로서 이것은 결코 적은 액수가 아니었다.

먼저 이 빚을 청산하지 않고는 연방정부의 앞날이 순탄치 않아 보였다. 해밀턴은 급한 대로 네덜란드의 한 은행으로부터 돈을 빌리고 모자라는 것은 공채를 발행하여 빚을 전부 갚기로 했다. 그러나 문제가 있었다. 국내 부채는 참전 군인들에게 지불하지 못한 급여가 대부분이었는데, 전쟁 후의 어려운 사정 때문에 많은 사람들이 이미 급여

증서를 싼값에 채권업자들에게 팔아넘겼던 것이다. 이제 와서 이를 지불한다면 뉴욕이나 필라델피아의 돈 많은 사채업자들의 배만 불리는 꼴이 되었다. 그러나 해밀턴은 사채업자들도 위험부담을 안고 불안한 채권을 매입했으므로 그들도 보상을 받는 것이 마땅하다는 논리로 반대파들의 주장을 잠재웠다.

이렇게 급한 불은 껐지만 앞으로 원활하게 정부를 운영하려면 안정된 세원을 확보하는 것이 매우 중요했다. 우선 의회가 모든 수입품에 5퍼센트의 관세를 부과하는 법안을 통과시켰는데, 이를 효과적으로 시행하기 위해 관세청의 조직과 인력을 대폭 확대했다. 국내에서는 세금에 대한 일반 국민들의 반감을 고려해 우선 국내에서 생산되는 증류식 술(위스키)에 대해서만 세금을 거두기로 했다. 이것은 예상외로 큰 반발에 부딪혀 전국적인 납세거부 운동이 일어나고, 일단의 밀 재배농과 주정업자들이 피츠버그에서 폭력사태를 일으키기도 했다(이른바 위스키 반란(The Whiskey Rebellion)). 그러나 해밀턴은 워싱턴을 움직여 군대를 동원해 이 사태를 강제진압하고 납세거부자들에 대해서는 강력한 제재를 가했다. 이러한 무력시위를 통해 사람들은 점차 중앙정부의 존재와 권위를 피부로 느끼게 되었다.

빚에 허덕이는 것은 주정부도 마찬가지였다. 해밀턴은 주정부들이 지고 있는 빚을 연방정부가 대신 갚아줄 것을 제안했다. 연방정부도 제 앞가림을 못해 허덕이는 형편에 이것은 참으로 무모한 계획인 듯했다. 그러나 해밀턴은 이를 계기로 연방정부가 주도권을 잡고 일을 처리함으로써 연방정부의 힘을 키우려는 속셈이었다.

재원 마련을 위해 서부의 광대한 토지를 매각한다는 계획안도 제시했다. 여기에도 주위의 많은 반대가 있었다. 남부의 주들이 북부의 주들에 비해 부채가 상대적으로 훨씬 적은 것이 문제였다. 중앙정부가 국고로 주정부들의 빚을 갚아준다는 것은 명분은 그럴 듯했지만 명백히 남부에 불공평한 것이었다. 해밀턴은 대신 연방 수도를 남부에 가까운 포토맥 강 연안으로 옮기기로 하고—이렇게 해서 지금의 수도 워싱턴이 탄생했다—남부의 반발을 겨우 잠재울 수 있었다.

마지막으로 연방 중앙은행을 설립하는 문제가 있었다. 해밀턴은 앞으로 산업발전기금 지원과 정부 재원의 안정적 확보를 위해 이것이 꼭 필요하다는 입장이었다. 반대파들은 이것이 몇몇 자본가들의 돈벌이에만 이용될 염려가 있고, 무엇보다도 은행 설립은 헌법에 명시된 중앙정부의 권한을 넘어선다고 주장했다. 그러나 보다 근본적으로는 연방정부가 이를 통해 전국의 돈줄을 장악함으로써 결국 주의 독립성이 위협받게 될 것이라는 두려움이 있었다.

해밀턴은 이후 연방정부 권한 확대의 이론적 기초가 된 '암시된 권한의 원칙(The Doctrine of Implied Powers)'을 내세웠다. 문구상으로 명백히 나타나 있지는 않더라도 헌법의 정신에 비추어 연방정부가 이 정도의 권한을 가지고 있음은 헌법에 '암시'되어 있다는 것이 요지였다. 의회에서 이 문제를 두고 격렬한 토론이 있었지만, 연방은행 설립법은 1791년 2월 의회를 통과했고, 설립기금 모금을 위해 주식을 일반 매각했을 때 많은 투자자들이 참여했다.

해밀턴은 이러한 일련의 대담한 개혁을 통해 중앙정부의 성공적 운영을 위한 기초를 튼튼히 다졌다. 이것은 그 자신도 깜짝 놀랄 만큼 큰 성공을 거두어 불과 수년 만에 미국의 산업은 비약적인 발전을 하게 되고, 미 연방정부가 발행한 채권은 유럽 금융시장에서 폭발적인 인기를 얻었다. 연방정부는 이를 토대로 명실상부한 중앙정부로서의 권위와 능력을 확보할 수 있었다. 해밀턴은 이 공로로 오늘날까지 '미국의 가장 위대한 재무장관'으로 불린다. 독립 후 국가의 기초를 다진 숨은 공로자는 워싱턴이 아니라 초대 재무장관을 지낸 알렉산더 해밀턴이었던 것이다.

수도 워싱턴과 백악관의 건설

오늘날 미국의 수도는 잘 알려져 있듯이 워싱턴(Washington, D.C.)이다. 앞서 말한 바와 같이, 워싱턴이 수도로 결정된 것은 초대 재무장관 해밀턴이 자신의 금융개혁 조치에 반발하는 남부를 달래기 위해 수도를 남쪽으로 옮기겠다는 타협안을 제시한 결과였다. 구체적인 장소는 논란 끝에 버지니아와 메릴랜드 접경 포토맥 강 연안으로 하고, 해당 부지는 양 주가 연방정부에 관할권을 양도하기로 결정을 보았다.

양도 절차가 매듭지어지고 땅 소유주들에게는 에이커당 66.66달러의 비교적 높은 보상가가 지불되었다. 원래는 포토맥 강 양쪽으로 약 150평방마일이 부지로 선정되었지만 강 이남 지역은 버지니아에 되돌려주고 대신 메릴랜드 영토인 조지타운 시가 새로 편입되어 오늘날 시의 경계가 확정되었다.

부지로 선정된 지역은 원래 황량한 늪지와 초지가 대부분이었다. 워싱턴은 개인적으로 뉴욕에 머물러 있기를 원했다. 아마 남부 출신을 빼고는 대부분 화려한 뉴욕을 떠나고 싶지 않았을 것이다. 그러나 연방주의자들과 반연방주의자들 사이의 반목이 심각한 상황에서 연방정부의 안정을 위해 수도 이전은 어쩔 수 없는 일이었다.

부지가 확정되자 워싱턴은 곧 대통령 직속으로 위원회를 만들고 새 수도 건설을 위한 구체적 작업에 들어갔다. 먼저 도시와 관청 건물들에 대한 설계도를 공모해, 도시 전체 계획은 프랑스의 저명한 설계사 피에르 랑팡, 대통령 관저는 제임스 호번, 국회 건물은 벤저민 라트로브의 설계도가 당선되었다. 특히 논란이 되었던 것은 연방정부의 상징이라 할 대통령 관저의 모습이었다. 몇몇 연방주의자들은 중앙정부의 위엄이 보이도록 대통령 관저는 웅장하고 화려하게 지어야 한다고 주장했다. 그러나 새 정부가 획기적인 민주공화정을 표방하고 나선 마당에 대통령 관저를 유럽의 왕궁처럼 지어서는 안 된다는 주장이 우세해, 결국 당시 버지니아 부자들이 소유하고 있던 대저택 규모의 '소박한' 관저를 짓기로 했다. 아무리 그렇더라도 총 건축비가 40만 달러에 이르는, 당시로서는 매우 큰 규모의 건축물이었다.

1792년 10월, 대통령 관저 기공식을 시작으로 수도 건설이 본격화되었다. 국회의사당 건설은 이듬해에 시작되었다. 그러나 공정은 매우 지지부진했다. 우선 국회가 필요한 예산을 제때 주지 않았고, 습지를 메워가며 도로를 만들고 건물을 짓는다는 것이 생각보다 쉽지 않았던 것이다. 결국 워싱턴은 새 집에 살아보지도 못한 채 임기를 마쳤고, 제2대 대통령 존 애덤스가 집의 첫 주인이 되었다. 공식 '집들이(open house)'는 1801년 1월 1일에 거행되었는데, 외관 공사만 대강 마무리되었을 뿐 내부는 아직 엉망인 상태였다.

대통령 관저는 1층에서 대통령과 관리들이 업무를 보고 2층에서 대통령 가족이 살림을 하도록 설계되었다. 그러나 처음 애덤스 부부가 입주했을 때 사용할 수 있는 방은 모두 6개밖에 되지 않았다. 그나마 식수, 램프, 난로 등 기본 주거시설조차 부족했으며 습지 위에 세워져서 1층은 바닥까지 물이 스며들 정도였다. 사정이 이렇다보니 원래 연회장소로 만들어진 동실(East Room)은 대통령 부인의 빨래방이 되었고, 귀빈용인 녹실(Green Room)은 할 일 없는 관리들이 둘러앉아 카드놀이로 시간을 보내는 공간이 되었다.

그러다가 1812년 미·영전쟁이 터졌는데, 워싱턴을 점령한 영국군은 '건방진' 미국인들에 대한 교훈으로 대통령 관저를 불태워버렸다. 이때 건물뿐 아니라 그 안에 있던 값진 유물과 문서들도 대부분 불타버렸는데, 길버트 스튜어트가 그린 워싱턴의 초상화만은 불에 그을린 채 남아 있었다. 이 그림은 아직도 백악관에 자랑스럽게 걸려 있다.

이것은 결과적으로 보면 매우 잘된 일이었다. 영국군이 물러간 후 곧 대대적인 복구작업이 벌어져 그전보다 훨씬 쓸모 있고 잘 가꾸어진 건물로 다시 태어났기 때문이다. 복구작업은 원래 설계도를 그린 호번이 맡아 했는데, 불탄 자국을 지우기 위해 건물 외벽에 하얗게 칠을 했다. '백악관(White House)'이란 명칭은 여기서 유래한 것이다. 백악관은 남북전쟁 때 군인들에 의해 다시 한 번 훼손되었다가 그랜트 대통령, 그리고 루스벨트 대통령 재임시 대대적인 보수공사를 했다.

그렇지만 바닥에 물이 차고 외벽에 금이 가는 등 구조적 문제점이 드러나 트루먼 대통령 때 아예 기둥만 남기고 건물을 완전히 해체해 다시 세웠다. 공사기간 4년에 580만 달러의 예산이 들어간 대공사였다. 이때 비로소 방화벽, 에어컨, 텔레비전 시설 등이 들어섰다. 마지막 손질은 역시 역대 백악관 안주인 가운데 최고 멋쟁이로 꼽히는 재클린 케네디 여사가 맡아 했다. 그는 각지에 흩어져 있던 백악관 초기 유물과 가구들을 다시 찾아오는 한편, 현재 백악관 앞뜰을 아름답게 장식하고 있는 로즈가든을 직접 디자인하기도 했다. 이렇게 해서 오늘날의 아름답고도 고풍스러운 백악관이 완성된 것이다.

백악관은 미국 국회의사당과 함께 건국 초기 건축양식을 잘 간직하고 있는 역사적 유물로, 해마다 수많은 관광객들이 즐겨 찾는 곳이다. 건물은 완전히 개방되어 누구나 자유롭게 들어가 내부를 구경할 수 있다. 이것은 비록 대통령이라고 하더라도 대중과 떨어져 있어서는 안 된다고 하는, 미국적 공화주의와 대중민주주의의 상징으로 보아도 무방할 것이다.

제3장 팽창과 발전

하룻밤 사이에 영토가 두 배로 – 루이지애나 매입

루이지애나(오늘날의 루이지애나 주와는 다르다)는 남북으로는 미시시피 강 입구에서 캐나다 국경까지, 동서로는 미시시피 강에서 로키 산맥에 이르는, 총 면적 85만 평방마일의 광대한 지역을 가리킨다. 미국은 이 땅을 1803년 프랑스로부터 샀는데, 당시 미국 영토와 거의 맞먹는 면적이었다. 이 땅을 매입함으로써 미국은 하루아침에, 적어도 면적만을 놓고 본다면 러시아 다음가는 대국이 되었다. 미국은 어떻게 이 큰 땅을 차지할 수 있었을까? 다음의 이야기는 한 평의 땅이라도 더 얻기 위해 국가 간에 치열하게 싸우는 오늘의 현실에서 본다면 그야말로 공상소설에서나 나올 법한 이야기처럼 생각될 것이다.

루이지애나의 원래 주인은 프랑스였다. 주인이라고는 하나 관리 한 명 제대로 파견하지 않았고 땅의 크기가 얼마나 되는지, 정확히 어디에서 어디까지를 두고 내 땅이라고 하는지조차 제대로 알지 못하는 상황이었다. 그렇다고 여기에 별다른 이의를 제기하는 나라도 없었다. 미국은 미국대로, 다른 나라들은 다른 나라들대로 아직 이곳까지는 신경을 쓸 여유가 없었던 것이다.

1762년 루이지애나는 스페인의 소유로 넘어갔다. 7년 전쟁에서 패배한 프랑스가 전쟁 배상의 형식으로 이 광대한 땅을 스페인에 주었기 때문이다. 그러나 1800년 스페인은 나폴레옹과 비밀협정을 맺고 가까운 장래에 이 땅을 다시 프랑스에 돌려주기로 했다. 유럽에서 승승장구하던 나폴레옹은 이곳에 또 하나의 프랑스 제국을 건설할 야심을 가지고 있었다. 그러므로 몇 가지 우연한 사건 때문에 이 땅이 미국의 수중에 넘어온 것은 미국으로 보아서는 대단한 행운이었다.

1801년, 카리브 연안의 프랑스령 생도밍그(오늘날의 아이티)에서 반란이 일어났다. 반란의 주모자는 투생 루베르튀르라는 노예였다. 본국의 혼란을 틈탄 것이었지만, 당시 막강했던 나폴레옹은 이를 묵인하지 않았다. 2만 명의 대규모 토벌대가 대서양을 건너 생도밍그로 향했다. 나폴레옹은 마침 좋은 기회다 싶어 토벌대장 샤를르 레클레에게 반란이 진압되면 루이지애나로 건너가 이를 확실한 프랑스의 소유로 만들 것을 지시했다.

그런데 여기서 문제가 발생했다. 강력한 토벌대가 건너오자 반도들은 일단 물러나는 듯했지만 산악지대에 '제2방어선'을 치고 맹렬히 저항하기 시작했다. 아주 손쉽게 일을 처리할 것으로 믿었던 나폴레옹에게 이것은 아주 곤란한 상황이었다. 결국 그는 이 조그만 식민지 때문에 대군을 묶어두느니 당분간 그대로 방치해두기로 결정했다. 루이지애나 원정계획도 자연히 흐지부지되고 말았다.

한편 1802년 뉴올리언스 주재 스페인 총독은 일방적으로 미국 배들의 뉴올리언스 기항을 금지하는 조치를 내렸다. 당시 미국 통상 물량의 약 3분의 1이 미시시피 강을 통해 수송되고 있었으므로 스페인의 이 같은 조치는 미국 경제에 치명타를 가할 것으로 우려되었다.

당시 대통령이었던 토머스 제퍼슨은 고심 끝에 이 땅의 실질적 주인인 프랑스에 사절을 보내 뉴올리언스를 포함한 일대의 땅을 매입하든지, 아니면 미국 배들의 뉴올리언스 항구 기착권이라도 얻어보기로 결심했다. 그러나 궁한 처지에서 한번 시도하는 것일 뿐 제퍼슨 자신도 여기에 큰 기대를 걸지는 않았다. 뉴올리언스 같은 전략적 요충지를 프랑스가 쉽게 내줄 것 같지 않았기 때문이다. 전에도 넌지시 프랑스의 의중을 떠보았지만 한마디로 거절당한 일도 있었다.

프랑스는 당시 생도밍그 문제로 고심하고 있었는데, 여기에 영국과의 전쟁 가능성이 점점 현실로 다가오고 있었다. 전쟁이 일어나게 되면 프랑스는 영국의 강력한 해군으로부터 생도밍그나 루이지애나를 지켜낼 수 없을 것이었다. 욕심을 내다가 결국 적국에 넘겨주느니 차라리 선심 쓰는 척하고 그 땅을 미국에 주는 것이 프랑스의 장래를 위해 더 좋지 않겠는가?

나폴레옹이 이런저런 생각을 하고 있을 때 제임스 먼로가 이끄는 미국 사절단이 도착했다. 사절단으로부터 방문 목적을 들은 나폴레옹이 뜻밖의 제안을 하는 바람에 먼로는 한동안 자신의 귀를 의심하지 않을 수 없었다. 미국이 원하는 땅을 줄 뿐 아니라 아예 루이지애나 전체를 싸게 팔 테니 사라고 하는 것이었다. 먼로는 일단 사절단의 목표는 달성되겠다 싶어 나폴레옹의 제안을 수락하고 가격협상에 들어갔다. 몇 번의 협상 끝에 1,500만 달러로 책정했다. 1평방마일당 18센트라는 저렴한 가격이었다.

정식 매매계약은 1803년 4월 30일에 체결되었다. 프랑스 협상 대표 탈레랑은 사뭇 진지한 얼굴로 먼로에게 "아주 좋은 물건을 싸게

사셨습니다. 잘 쓰십시오"라고 말
했다. 그러나 이 말을 하는 탈레랑
도, 말을 듣는 먼로도 자신들이 무
엇을 팔고 사는지 정확히 알지 못
했다.

루이지애나 매입 소식은 그해 6
월 14일에야 제퍼슨에게 전달되었
다. 제퍼슨 자신조차 미국의 영토
가 하루아침에 두 배로 늘어난 사
실에 당황할 수밖에 없었다. 또한
영토 변경이라는 중차대한 문제를
의회 승인도 없이 사절단 대표가
독단적으로 처리한 것이 과연 헌

뉴올리언스에 프랑스 국기 대신 성조기가 게
양되고 있다. 루이지애나 매입은 서부 진출의
획기적인 전기를 마련했다.

법에 맞는 것인지도 확실하지 않았다. 그러나 뜻밖의 행운이 굴러들
어온 것은 확실했다. 헌법 조항을 따지며 시간을 끌다보면 나폴레옹
이 언제 마음을 바꿀지 알 수 없었다.

결국 제퍼슨은 의회의 비준절차도 거치지 않은 채 서둘러 매매계
약서에 승인 도장을 찍었다. 의회는 별다른 이의를 제기하지 않았고,
제퍼슨의 인기는 하늘을 찌를 듯이 올라갔다.

이렇게 해서 미국이 미시시피 강을 건너 서부로 진출할 수 있는 중
요한 전기가 전혀 예상치 않게 마련되었던 것이다.

'성조기여 영원하라' – 미 · 영전쟁

오늘날 미국의 국가國歌인 '성조기여 영원하라(The Star-Spangled Banner)'는 1814년 미 · 영전쟁 당시 매킨리 요새 전투를 배경으로 한다. 매킨리 요새는 체서피크 만 북단 볼티모어 항 입구, 바다를 통해 수도 워싱턴으로 가는 길목에 위치해 있다.

그해 9월, 일단의 영국 함대가 매킨리 요새를 포격하기 위해 아직 동이 트지 않은 바다에 모습을 드러냈다. 여기에는 프랜시스 스코트 키라는 미국인 포로 한 사람이 타고 있었다. 막강 영국 해군의 습격을 아는지 모르는지 매킨리 요새는 평온했고 어슴푸레 밝아오는 햇살에 성조기가 높이 걸려 있었다. 이것을 말없이 바라보던 키는 알 수 없는 감동과 영감에 전율하며 수첩에 무엇인가를 써내려가기 시작했다. 이 시는 많은 사람들의 입에 오르내리면서 미국인들의 애국심을 고무했고 급기야는 미국의 공식적인 국가로까지 채택되는 영예를 안았다. 키의 눈으로 볼 때 매킨리 요새에 휘날리는 성조기는 미국의 자유와 이를 지키려는 미국인의 용기를 상징하는 것이었다.

그러나 과연 미 · 영전쟁은 자유를 지키기 위한 또 하나의 숭고한 싸움이었을까? 많은 사람들은 그렇지 않다고 말한다. 1812년에 시작되어 3년을 끈 이 전쟁은 뚜렷한 명분도 없이 시작되어 아무런 소득도 없이(적어도 영국의 입장에서는) 끝이 났다. 그렇다면 이 '불필요한' 전쟁은 왜 일어나게 되었을까?

이 전쟁이 일어나게 된 표면적인 이유는 당시 프랑스와 전쟁을 벌이고 있던 영국이 미국의 대외중립정책을 무시하고 도발적인 행동을 하고 있다는 것이었다. 당시 유럽은 프랑스 혁명의 여파로 전쟁의 소용돌이에 휘말려 있었는데(나폴레옹 전쟁), 1803년 드디어 영국과 프랑스 사이에 전쟁이 터졌다. 유럽 각국이 나폴레옹에 의해 무참히 짓밟히는 중에도 영국은 세계 최강의 해군을 앞세워 나폴레옹의 침공을 저지하면서 오히려 해안봉쇄 작전으로 프랑스를 궁지로 몰아넣고 있었다.

영국의 작전은 배들이 프랑스 항구로 출입하는 것을 막아 프랑스가 외부로부터 전쟁물자를 들여오지 못하도록 하는 것이었다. 그런데 여기에는 주로 미국 상인들이 개입되어 있었으므로 이들의 피해가 컸을 것은 충분히 짐작이 간다. 물론 영국의 봉쇄망을 피해 밀무역을 계속하는 사람도 있었지만 위험부담이 큰 만큼 미국의 대프랑스 무역은 눈에 띄게 줄었다. 뿐만 아니라 영국은 미국 배라면 보이는 대로 잡아 물건을 빼앗고 심지어는 선원들을 납치해 영국 군인으로 끌고 가는 일도 많았다.

그러던 중 1807년에 체서피크 호라고 하는 미국 상선이 버지니아 근해에서 영국 군함의 정선 명령을 거부하다가 포격을 받아 다수의 선원이 죽거나 다치는 사태가 벌어졌다. 당시 대통령 제퍼슨의 신중한 대처로 사태가 더 이상 확대되지는 않았지만, 이 사건은 많은 미국인들의 자존심에 상처를 입혔고 전국에서 전쟁 불사의 여론이 들끓었다.

그러나 영국의 봉쇄정책이나 체서피크 호 사건이 전쟁을 해야 할 만큼 중대한 사안은 아니었다. 우선 미국이 전혀 전쟁을 할 준비가 되어 있지 않았고, 영국 역시 프랑스와의 전쟁 때문에 어쩔 수 없이 미국을 자극했지만 미국과 다시 전쟁을 벌이려는 의도는 없었다. 그럼에도 불구하고 전쟁이 일어나게 된 데에는 미국의 복잡한 국내 사정이 한몫을 했다. 바로 연방주의자들과 반연방주의자들의 해묵은 집안싸움이 그것이었다. 헌법 문제로 불거진 집안싸움은 새 중앙정부가 들어서고도 조금도 사그라들 줄 몰랐다. 화해를 위한 워싱턴의 노력에도 불구하고 이들은 사사건건 대립했고, 급기야는 상대편과 같은 호텔에도 묵지 않고 술집도 따로 갈 정도였다.

때마침 유럽에서 프랑스 혁명이 일어나 곧 모든 나라가 전란에 휩싸이게 되었는데, 여기에서 미국이 어떤 태도를 취해야 할 것인지를 두고 이들은 다시 한 번 격돌했다. 공식적으로 미국의 입장은 중립이었다. 그러나 연방주의자들은 드러내놓고 프랑스 혁명을 비난했고 반연방주의자들은 당연히 그 반대였다. 프랑스를 동정하는 반연방주의자들을 두고 연방주의자들은 국가를 전쟁의 위험으로 몰고 가는 비애국자들이라고 몰아세웠다.

처음에는 반연방주의자들이 열세였다. 그러나 영국의 오만한 자세로 여론이 반영적 분위기로 돌아서는 바람에 오히려 연방주의자들이 몰리는 상황이 전개되었다. 미국이 공식적으로 대외중립을 표방했음에도 마치 미국이라는 나라가 있기라도 하느냐는 듯 거만하게 행동

포토맥 강 너머 수도 워싱턴에 포격을 가하고 있는 영국군. 백악관과 의사당 건물이 포염에 휩싸여 있다.

하는 영국을 모르는 척하는 것이 과연 애국이란 말인가? 반연방주의
자들은 때를 만났다는 듯이 연방주의자들을 몰아세우며 분위기를 전
쟁 쪽으로 끌고갔다.

　또 하나 반연방주의자들을 유리하게 만든 것은 서부의 문제였다.
독립전쟁의 승리로 미국이 영국으로부터 넘겨받은 오대호 연안으로
많은 사람들이 건너가 살고 있었는데 인디언들의 거센 저항으로 어
려움이 많았다. 1810년에는 테쿰세라는 한 인디언 추장이 근처의 인
디언들을 모아 대규모 반란을 일으켰다. 악전고투 끝에 겨우 진압할
수 있었지만 인디언들은 영국령 캐나다로 숨어들어가 끊임없이 개척
민들을 위협했다. 서부인들은 영국이 이들 인디언을 사주하면서 무
기를 공급해주고 있다고 믿었다. 인디언들에게 가족이 살해된 서부
출신의 한 하원의원은 "야만인과 공모하여 여자들을 잔인하게 살해
하는 배후세력"을 응징해야 한다고 열변을 토했다. 이런 분위기에서
매디슨 대통령도 어쩔 수 없이 1812년 7월 18일 영국에 선전포고를

하기에 이르렀다.

전쟁 초기 미국의 공세는 영국령 캐나다에 집중되었다. 당시 캐나다 인구는 50만 정도였고 미국은 이미 인구 700만의 대국이었다. 사람들은 아주 쉽게 미국이 이길 것이라고 믿었다. 그러나 급히 전쟁을 일으킨 미국은 전혀 준비가 되어 있지 않았고, 여기에다 연방주의자들의 본거지인 뉴잉글랜드 각 주는 '매디슨 씨의 전쟁(Mr. Madison's War)'에 전혀 협조하지 않았다. 몇몇 소규모 전투가 있었지만 미국은 결정적인 승리를 하지 못했다.

1814년, 영국과 프랑스가 강화조약을 체결하면서 전쟁은 새로운 국면을 맞았다. 유럽에서 손을 뗄 수 있게 된 영국은 이번에야말로 미국에게 뭔가 따끔한 맛을 보여주어야겠다고 작정했다.

전열을 정비한 영국군 대부대가 북부, 중부, 남부 세 방향에서 본격적인 공세를 시작했다. 그러나 이제까지 오합지졸처럼 보이던 미국군이 돌변하여 끈질긴 저항을 계속했다. 수도 워싱턴으로 진격한 영국군 한 부대만이 제대로 작전에 성공했을 뿐, 남부와 북부에서 영국군은 참패하고 말았다. 특히 1815년 1월에 벌어진 뉴올리언스 전투에서 영국군 주력이 앤드루 잭슨 휘하의 미국군에게 패해 전체 병력 1만 명 중 절반 이상을 잃었다. 반면 미국군 전사자는 21명에 불과했다. 워싱턴으로 진격했던 부대도 곧 지방 민병대에 밀려 바다로 후퇴하지 않을 수 없었다.

사태가 이쯤 되자 영국은 크게 당황할 수밖에 없었다. 비록 독립전쟁에서 패하기는 했지만 항상 만만하게 보아왔던 미국이 어느덧 영국에 대등하게 맞서 싸울 만큼 국력이 크게 신장되어 있었던 것이다.

여기에 프랑스와의 전쟁으로 힘을 소진한 상황에서 미국과 또다시 몇 년을 끌지 모르는 싸움을 한다는 것은 무리였다.

이런 사정은 미국도 마찬가지였다. 원래 집안싸움에서 비롯된 전쟁인 만큼 싸움이 길어지면 자칫 연방주의자들에게 반격의 기회를 줄지도 몰랐다. 이기고 있을 때 싸움을 그만두는 것이 여러 면에서 유리한 상황이었다.

양국의 이러한 이해관계가 맞아떨어져 전쟁은 시작되자마자 싱겁게 끝이 났다. 1814년 말 겐트에서 양국 대표는 강화회담을 시작했는데, 아무도 상대방에 불리한 조건을 내세우지 않았으므로 협상은 금방 끝이 났다. 성탄절 전야에 조인된 강화조약의 주요 내용은 양국이 전쟁 전의 상태로 되돌아간다는 것이었다. 재미있는 사실은 당시 전쟁에서 가장 치열했던 뉴올리언스 전투가 강화조약이 체결된 한참 후에 벌어졌다고 하는 것인데, 당시만 해도 통신수단이 발달하지 않아 종전 소식이 전선까지 빨리 전달되지 못했던 것이다.

표면적으로 미국이 이 전쟁에서 얻은 것은 아무것도 없었다. 그러나 미국은 세계 최강 영국과 당당히 맞서 싸워 이김으로써 대외적인 국가 위신이 크게 높아졌고, 국내적으로도 민족주의와 애국의 분위기가 크게 고양되고 서부의 개척도 가속화되었다.

미·영전쟁은 말하자면 이후 미국에 불어닥치게 될 애국적 민족주의의 예고편과도 같은 것이었다.

전후 민족주의의 발흥

우리는 '민족'이라는 말 때문에 서구적 용어인 민족주의 (nationalism)의 의미를 오해하는 경우가 있다. 우리는 민족 하면 언뜻 혈연적 유대관계를 연상한다. 그러나 영어의 네이션(nation) 또는 내셔널(national)이라는 말은 이런 혈연적 유대관계를 뛰어넘는 매우 포괄적 개념이다.

대체적으로 민족주의란 국가라고 하는 공동체에의 소속의식을 말한다. 가족에 가족공동체 의식이 있고, 마을에 마을공동체 의식이 있는 것과 마찬가지다. 이런 의미에서라면 미국에도 다른 어떤 나라 못지않은 진한 민족주의가 살아 숨쉬고 있다. 미국은 여러 민족들로 구성된 사회이기 때문에 민족주의가 없다고 말하는 것은 어불성설이다.

그런데 이 민족주의라는 말은 대내적으로 쓰일 때와 대외적으로 쓰일 때 그 실질적인 의미가 좀 다르다. 대외적으로 이 말은 민족자결과 독립, 나아가 자기 국가나 민족의 우월성을 주장하는 의미를 담고 있다. 이런 점에서 민족주의는 국제주의 또는 세계주의와 반대되는 개념이다. 대내적으로는 개인보다 국가와 민족을 더 중시하는 의미를 담고 있다. 이런 의미에서는 개인주의 또는 지역주의와 대립되는 개념이다. 민족주의를 논할 때에는 이런 용례의 차이를 잘 이해하지 않으면 안 된다.

미국 역사에서 1815년부터 1830년까지 약 15년을 민족주의 시대(A Nationalist Era)라 일컫는다. 물론 미·영전쟁의 여파였다. 어느 나라에서건 외국과의 전쟁을 성공적으로 치르고 나면 애국적 민족주의가 어느 정도는 고양되는 법이다. 전쟁 후 대통령에 당선된 제임스 먼로는 취임사에서 "이제 미국 국민은 이익을 공유한 하나의 커다란 가족공동체다"라고 하면서 미국 민족주의가 공식 출범했음을 내외에 천명했다. 그 후속 조치로 먼로 행정부는 군비를 급격히 증강하는 한편, 유명한 먼로 독트린을 통해 유럽의 간섭을 철저히 거부하는 정책을 추구했다.

대내적으로는 헨리 클레이 상원의원이 주창한 이른바 '미국 체제(American System)' 이론이 여론의 광범위한 지지를 받았다. '미국 체제'란 한마디로 수입품에 보호관세를 부과해 미국의 산업발전을 꾀하고 궁극적으로는 미국을 자족적 경제체제로 만들기 위한 계획이었다. 도로·철도·운하 등 교통망의 확충, 서부 진출, 연방정부의 직접조세권 등도 '미국 체제'의 중요한 내용이었다.

이것은 대체적으로 보아 일찍이 연방주의자들이 주장한 내용과 동일했다. 당시 여러 가지 이유를 들어 이에 맹렬히 반대했던 반연방주의자들(지금은 민주공화주의자들(Democratic Republicans)로 이름을 바꿨지만)이 전쟁 후 정적의 주장을 고스란히 답습하고 있는 것이 매우 흥미롭다. 그러나 연방주의자들의 정치적 세력이 크게 쇠퇴한 지금 민주공화주의자들이 무슨 말을 하든 트집 잡을 사람은 없었다.

아무튼 1820년대에는 모든 사람들이 민족주의를 부르짖었고, 연방정부의 권한이 눈에 띄게 강화되었다. 이리 운하 같은 대규모 토목공사를 벌이고, 공사비를 조달하기 위해 연방정부가 세금을 늘리고 공채를 발행해도 아무 문제가 없었다. 서부 진출을 촉진하기 위해 1795년에 제정된 영지법을 개정, 땅값을 에이커당 1달러 25센트로 내리고 160에이커로 되어 있던 최소 구매단위도 80에이커로 하향조정했다.

그런데 이러한 민족주의적 열풍도 1830년대에 이르러 갑자기 열기가 사그라들면서 미국 사회는 다시 분열의 조짐을 보이게 된다. 여기에는 여러 가지 이유가 있었다. 우선 유럽에서 불어온 계몽주의와 낭만주의의 거센 열풍이 신대륙의 독특한 분위기에 편승하여 반국가적 개인주의를 만들어낸 것도 한 요인이었다. 하지만 더욱 중요한 이유는 보호관세를 축으로 하는 '미국 체제' 정책이 공업 중심의 북부에만 유리했기 때문이다. 보호관세는 남부 사람들에게는 생필품 값의 인상과 면화 수출의 어려움을 의미할 뿐이었다.

자연히 남부는 '남부주의'라고 하는 또 하나의 민족주의를 표방하면서 '미국 체제'에 반기를 들게 되었다. 이와 더불어 민족주의자들은 민주공화당 내에서 소수파로 전락했다. 이들은 1836년에 휘그당을 결성해 '미국 체제'를 계속 주장했지만 별다른 지지를 받지는 못했다. 그러나 1856년에 결성된 공화당이 휘그당의 정강을 계승하고 또 정치적으로 성공하면서 민족주의는 미국 정치이념의 중요한 전통으로서 확고한 지위를 확보하게 된다.

고립주의로의 대전환 – 먼로 독트린

먼로 독트린은 제임스 먼로 대통령이 1823년 12월 대의회 연설에서 천명한 미국 외교정책의 원칙에 관한 선언이다.

……아메리카 대륙은…… 금후 유럽 강국에 의한 장래의 식민 대상이 아니다. ……유럽 자체에 관련된 문제로 유럽 강국과 벌어진 전쟁에서 우리는 어느 쪽도 편들지 않았고, 그렇게 편든다는 것이 우리의 정책에 맞지도 않는다. ……(유럽) 강국들의 정치체제는…… 본질적으로 미국의 체제와 다르다. ……우리는 (유럽 여러 나라가) 그들의 체제를 이 반구의 어떤 부분으로든 확장하려는 여하한 시도도 우리의 평화와 안전에 대한 위협으로 간주한다는 것을 선언하는 바이다.

한마디로 미국은 유럽의 일에 간섭하지 않을 것이므로 유럽도 아메리카(단지 미국만이 아닌)의 일에는 간섭하지 말고 아메리카에 더 이상 식민지를 만들지 말라는 것이다.

이런 외교 선언이 나오게 된 데에는 영·불전쟁시 미국이 중립을 선언했음에도 불구하고 양국이 이를 의도적으로 무시했으며 이 때문

제임스 먼로. 그가 선언한 먼로주의는 미국 외교의 획기적인 전환이었다. 제퍼슨은 그를 가리켜 "양심에 한 점 부끄러움도 없는 정직한 인물"이라고 말했다.

에 영국과는 전쟁을 치르기까지 했다는 일종의 피해의식이 저변에 깔려 있다고 보아야 할 것이다. 그러나 단지 미국만이 아니고 아메리카의 일에 유럽이 간섭하지 말라고 하는 데에서 우리는 영국과의 전쟁에서 승리한 미국의 자신감을 엿볼 수 있다. 또한 유럽이 아메리카에서 식민지 쟁패를 하게 되면 그 여파로 미국이 또다시 전쟁의 위협에 직면하거나, 최소한 미국의 영토확장에 지장이 초래될 것이라는 우려도 깔려 있었다.

먼로 독트린은 그 대담한 내용에도 불구하고 아직은 미국이 이를 실현할 만한 군사력을 갖추지 못했다는 것, 그리고 유럽의 아메리카 진출이 미·영전쟁 후 어느 정도 소강상태에 들어간 점 때문에 선언 당시에는 그다지 큰 주목을 받지 못했다. 1845년 오리건 유카탄 주민들이 멕시코에 대해 반란을 일으켰을 때 당시 대통령 제임스 포크가 이를 근거로 멕시코의 유카탄 합병을 반대한 것이, 먼로 독트린이 미국 외교의 실제 원칙으로 적용된 최초의 예다.

먼로 독트린에 대한 유럽의 심각한 '도전'은 미국 남북전쟁 중에 있었다. 미국이 집안문제로 정신이 없는 틈을 이용해 스페인과 프랑스가 군대를 도미니카 공화국과 멕시코에 보내 식민지 확장을 꾀했던 것이다. 그러나 남북전쟁이 끝나고 이것이 미국과의 분쟁으로 번질 조짐이 보이자 양국은 서둘러 군대를 철수했다.

먼로 독트린은 미국이 명실상부한 세계의 강국으로 등장하게 되는 1870년대 이후 그 의미가 더욱 광범위하게 해석되면서 미국 제국주의의 기본 원칙으로 자리잡는다. 아메리카의 어떤 나라도 마음대로 유럽 나라들에 영토를 떼어주지 못하는 것은 물론, 유럽이 파나마에 운하를 건설하거나, 어떤 목적으로든 유럽이 아메리카에 대해 무력을 행사하는 것은 먼로 독트린에 대한 도전으로 간주되었다.

루스벨트 대통령은 이를 더욱 확대 해석해 이른바 '루스벨트식 먼로 독트린'을 천명하기에 이르렀다. 이것은 단지 유럽이 아메리카의 일에 간섭하는 것을 막는다고 하는 것을 넘어서서, 내부 사정으로 유럽과 분쟁의 소지가 있는 아메리카 국가들에 대해서는 미국이 '경찰'의 자격으로 간섭하겠다는, 매우 공격적인 외교정책이었다. 이를 근거로 미국은 제1차 세계대전이 일어나자 아이티, 니카라과, 도미니카 공화국을 10년 이상 무력으로 불법 점거하기도 했다.

루스벨트식 먼로 독트린은 쉽게 말해 유럽 대신 미국이 여타 아메리카 국가들에 간섭하겠다는 의미였다. 이의 변형이라고 볼 수 있는 태프트 대통령의 '달러 외교(Dollar Diplomacy)'는 라틴 아메리카를 미국의 경제적 종속국으로 만들겠다는 의지를 노골적으로 표현한 것으로, 이를 계기로 '미국 제국주의'라는 말이 사람들의 입에 오르내리게 되었다. 그러나 이미 세계의 강국으로 떠오른 미국의 힘 앞에서 중남미 약소국들은 미국 제국주의를 막을 수 있는 방법이 없었다.

먼로 독트린은 제2차 세계대전 이후로는 상대적으로 그 의미가 약화되었다. 그 주된 이유는 중남미 국가들의 반발이 심하고, 또 유럽 국가들이 미국의 위세에 눌려 이전처럼 아메리카의 문제에 개입하는 것을 꺼리고 있기 때문이다. 그러나 미국은 아직도 아메리카 국가연합(Organization of American States, OAS)을 주도하면서 열강의 아메리카 간섭을 배제하고, 경찰국가로서의 미국의 위치를 확고히 하고 있다. 1961년의 쿠바 침공, 1962년의 쿠바 미사일 위기, 1966년의 도미니카 침공, 1988년의 파나마 침공 같은 일련의 사태들은 먼로 독트린이 아직도 미국 외교의 커다란 축이 되고 있음을 보여준다.

뿐만 아니라 냉전체제하에서 미국이 수행했던 '자유세계의 경찰국가로서의 역할'도 따지고 보면 먼로 독트린을 통해 배태된 미국 제국주의 정신이 전세계적 범위로 확대된 것에 지나지 않는다는 점을 간과해서는 안 될 것이다.

대중 민주주의와 앤드루 잭슨

1812년의 미 · 영전쟁은 여러 가지 면에서 미국사의 중대한 전환점이 되었다. 학자들은 전후 미국에 불어닥친 가장 큰 변화의 하나로 민주주의의 발흥을 꼽는다.

미국에서 민주주의라는 말은 1820년대부터 일반 미국인들이 그들만의 독특한 생활방식을 지칭하는 용어로 널리 사용하기 시작했다. 미국에서 민주주의의 이념은 일찍이 독립선언문에 "모든 사람은 평등하게 태어났다"는 구절로써 내외에 천명된 바 있다. 그러나 말이 평등이지 미국은 매우 귀족적인 사회체제를 가지고 있는 나라였다. 대통령은 버지니아의 부유한 가문에서 연달아 배출되었고, 서민들은 정치와 경제적 '평등'으로부터 실질적으로 완전히 소외되어 있었다. 사람들은 부유한 소수와 가난한 다수라는 사회구조, 그리고 후자는 전자의 지배를 받아야 한다는 것을 당연한 사실로 받아들였다.

그런데 미 · 영전쟁을 전후해서 사람들의 이러한 의식에 중대한 변화가 일어났다. 미 · 영전쟁 자체가 여기에 어떤 계기가 되었던 것은 아니고, 이 전쟁을 전후해 미국 사회에 나타난 여러 가지 변화, 특히 서부로의 팽창이 이러한 의식 변화에 결정적인 역할을 했다.

서부로 건너간 사람들은 새 땅을 일구고 삶의 터전을 마련하기 위해 혹심한 고생을 해야 했다. 이러한 개척자의 삶을 통해서 강인하고 독립적인 성격이 만들어지고, 사람들은 스스로 일군 삶에 대해 강한 자부심을 가지게 되었다. 여기에서는 신분의 귀천이라는 것이 아무런 의미가 없고 오직 강한 의지력과 자신감, 용기만이 문제가 되었다. 다시 말해 서부의 삶을 통해 사람들은 비로소 인간의 평등함을 말이 아닌 체험으로 깨닫게 되었던 것이다.

이러한 민주주의적, 신분타파적 분위기는 그대로 정치에도 영향을 미쳐, 1812년에서 1821년 사이 연방에 가입한 6개의 서부 신주들은 지금까지 납세액에 따라 선거권을 제한하던 것을 철폐하고 성인 백인 남자들에게 동등하게 투표권을 부여했다. 1816년과 1821년 사이 동부의 4개 주가 그 뒤를 따랐다. 또한 종교에 따른 선거권의 제한도 철폐되고 연방이나 주의회에 보낼 대표자의 수도 인구비례로 재조정되었다. 대부분의 주에서 대통령 선거인단 선출권이 의회에서 일반 시민들의 손으로 넘어갔으며, 지금까지 유력인사들이나 의회가 지명하던 주요 관리들도 이제 일반 선거를 통해 선출되었다. 한마디로 1820년대에 정치적 민주주의는 적어도 백인 남자들에 있어서는 움직일 수 없는 사실로 자리를 잡았다.

이러한 민주적 분위기는 대중의 우상 앤드루 잭슨이 1828년 선거에서 대통령에 당선됨으로써 절정을 이루었다. 잭슨은 여러모로 특이한 인물이었다. 사우스캐롤라이나 주의 변방에서 개척민의 아들로 태어난 그는 일찍 부모를 여의고 불우한 성장기를 보냈다. 하지만 이에 굴하지 않고 독학으로 법률을 공부해 약관의 나이에 변호사가 되

잭슨의 대통령 취임을 축하하기 위해 백악관에 몰려든 군중. 잭슨은 대중 민주주의의 상징이었다.

었으며, 1796년 테네시 주 연방 국회의원에 당선되었다. 그러나 천성적으로 타협할 줄 모르고 사교에도 능란하지 못했던 그는 곧 정치 생활에 회의를 느끼고 은퇴해 농장을 지키며 시간을 보냈다.

그가 전국적 명사로 떠오른 것은 1812년 미 · 영전쟁을 통해서였다. 평소 정치가보다는 군인이 적성에 맞는다고 생각하던 잭슨은 전쟁이 터지자 곧 민병대의 일원으로 참전했으며, 가는 곳마다 혁혁한 전공을 세워 1814년 파격적으로 정규군 장성으로 진급했다. 특히 그가 지휘하여 싸운 1815년의 뉴올리언스 공방전에서 미국군은 불과 70명의 사상자를 낸 데 비해 영국군은 총지휘관을 비롯한 2,000명 이상이 전사했다. 이 전투로 미 · 영전쟁은 사실상 끝이 났고, 잭슨은 하루아침에 워싱턴에 버금가는 미국의 영웅이 되었다.

이러한 대중적 인기를 배경으로 잭슨은 1824년 선거에 출마했다. 상대는 존 퀸시 애덤스였는데, 애덤스는 전임 대통령들과 마찬가지로 버지니아의 부유한 귀족가문 출신이었다. 잭슨은 승리를 자신했으나 상대편의 '더러운 흥정(corrupt bargain)'으로 패했다. 그러나 그는 차기 선거에 다시 출마해 정적들의 온갖 중상모략에도 불구하고 압도적 표차로 마침내 대통령에 당선되었다.

사람들은 잭슨의 승리를 프랑스 혁명에 버금가는 위대한 시민의 승리로 생각했다. 그가 백악관에 입성하던 날, 수많은 시민들이 백악관으로 몰려와 먹고 마시며 시민의 승리를 자축했다. 나중에는 이들이 폭도로 변할 조짐마저 보여 잭슨은 친구들의 도움으로 이곳을 빠져나오지 않으면 안 되었다. 대통령 취임식장에서 이런 난장판이 벌어진 것은 잭슨 이전에도, 그 이후에도 없었다.

잭슨은 다수의 대중을 등에 업고 대통령에 당선된 최초의 사람이 되었다. 이것은 어떤 점에서는 민주주의의 승리였다. 부유한 상류귀족들이 판을 치던 중앙정부에 대중은 비로소 자신을 진정으로 대변할 수 있는 인물을 입성시킨 것이다. 대중은 그의 모든 정책을 열광적으로 지지했으며, 이러한 대중적 지지를 바탕으로 그는 워싱턴 이후 어떤 역대 대통령보다도 강력한 권력을 행사할 수 있었다.

그러나 토크빌이 일찍이 염려했듯이 절제 없는 민주주의는 독재와 중우정치로 통하는 법이다. 원래 미국 헌법은 주권기관을 의회와 대통령으로 나누어 상호 견제함으로써 정부가 독재로 흐르는 것을 막고자 했다. 그러나 잭슨은 오직 자신만이 국민의 진정한 대변자라고 생각했으며, 의회를 특수 계층의 이익만을 옹호하는 타락한 집단으로 몰아세웠다. 잭슨과 의회는 사사건건 대립하기 일쑤였다. 잭슨은 수많은 연방정부 관리직에서 기존의 사람들을 몰아내고 대거 자신의 사람들을 앉혔는데, 의회의 몇몇 인사들이 승인을 거부하자 대의회 거부권을 행사했다. 대통령의 거부권은 헌법에 규정되어 있기는 하지만 선임 대통령들은 거의 행사하지 않았는데, 잭슨은 재임기간 중 이를 마치 전가의 보도처럼 휘둘렀다.

의회와 대통령의 대립은 마침내 연방 해체의 위기로 이어졌다. 잭슨의 압력으로 수입품에 고율의 관세를 부과하는 법안이 1832년 의회를 통과하자, 이의 반대에 앞장섰던 사우스캐롤라이나 주가 이 법안의 무효를 주장하고 연방 탈퇴도 불사하겠다는 폭탄선언을 했다.

이 소식을 들은 잭슨은 곧 군대를 파견하여 무력개입을 시사하는 한편, 사우스캐롤라이나 주의 행위를 비난하는 강력한 대국민 성명을 발표했다. "주정부가 합중국의 법률을 무효 선언하는 권한을 가질 수 있다는 견해는 연방의 존립과 양립할 수 없으며 합중국 헌법에 분명히 저촉된다."

잭슨의 위세에 눌려 사우스캐롤라이나에 동정적이던 주들은 곧 잭슨 지지로 돌아섰고, 고립된 사우스캐롤라이나 정부는 결국 굴복하고 말았다.

이처럼 잭슨이 분리주의자들에 대해 강경한 태도로 일관하고 또 승리할 수 있었던 이유는 자신을 절대적으로 지지하는 대중의 힘이 있었기 때문이다. 그는 자신을 밀어준 대중이 강력한 대통령, 강력한 국가를 원한다고 확신했으며 이에 반대하는 정적들을 반민주적 매국노로 몰아세웠다. 그러나 이것은 그가 상상했던 것처럼 그렇게 간단한 문제가 아니었다. 의회와 대립하는 강력한 민중독재자의 출현으로 이제 미국은 연방주의자 대 반연방주의자, 북부 대 남부의 대립적 요소 외에 의회 대 행정부(대통령)의 대립이라는 또 하나의 분열적 요소를 안게 되었다. 이 모든 분열적 요소들이 남북전쟁으로 한꺼번에 폭발한 것은 우리가 잘 아는 사실이다.

'눈물의 여정' - 인디언의 강제 이주

미·영전쟁 이후 미국은 다시 한 번 서부로의 진출을 가속화했다. 이번에는 남부 애팔래치아 산맥을 넘어 미시시피 강까지가 진출목표였다. 물론 주인이 없는 땅은 아니었다. 크리크, 체로키, 치커소 등 이미 오래 전부터 이 지역에는 여러 인디언 부족들이 터를 잡고 살아가고 있었다. 백인과 인디언의 평화적 공존은 불가능하다는 것이 이미 증명되었으므로, 미국은 1820년대 들어 이들 인디언들을 미시시피 강 서부로 내몰기 시작했다.

이러한 인디언 강제 이주정책의 선봉장은 미·영전쟁의 영웅 앤드루 잭슨이었다. 잭슨은 전쟁 후 휘하의 민병대를 동원, 플로리다와 조지아에 흩어져 살고 있던 인디언들을 대규모로 잔인하게 토벌해나갔다. 인디언들 사이에 '장검'이라는 별명으로 불린 그의 잔인성은 악명이 높았다. 잭슨은 이렇게 해서 인디언이 떠나간 땅을 친구들과 헐값에 사들여 큰 부자가 되었다.

잭슨은 여기에 만족하지 않고 인디언들을 아예 미시시피 서부 백인이 살지 않는 곳으로 강제 이주시킬 것을 촉구하는 서한을 의회에 보냈다. 그는, 인디언은 백인과 떨어져 있어야만 "그들의 미개한 제

도 아래서, 그들 방식대로 행복
을 추구할 수 있을 것"이며 이런
'인도주의적 정책'은 결국 백인
이 아닌 인디언 자신에게 유익
할 것이라고 강변했다.

잭슨의 압력에 굴복했는지 아
니면 인디언들이 가장 좋은 땅

| '눈물의 여정'에 오른 체로키 인디언들.

만 차지하고 있다는 데 분개한 남부 농장주들의 압력이 있었는지, 연
방정부는 1820년대 들어 동남부 인디언들에 대한 이주정책을 본격
적으로 추진하기 시작했다. 이런 와중에 수많은 인디언들이 이주의
험난한 길 위에서, 혹은 새로운 땅과 기후에 적응하지 못해 죽어갔
다. 악명 높은 예가 크리크와 체로키, 그리고 세미놀 족의 경우다.

크리크 족은 주로 조지아에 흩어져 살고 있었는데, 1826년 조지아
주정부에서 인디언 지역에 대한 토지조사를 실시한다는 명분으로 대
규모 군대를 파견해 이들을 위협하기 시작했다. 위기를 느낀 크리크
부족들은 알아서 먼저 고향을 떠나는 것이 목숨을 부지하는 길이라
생각하고 오클라호마, 곧 그들이 '인디언의 땅'이라 불렸던 곳으로
떠나갔다. 그러나 전체의 절반 이상이 험한 여행을 견디지 못하고 중
간에 죽고 말았다.

체로키 족의 경우는 더 비극적이었다. 체로키 족은 일찍부터 백인
문명을 받아들여 농장과 학교와 공장을 짓고 독자적인 헌법도 만들
어 시행하고 있었다. 또한 인근의 백인들과도 매우 평화로운 관계를
유지하고 있었다. 이들은 1827년 조지아 주 내에 그들만의 독립정부

를 수립하고 조지아 주에 이의 승인을 요청했다. 그러나 조지아 정부는 이를 단호히 거부하는 한편, 그들의 거주지를 몰수하겠다고 위협했다. 그러자 체로키 족은 연방 대법원에 그들의 권리를 확인해달라는 소장을 제출했는데, 대법원은 논란 끝에 이들에게 승소판결을 내렸다(1832년 위체스터 대 조지아 판결).

그러나 조지아 정부는 대법원의 판결에 불복하고 곧 체로키 족의 거주지를 무력으로 점령하기 시작했다. 당시만 해도 연방정부의 권한이 미약하여 이런 '조그만' 일에 주정부가 반기를 든다 해도 연방정부로서는 어쩔 수가 없었다.

위협에 견디다 못한 체로키 족은 마침내 굴복해 1835년을 전후로 크리크 족을 따라 오클라호마로 이주하기 시작했다. 연방정부는 군대를 동원하여 마치 전쟁 포로를 끌고 가듯 이들을 몰고 갔다. 마침내 이주지에 당도했을 때는 원래 길을 떠난 1만 4,000명 중 겨우 1,200명 정도만이 살아남았다. 인디언들은 이 죽음의 여로를 '눈물의 여정(Trail of Tears)'이라 불렀다.

플로리다에 흩어져 살던 세미놀 족은 목숨을 걸고 그들의 땅을 지키기로 결심했다. 오세올라라는 젊은 추장 밑에 수천 명의 전사들이 모여 에버글레이즈를 근거로 정부군에 치열한 항전을 계속했다. 이 싸움은 무려 7년이나 계속되었다. 정부군 1,500명 이상이 이 싸움에서 목숨을 잃고 2,000만 달러 이상의 전비가 지출되었다. 그러나 오세올라가 정부군에 잡혀 죽은 후 이들의 항전도 끝이 나고 말았다. 결국 남은 세미놀 족도 체로키 족을 따라 오클라호마로 강제 이주당했다.

세미놀 족의 이주로 미시시피 강 동쪽의 사우스캐롤라이나, 조지아, 플로리다 지역의 수천만 에이커의 땅이 백인의 수중으로 넘어왔다. 백인들은 이를 개척과 진출이라고 불렀지만 인디언들의 입장에서 볼 때 이는 살육과 부당한 강제점령이었다. 백인들의 욕심은 여기에서 멈추지 않았다. 인디언들이 오클라호마로 이주한 지 채 20년도 되지 않아 백인들은 다시 이들을 오지로 몰아냈고, 이후 인디언들은 그들의 땅 북아메리카에서 영원한 이방인으로 전락하고 말았다.

'명백한 천명' – 서부 개척과 미 · 멕시코 전쟁

미국에 있어 19세기 전반은 한마디로 부흥과 발전의 시대였다. 영국과는 결국 쓸데없는 전쟁을 치른 것이 아니었다. 전쟁 자체는 아무런 명분 없이 시작된 것이지만 이 전쟁이 마무리되면서 미국인들은 이제 바깥일은 걱정할 것 없이 안의 일에만 신경을 쓰기로 작정했다. 그 결과 인구가 급격히 늘고 이에 맞추어 영토가 확장되었으며 또 산업 전반의 비약적 발전이 이룩되어 불과 50여 년 만에 모든 면에서 명실상부한 강국으로서의 면모를 갖추게 되었다.

이 시기 미국의 발전은 우선 인구가 크게 늘어난 데서 찾아볼 수 있다. 1800년경에는 530만 명이던 인구가 1850년에는 2,300만 명 이상이 되었다. 연간 이민자의 수도 1820년대까지는 1만 명 정도에 불과했지만, 1832년에는 6만, 1842년에는 10만 명을 헤아렸다. 특히 1845년부터 1860년 사이에 이민이 폭발적으로 늘었다. 이것은 당시 유럽에 불어닥친 흉작과 프랑스 혁명의 여파였다.

이들 이민자들은 남부의 농장보다는 북부의 공장들, 아니면 서부로 가서 새로운 삶을 개척하고자 했다. 일찍부터 이민이 시작된 북서부 오하이오 계곡은 말할 것도 없고, 프랑스로부터 매입한 루이지애나로 이들 이민자들이 몰려들었다. 여기에 남부의 농장주들과 투기꾼들까지 가세하여 바야흐로 서부 진출의 '러시' 현상이 일어났다.

루이지애나는 워낙 땅이 넓어 아무리 사람들이 몰려들어도 문제될 것은 없었다. 그러나 인간의 욕심이라는 것은 끝이 없어서 사람들은 미처 루이지애나가 정비되기도 전에 그곳 너머로 진출하기 시작했다. 그것은 텍사스, 오리건, 캘리포니아 등으로 대강 이름을 붙인, 루이지애나 서부의 모든 땅을 말했다.

이 축복받은 땅을 언제까지 인디언의 천국으로 남겨두어야 하는가? 자유와 평등의 고귀한 그리스도교적 이념에 불타는 미국이 이 땅을 차지해야 하지 않겠는가? 미국인들은 태평양에 이르는 모든 땅이 궁극적으로 그들 차지라고 믿었으며, 이것이 또한 신의 '명백한 천명(Manifest Destiny)'이라고 확신했다. 물론 그 땅에 인디언 말고도 주인이 없는 것은 아니었다. 텍사스와 캘리포니아는 스페인—독립 후로는 멕시코—의 소유였고 오리건은 영국이 주인임을 자처하고 있었다. 그러나 서부인들은 이것에 조금도 아랑곳하지 않았다.

텍사스에는 1821년 모지스 오스틴이라는 사람이 처음 정착한 이래 이주민이 몰려 1830년경에는 미국인 인구가 이미 2만 명을 넘어섰다. 말이 멕시코령이지 이곳에는 멕시코 사람들이 거의 살지 않았고, 미국인들은 공공연히 멕시코의 지배를 거부했다. 멕시코 정부와 이들 사이에는 당연히 충돌이 일어났다.

1836년, 안토니오라는 군인이 멕시코의 실권자로 등장하면서 텍사스 문제가 불거져나왔다. 그는 미국인들이 허락도 없이 남의 땅에 들어와 농사를 지으며 세금도 내지 않는 것에 분개하여 토벌대를 보

알라모 전투. 저항하던 연병대원 180여 명 모두가 전사했다.

냈다. 샌안토니오의 알라모에서 토벌대와 민병대 사이에 격렬한 전투가 벌어져 180여 명의 민병대 전원이 장렬하게 전사했다. 그러나 이것은 시작에 불과했다. 텍사스 인들은 "알라모를 잊지 말라"고 외치며 토벌대에 맹렬하게 저항했고, 결국 샘 휴스턴 휘하의 민병대가 샌저신토에서 안토니오의 군대를 격멸했다. 텍사스는 즉시 독립을 선언하고 휴스턴을 대통령으로 선출했다. 텍사스의 연방 편입문제는, 노예문제를 둘러싼 연방 내의 갈등으로 약간 지체되기는 했으나 1845년 2월 의회에서 합병안이 승인됨으로써 마무리되었다.

다음으로 문제가 된 것이 오리건이다. 당시 오리건이라고 하면 오늘날의 오리건 주는 물론 루이지애나 북서쪽의 모든 땅을 말했다. 원래 이 땅은 영국이 영유권을 주장하고 있었으나 미·영전쟁 이후 양국이 이를 공동 점유하는 어정쩡한 상태로 남아 있었다.

오리건은 풍부한 임산자원과 태평양 연안 수산자원의 보고로, 이곳에도 1830년대 들어 이주민이 몰려들기 시작했다. 특히 1843~45년 사이에 5,000명 이상의 개척민이 몰려들어, 이제 정부로서도 영국과 어떤 식으로든 오리건 문제를 해결하지 않으면 안 될 상황에 이르렀다. 물론 이 때문에 영국과 전쟁을 할 수는 없었다. 이 점은 영국도 마찬가지여서, 서부에 치우쳐 있어 실질적인 통치가 거의 불가능한 이 땅을 두고 미국과 싸움을 한다는 것은 아무런 실익이 없었다. 그러므로 양국은 협상에 의해 적당한 선에서 오리건을 서로 나누어 갖는다는 원칙에 쉽게 합의했다.

문제는 어디에서 경계선을 나눌 것인가 하는 것이었다. 신의 '명백한 천명'을 외치는 확장주의자들은 러시아 땅인 알래스카와 만나는 북위 54도 40분을 경계선으로 할 것을 주장했다. 그러나 이것은 실질적으로 오리건 전체를 차지하겠다는 것으로 영국이 도저히 받아들일 수 없는 안이었다.

결국 지리한 협상 끝에 북위 49도를 경계로 이남은 미국령, 이북은 영국령으로 하기로 합의했고, 1846년 6월 15일 의회의 승인을 얻었다. 이렇게 해서 오대호 서쪽에서 태평양에 이르는 캐나다와 미국 간의 4,800킬로미터 국경선이 정해지게 된 것이다.

이제 마지막으로 캘리포니아 문제가 남았다. 멕시코는 얼떨결에 텍사스를 빼앗겼지만 캘리포니아는 문제가 달랐다. 만약 미국이 어떤 식으로든 캘리포니아를 차지하려 든다면 이는 곧 전쟁을 의미했다. 그러나 이제 미국으로서는 멕시코쯤은 전혀 두려운 상대가 아니었다. 한두 번 캘리포니아의 매입을 타진해보다가 멕시코가 이를 당연히 거부하자, 열렬한 팽창주의자 대통령 제임스 포크는 무력으로 이 문제를 해결하기로 결심했다.

1846년, 리오그란데 강 부근에서 미국 국경수비대와 멕시코 군대 간에 사소한 충돌이 벌어져 몇 명의 사상자가 발생했다. 포크는 "이제 미국은 더 이상 참을 수 없다"는 요지의 교서와 함께, 5월 12일 멕시코에 선전포고를 했다. 이미 그 전에 미국은 함대를 캘리포니아 연안에 집결시키고, 커니 장군이 이끄는 대규모 병력이 육로를 따라 캘리포니아로 향하고 있었다. 선전포고가 있자마자 미국군은 육지와 바다에서 동시에 작전을 개시해 거의 피 한 방울 흘리지 않고 캘리포니아를 점령했다.

리오그란데에서도 미국은 아주 손쉽게 승리를 거두었다. 멕시코는 힘껏 저항했으나, 1847년 9월 17일 몬테주마 궁이 함락되고 멕시코는 패배했다. 이듬해 체결된 강화조약에서 멕시코는 1,500만 달러의 헐값에 리오그란데 강 이북의 뉴멕시코와 캘리포니아 땅을 떼어줄 수밖에 없었다. 형식은 매입이었지만 이것은 명백히 강제적인 것이었다.

캘리포니아 합병으로 '명백한 천명'은 마침내 실현되었다. 문제는 이 광대한 땅을 어떻게 관리할 것인가 하는 것이었다. 팽창의 시기에는 내부의 모든 불만적 요소들이 밖으로 분출될 여지가 있었다. 그러나 팽창이 멈추면서 이제 그것은 내부를 향하게 되었다. 미국은 땅을 늘리는 것 못지않게 이를 관리하는 것이 어렵고 많은 희생을 요구한다는 것을 곧 깨닫게 되었다.

1840년대 산업혁명과 경제발전

19세기 전반 미국의 발전은 1840년대의 산업혁명으로 그 절정을 이루었다. 비록 유럽보다 몇십 년 늦기는 했지만 풍부한 자원과 노동력, 그리고 기술혁명 덕분에 미국에서의 산업혁명은 보다 규모가 크고 미국 사회 전반에 끼친 영향 또한 지대했다. 한마디로 산업혁명을 통하여 미국은 농업국가에서 공업국가로 비약하는 발판을 마련했던 것이다.

미국에서 산업혁명이 일어나게 된 데에는 몇 가지 정치적, 사회적 배경이 있다. 우선 미·영전쟁의 종식과 더불어 미국이 국내 문제에만 전념할 수 있는 정치적 여건이 마련되었다는 것, 유럽으로부터 값싼 노동력이 대규모로 유입된 것, 철도·운하 등 운송수단의 발달, 기술혁명, 서부 개척을 통하여 배태된 모험과 진취적 정신, 마지막으로 풍부한 지하자원 등을 지적할 수 있겠다.

그중에서도 특히 중요한 것이 값싼 노동력의 유입이다. 19세기 초까지만 하더라도 미국의 공업기반은 참으로 보잘것이 없었고, 가내수공업 형식으로 운영되는 조그만 공장들이 대부분이었다. 여기에는 여러 가지 이유가 있겠지만 노동력 부족이 제일 중요한 이유 중의 하나였다. 인구는 적고 땅은 넓기 때문에 자연히 남자들의 일손이 부족했고 공장들은 노동자를 구하지 못해 여성들과 미성년자들을 고용할 수밖에 없었다. 이런 상황에서는 노동생산성이 올라갈 수가 없고 큰 공장을 세울래야 세울 수가 없었던 것은 당연한 이치다.

그런데 1830년을 전후로 이민 바람이 불어닥쳐 이러한 일손 부족 문제가 어느 정도 해결되었다. 특히 흉년에 허덕이던 아일랜드 사람들이 1년에 수만, 수십만 명씩 신대륙으로 건너왔는데, 일부는 서부로 새로운 삶을 찾아 나서기도 하고 일부는 북부 공장지대로 몰려들었다. 공장주들은 마치 기다렸다는 듯이 임금을 낮추고 근로시간을 늘려 물건들을 보다 싼값에, 대량으로, 그것도 더 많은 이윤을 남기며 생산해낼 수 있었다. 노동자들은 아주 열악한 조건하에서 노동력을 착취당하기는 했지만, 그래도 유럽에서 살 때보다는 상황이 나아진 것으로 만족했다.

운송수단의 발달도 산업혁명의 중요한 요인 중의 하나였다. 1807년 로버트 풀턴이 클러몬트라는 최초의 증기기관선을 만들어내면서, 남부의 농산물과 북부의 공산품을 싼값에 대량으로 수송할 수 있는 길이 열렸다. 다만 미시시피 강 외에는 내륙에서 대서양으로 흐르는 큰 강이 없었으므로 허드슨 강과 포토맥 강에는 곳곳에 대규모 운하가 건설되었다. 1825년에 완성된 이리 운하는 대서양과 오대호를 직접 연결하는 총 연장 500킬로미터의 최대 운하로, 오대호에서 뉴욕까지 물품 운송비용을 종래의 약 10분의 1로 떨어뜨렸다. 그 결과 이리 운하 주위에는 대규모 공장들이 들어서고 버펄로, 시라큐즈, 로체스터 등 운하 주변의 도시들이 크게 번창했다.

철도는 1830년 볼티모어와 오하이오 사이에 처음 건설되어 사람과 물건을 실어나르기 시작했다. 그러나 이때만 해도 사람들의 인식이 부족하여 처음 몇 년 동안 철도 건설은 매우 지지부진했다. 그러다가 철도의 편리성을 깨닫고 힘있는 기관차의 발명으로 운송비용이 낮아지면서 철도는 1850년대 들어 운하를 몰아내고 주된 운송수단으로 자리를 잡게 되었다. 1850년에서 1860년 사이에만 3만 2,000킬로미터의 철도가 건설되었고 미시시피 강 서쪽으로는 이미 그물처럼 철도망이 놓여져 있었다. 캘리포니아의 합병과 더불어 동서를 관통하는 대륙횡단철도 건설의 야심도 구체화되기 시작했다.

그러나 뭐니뭐니해도 미국 산업혁명의 결정적 기폭제가 된 것은 새로운 기계와 생산기술의 발명이었다. 이 시기에 철제 쟁기, 자동수확기, 탈곡기, 면화채취기 등이 발명되어 농업의 생산성이 폭발적으로 늘어났다. 예를 들어 자동수확기 한 대로 농부는 그전보다 7배나 빠르게 농작물을 거두어들일 수 있었다.

공업 분야에서는 섬유업이 기술혁명을 선도했다. 동력 직조기의 발명으로 면화에서 원사를 뽑아 이를 옷감으로 만드는 공정이 한 지붕 밑에서 가능하게 되었다. 노동자들은 공정의 어느 한 분야에만 전념함으로써 노동생산성이 크게 향상되고 또 많은 일을 기계가 대신함으로써 생산비용이 절감되었다. 보스턴의 한 사업가가 매사추세츠 월섬에 이러한 자동화 섬유공장을 세워 크게 성공하면서, 로월 · 로렌스 · 맨체스터 등에 대규모 섬유공장들이 들어섰다.

광업 쪽에서는 윌리엄 켈리가 압축공기를 이용하여 광석에서 철을 손쉽게 분리해내는 방법을 발명했으며, 또 비싼 코크스 대신 지천으로 널려 있는 저질 무연탄을 연료로 사용함으로써 제련 단가가 크게 내려갔다. 미국산 철강은 이때 비로소 영국산에 대해 국제시장에서 가격경쟁력을 가질 수 있었다.

산업혁명을 통하여 미국은 공업국가로서의 기틀을 마련하고, 특히 농업 · 섬유 · 철강 · 운송 등의 분야에서 비약적인 발전을 이룩했다. 섬유와 철강은 당시 세계 무역의 가장 중요한 상품이었으므로, 미국이 이 분야에서 국제적 경쟁력을 갖추었다는 것은 다시 말해 미국이 경제적으로도 세계 열강의 대열에 당당히 끼게 되었음을 의미했다. 여기에 미국은 막대한 자원, 풍부한 노동력, 광대한 영토 등 다른 나라들에 비해 월등히 유리한 조건들을 갖추고 있었으므로, 영국 등을 제치고 세계 최강의 경제대국으로 부상하는 것은 시간문제였다.

동시에 산업혁명은 저임금, 여성 및 미성년자 고용, 도시 빈민촌, 노사간의 대립 등 자본주의 경제의 여러 폐단들을 낳기도 했다. 물론 이것이 19세기 후반 들어 급진적 노동운동과 격심한 계급적 갈등을 불러일으키게 되지만, 산업혁명 초기에는 그렇게 심각한 사회문제를 야기하지는 않았다. 그 이유로는 노동자들의 사회의식 부재, 공장주들에게 일방적으로 유리한 법령, 그리고 유능한 지도자의 부재 등을 꼽을 수 있겠다.

아무튼 산업혁명이 채 완성되기도 전에, 그리고 산업혁명의 여러 문제점들이 표면화되기도 전에 남북전쟁이라는 대변란이 터졌고, 미국은 세계 제일의 자본주의 국가로 성장하기 위해 부득이 몇십 년의 세월을 더 기다리지 않으면 안 되었다.

제4장 내전

노예와 '지하철도' – 노예제 논쟁의 격화

　1831년, 버지니아의 사우샘프턴에서 내트 터너라는 한 흑인 노예와 그를 추종하는 70여 명의 흑인들이 폭동을 일으켰다. 이들은 사전에 치밀하게 모의한 듯 먼저 각자의 주인을 죽이고 길거리로 나와 백인들을 남녀노소 없이 닥치는 대로 살해했다. 광란이 끝났을 때 길에는 백인 57명의 시체가 널려 있었고 공포에 질린 백인들은 모두 도망가고 거리는 마치 유령의 도시처럼 텅 비었다. 주모자 터너는 이 무장폭동이 노예해방의 서곡이고, 짐승처럼 살아가는 동료 흑인들이 자신의 용기에 고무되어 노예해방의 전국적 투쟁을 시작할 것이라고 믿었다.

　그러나 불행하게도 흑인들은 터너보다는 그들의 백인 주인들에게 충성을 바쳤다. 의외로 사태가 확산되지 않자 폭동을 일으킨 흑인들은 당황하기 시작했고 그 사이 백인 토벌대가 들이닥쳤다. 폭동에 가담한 많은 흑인들은 그 자리에서 살해되었다. 터너는 간신히 몸을 피해 지하로 잠적했지만 결국 수색대에 잡혀 길거리에서 공개교수형을 당했다. 백인들의 공격으로 모두 100명 이상의 흑인들이 죽었다. 이것이 당시 남부의 백인들을 공포의 도가니로 몰아넣었던 '내트 터너의 반란' 사건이다.

내트 터너의 반란은 두말할 것도 없이 당시 미국 남부의 비인간적 노예제도가 그 배경이다. 미국에서 흑인 노예제는 이미 17세기 초에 시작되었다. 그러나 우리가 미국 역사책이나 영화에서 봐서 알고 있는 가혹한 노예제는 19세기 초 면화농장의 발달과 더불어 본격화되었다.

이전까지 남부 농장들에서는 주로 담배를 경작하고 있었다. 그러나 담배는 땅을 지나치게 황폐화시켰고 여기에 과잉생산으로 값이 폭락해 농장주들은 극심한 경제적 어려움에 시달렸다. 물론 농장주들은 이때 이미 면화라고 하는 대체작물을 떠올리고 있었다. 당시 전 세계적으로 양모 대신 면으로의 의복혁명이 일어나고 있었기 때문에 면화의 수요는 무궁무진했을 뿐 아니라 값도 하루가 다르게 치솟고 있었다. 문제는 면화재배가 막대한 노동력을 필요로 한다는 것이었다. 송이를 하나하나 사람 손으로 따야 하는 것은 둘째치고, 더 문제가 되는 것은 씨를 빼내는 작업이었다. 목화송이에 돌돌 말려 있는 씨는 여간해서 빼내기가 쉽지 않았고, 노예 한 사람이 밤새 일해도 씨를 빼낸 목화송이는 겨우 한아름 정도밖에 되지 않았다. 이것으로는 도저히 수지를 맞출 수가 없었다.

이런 시점에서 엘리 휘트니라는 사람이 조면기(cotton gin, 목화송이에서 씨를 뽑는 기계)를 발명한 것은 농장주들에게는 그야말로 복음이 아닐 수 없었다. 그들은 곧 담배를 그만두고 거기에 면화씨를 뿌렸다. 넓고 비옥한 토지에 거의 공짜나 다름없는 풍부한 노동력 등 미국은 사실 면화농사에는 더할 나위 없이 좋은 조건을 갖추고 있었다.

예상했던 대로 면화농사는 남부의 농장주들에게 엄청난 이윤을 안 겨주었다. 그들은 노동력이 닿는 데까지 농장을 늘려갔고, 여기에 북부의 부자들도 가세해 남부는 하루아침에 거대한 '면화왕국'으로 변모했다. 1860년 미국의 면화 생산량은 총 23억 파운드, 총 수출의 3분의 2가 면화였다.

씨는 기계로 뽑는다고 하지만 그래도 면화농사는 손이 많이 갔다. 아무리 농장을 늘리고 싶어도 사람이 모자라면 할 수 없는 일이었다. 당연히 노예 값은 하루가 다르게 치솟았고, 농장주들은 조금이라도 더 노예를 부리기 위해 혈안이 되었다. 게으름을 피우면 감시인의 가죽채찍이 사정없이 등줄기를 내리쳤고, 도망을 치다 붙잡히면 맞아 병신이 되거나 죽음을 각오해야 했다.

농장주들은 이제야 비로소 노예의 가치를 깨달았다. 그들에게 노예는 곧 돈이고 재산이었다. 뿐만 아니라 북부의 상인, 섬유업자, 무역상들도 결국은 노예를 통해 돈을 벌었다. 한마디로 노예는 미국의 경제를 떠받치는 주춧돌과도 같은 존재였다. 아무튼 면화농장의 발전과 더불어 노예들의 형편은 더욱 비참해졌고 노예제는 사회적으로 더욱 공고해졌다.

동시에 노예제를 둘러싼 치열한 논쟁이 전국적으로 다시 일었다. 이전까지는 남부에서조차 노예제는 어쩔 수 없이 생겨났을 뿐 그 자체는 비도덕적이고 비기독교적이라는 것이 사람들의 생각이었다. 아니, 속으로는 아무리 다르게 생각하더라도 원칙적으로 노예제가 옳지 않다는 것에 대해서는 아무도 공개적으로 반론을 제기하지 못했다.

그러나 이제는 드러내놓고 노예제를 옹호하는 사람들이 생겨났다.

윌리엄 메리 대학의 철학과 교수였던 토머스 듀는 "동물간에 약육강식이 법칙이듯 인간이 인간을 노예로 삼는 것 역시 자연의 섭리"라는 주장을 폈다. 합중국 부통령을 지낸 반연방주의자 존 컬훈은 "노예제 없이는 부유하고 문명한 사회는 존재할 수 없다"고 했으며, 고대 아테네의 민주주의가 노예제 때문에 가능했다는 예를 제시했다. 하느님이 노예의 표시로서 흑인들의 피부 색깔을 검게 만들었다고 주장하는 목사들도 있었다. 노예제가 도덕적이냐 아니

스토의 소설 《톰 아저씨의 오두막》 광고 전단. 노예제의 비참함을 사실적으로 묘사해 엄청난 반향을 불러일으킨 소설이지만 정작 저자 본인은 북부 출신으로 노예제의 실상을 별로 경험하지 못했다고 한다.

냐를 떠나 노예가 없으면 미국 경제가 하루아침에 무너지고 말 것이라는 이유로 노예제를 옹호하는 경제학자들도 있었다.

노예폐지론자들도 더욱 격렬한 주장과 행동으로 맞섰다. 윌리엄 로이드 개리슨 같은 사람은 노예옹호론자들뿐만 아니라 소극적 노예제 반대론자들까지도 문명과 기독교의 적으로 간주하고, 모든 노예의 즉각적 해방을 외치는 〈해방자(The Liberator)〉라는 신문을 발행했다. "노예문제는 조용히 해결하기에는 너무 사태가 급박하다. 불이 났으면 소리를 지르고 불을 꺼야지, '불이야'라고 외치는 사람에게 어떻게 조용히 하라고, 이 문제를 차근차근 생각해보자고 할 수 있단 말인가?"

개리슨의 격렬한 논조에 고무되어 퀘이커 교도들이 '지하철도 (Underground Railroad)'라는 흑인해방 지하조직을 만들었다. 이것은 농장을 탈출한 노예들을 추격자들로부터 보호하고 안전한 지역까지 데려다주는 전국적 점조직망이었다. 1833년에는 '노예폐지협회'가 조직되어 전국적인 노예폐지운동을 전개하기 시작했다. 1817년 조직된 '미국 식민협회'는 여기서 한 걸음 더 나아가 흑인들을 그들의 고향 아프리카로 돌려보내기 위한 운동을 전개했다. 이 협회의 노력으로 수만 명의 흑인 노예가 아프리카로 건너가 오늘날의 라이베리아 공화국을 건설했다.

노예문제는 당시 미국이 당면한 최대의 정치문제요 사회문제였다. 격렬한 논쟁과 인신공격, 테러가 난무했고 노예제 옹호론자들과 반대론자들, 그리고 지역적으로 이를 대표하는 남부와 북부의 불신이 점점 깊어졌다. 워싱턴에서는 남부와 북부 출신 정치인들 간에 노예제를 둘러싼 감정적 논쟁이 계속되었고, 이는 결국 남부의 연방 탈퇴와 내전으로 이어졌다.

노예주와 자유주 – 노예문제와 남북의 갈등

정도의 차이는 있지만 미국에도 분명 지역감정이라는 것이 있다. 물론 오늘날에는 그 정도가 많이 누그러진 것이 사실이지만, 한때는 나라가 분열 직전까지 간 적도 있었다. 이런 지역감정, 또는 지역주의는 어디에서 비롯된 것인가? 우선 지적할 수 있는 것은 문화적 전통과 생활양식의 차이다. 지역마다 말의 억양과 생활풍속이 달랐다. 건국 초기만 하더라도 미국인들은 미국이라는 나라보다는 자기가 속한 주에 대한 애착이 상대적으로 더 강했다.

다음으로 경제구조의 차이를 지적할 수 있다. 이미 식민 초기부터 남부에는 노예를 이용한 플랜테이션 농업이 성행했고, 북부에는 자영농과 가내 수공업, 그리고 상업이 발달했다. 이러한 경제구조의 차이는 자연히 서로 다른 경제적 이해관계를 낳았고, 연방정부의 경제정책을 두고 북부와 남부는 처음부터 첨예한 대립을 보였다.

노예문제만 해도 그랬다. 남부는 산업구조 자체가 노예제를 기반으로 하고 있었다. 담배나 면화농사에는 막대한 노동력이 소요되는데, 노예가 없으면 이를 어디서 충당한다는 말인가? 한마디로 남부에서는 노예제가 경제적 사활이 걸린 문제였다. 그렇지만 북부에서는 남부의 노예제 때문에 상대적으로 값싼 노동력을 이용할 수 없는 불만이 있었다. 물론 북부가 노예제를 반대한 데는 도덕적 이유가 없었던 것은 아니지만, 이러한 경제적 이유도 과소평가해서는 안 된다.

건국 초에는 남북간에 세력균형이 잘 이루어져 이런 문제들에 대한 타협이 쉬웠다. 그러나 영토확장으로 새로 연방에 가입하는 주가 늘어나면서 문제가 발생하기 시작했다. 특히 새로 가입한 주에 노예제를 허용할 것인가 하는 문제는 남북 모두에 중대한 정치적 의미를 갖는 것이었다.

1819년 미주리가 노예주로 연방가입을 신청하면서 문제가 발생했다. 남부는 당연히 미주리의 연방가입을 찬성했다. 그러나 북부는 미주리가 노예제가 되면 노예의 5분의 3을 인구로 계산하는 현행 제도 때문에 연방 국회에서 노예주가 과다하게 대표된다는 이유를 들어 강력히 반대했다. 논란 끝에 미주리 주는 일단 연방에 받아들이기로 하고 대신 앞으로 루이지애나 북위 36도 30분 이북에서는 노예제를 일절 금지한다는 타협이 이루어졌다. 그러나 불씨는 여전히 남아 있었다.

노예제를 둘러싼 남북의 갈등은 1820년대 이후 서부 진출과 산업 발전의 열기로 잠시 수그러드는 듯했다. 그러나 서부의 인구증가로 새로 연방가입을 신청하는 주가 늘어나면서 문제가 다시 불거지기 시작했다. 먼저 1845년에 텍사스가 노예주로 연방가입을 신청했는데, 워낙 남쪽으로 치우쳐 있었고 현실적으로 북부가 끝까지 반대할 형편이 아니어서 결국 가입이 승인되었다. 그러나 캘리포니아, 뉴멕시코, 유타 등에 이르러서는 문제가 심각했다. 당시 이 지역에 몰려든 이민자들 대부분이 북부 출신이었으므로 그대로 두면 이들이 자유주로 연방에 가입 신청을 할 것이 거의 확실했다. 이것은 지금까지 불안하게나마 유지되어왔던 자유주와 노예주 간의 균형을 결정적으로 무너지게 할 위험이 있었다.

우려했던 대로 1849년 캘리포니아가 자유주로 연방가입을 신청했다. 그해 실시한 투표에서 주민들은 1만 2,000대 800이라는 압도적인 표차로 노예제를 허용하지 않기로 결정했던 것이다. 의회는 이 문제로 발칵 뒤집혔다. 많은 남부 출신 의원들은 만약 캘리포니아가 자유주가 되면 남부는 연방에서 탈퇴할 것이라고 공공연하게 떠들어대기 시작했다. 재커리 테일러 대통령은 캘리포니아 주민들의 의사가 절대 존중되어야 하며, 이를 이유로 연방을 탈퇴하려는 움직임에 대해서는 무력으로라도 개입하겠다고 응수했다. 바야흐로 일촉즉발의 정치적 위기가 감돌았다.

이때 헨리 클레이 상원의원이 타협안을 제시했다. 노예제 허용 여부는 주민의 의사를 존중하되 대신 기존 탈출 노예 처벌법(Fugitive Slave Law)을 더욱 엄격하게 개정해 남부의 권리를 보장하자는 것이 요지였다. 이에 따르면 탈출 노예를 도와주면 형사처벌을 받는 것은 물론 주인은 당국의 영장 없이도 탈출 노예를 체포해 끌고 갈 수 있었다.

그러나 클레이의 타협안은 남부와 북부 모두의 반대에 직면했다. 남부의 대변인격인 컬훈이 나서서, 북부는 노예문제를 빌미로 남부를 압살하려는 음모를 즉시 중단하고 최초 연방 구성 당시 남북이 합의했던 세력균형의 원칙을 지키라고 했다. 나아가 그는 현재의 정부

체제로는 남부의 권익이 제대로 보호되지 않기 때문에 남북에서 각각 대통령이 나오는 이원집정부제로 헌법을 개정할 것을 주장했다. 북부에서는 뉴욕 출신 시워드 의원이 나서서, 탈출 노예 처벌법은 신의 명령에 명백히 위반되는 것이며 아무리 국회라도 이 같은 불경한 법률을 승인할 권한이 없다는 요지의 열변을 토했다.

이 문제를 두고 상원에서는 1850년 1월부터 8월까지 지리한, 그러나 사활을 건 논쟁이 계속되었다. 전국의 내로라 하는 논객들이 모두 나서서 자신의 입장을 개진했다. 마침내 이 논쟁은 일리노이 출신 스티븐 더글러스 의원의 열변으로 마무리되었다. 나중에 링컨과의 공개토론으로 더욱 유명해진 그는, 비록 5척의 단신이었으나 장중한 목소리와 불 같은 열정으로 모두를 감동시켰다. 클레이 안으로 타협이 이루어지지 않으면 연방이 둘로 갈라지는 것은 불을 보듯 뻔하다는 것이 그의 연설의 요지였다. 많은 민주당 의원들이 타협안 쪽으로 돌아서는 바람에 골수 남부주의자들도 어쩔 수 없었다. 결국 그해 9월 클레이의 타협안이 상원을 통과하고 캘리포니아는 자유주로 연방의 일원이 되었다.

이렇게 해서 일단 위기는 넘겼지만 이것으로 문제가 해결된 것은 아니었다. 남북 모두가 타협안에 크게 불만이었고 이것은 오히려 새로운 문제의 시작을 의미할 뿐이었다. 북부의 골수 노예 해방론자들은 탈출 노예 처벌법을 공공연히 무시하고 '지하철도' 조직을 더욱 강화했다. 남부는 남부대로 노예제에 관한 주민자결의 원칙이 이대로 굳어질지 모른다는 의구심과 두려움을 가지고 있었다. 이제 남북의 분열과 피의 대결은 피할 수 없는 일로 다가오고 있었다.

피 흘리는 캔자스

노예제를 둘러싼 갈등은 결국 심각한 유혈사태를 몰고 왔다. 1856년 5월, 캔자스 주 로렌스에서 노예주의자들과 반노예주의자들의 무력충돌이 일어났다. 처음에는 그렇게 심각한 사태가 아닌 듯했으나 존 브라운이라는 과격 노예해방론자가 이른바 '포타와토미 학살' 사건을 일으키면서 사태는 걷잡을 수 없이 확대되었다. 노예제를 열렬히 옹호하는 백인 이주자 5명이 존 브라운과 그의 부하들에게 잔인하게 살해된 사건이었다. 이 사건의 여파로 테러, 습격, 보복이 거듭되면서 그해에만 200명 이상의 주민이 희생되었다.

신문들은 '피 흘리는 캔자스' 사태를 대서특필했고, 미국 전역에는 다시 한 번 남북간의 긴장감이 극적으로 고조되었다. 연방정부의 무력개입으로 사태가 가까스로 진정되기는 했으나 이는 다가올 거대한 폭풍의 예고와도 같은 것이었다.

캔자스 사태의 직접적인 발단은 1854년에 의회가 이른바 '캔자스-네브래스카 법(Kansas-Nebraska Act)'을 통과시킨 데 있었다. 스티븐 더글러스 상원의원이 발의한 이 법은 당시 이주민이 급증한 미주리, 오하이오 서부지역을 네브래스카와 캔자스 두 지방으로 나누고,

노예제 허용 여부는 주민투표로 결정한다는 것이 주요 내용이었다. 이 법이 특히 문제가 된 것은 북위 36도 30분 이북에서는 앞으로 노예제를 허용하지 않는다고 하는 '미주리 타협안'이 이 법안의 통과로 사실상 폐기되었기 때문이다. 미주리 타협안에 따른다면 이 지역에서는 노예제가 당연히 금지되어야 했다. 북부는 이를 근거로 캔자스-네브래스카 법에 강력히 반대했으나 남부 출신 의원들의 강경한 주장으로 이 법안은 마침내 국회를 통과했다.

캔자스와 네브래스카에서는 주민투표를 앞두고 남북의 물밑경쟁이 치열했는데, 상대적으로 남부에 가까운 캔자스에서 더욱 그랬다. 북부는 '이민보조협회'를 조직해 북부 사람들을 이 지역으로 대거 이주시키려 했고, 남부는 이에 맞서 미주리-캔자스 접경지역 주민을 선거일에 대거 동원하는 전략을 썼다. 결국 남부의 전략이 적중하여 1855년 3월 실시된 선거에서 노예제가 공식 채택되었다.

반노예주의자들은 즉각 이 '부정선거'를 규탄하고 토피카에 따로 정부를 세웠다. 연방에 가입하기도 전에 캔자스는 사실상 두 개의 정부로 분열되었다. 양측의 대립은 급기야 심각한 유혈사태로 번졌고, 두 개의 정부가 서로 다른 헌법을 들고 연방가입을 신청하는 웃지 못할 사태가 벌어졌다.

연방정부는 이 문제로 다시 한 번 혼란에 빠졌다. 매사추세츠 출신 찰스 섬너 상원의원이 "남부가 캔자스 사태를 조종하고 있다"는 요지의 발언을 했다가 남부 출신 프레스턴 브룩스 의원이 휘두른 지팡이에 맞아 의식불명이 되었다. 브룩스는 일약 남부의 영웅이 되었다.

의원직을 박탈당하고 고향에 내려온 브룩스를 사람들은 열렬히 환영하며 너도나도 지팡이를 선물로 건넸다. 의기양양해진 브룩스는 "사실은 금으로 된 손잡이가 부러질까봐 너무 세게 내려치지는 못했다"고 호기를 부렸다. 그러자 그를 지지하는 한 사람이 "미친 개는 머리통을 지팡이로 한 대 갈겨야 정신을 차린다"고 화답했다. 이쯤 해서 남북의 대립은 이미 돌이킬 수 없는 감정적 대립으로 발전해 있었다.

재미있는 사실은 캔자스 사태가 노예제 때문이었다고는 하나 당시 캔자스에는 흑인이 전무했다는 점이다. 1860년 인구조사 때 공식적인 흑인 노예는 한 명이었다. 이를 놓고 보더라도 남북의 대립은 노예문제가 그 핵심은 아니었다. 여기에는 어떤 근본적인 지역감정, 문화적 차이, 경제적 이해관계 같은 것이 저변에 깔려 있었으며, 노예문제는 단지 구실에 불과했던 것이다.

아무튼 캔자스 문제는 이후 몇 년을 지루하게 끌다가 연방정부의 개입으로 1858년에 재선거가 실시되었다. 결과는 자유주 옹호론자들의 압도적 승리였다. 남부는 다시 한 번 뼈아픈 패배를 맛보았고, 자꾸만 불리해지는 상황을 반전시키기 위해 뭔가 극적인 반격의 수단이 있어야 한다고 생각했다.

내전 – 남북전쟁의 발발

미국 남북전쟁의 원인에 대해 아직도 많은 사람들은 노예제 때문이라고 생각하는 경향이 있다. 포악하고 탐욕스러운 남부 농장주들로부터 노예를 해방시키려는 기독교인들의 거룩한 투쟁이 곧 남북전쟁이라는 것이다. 모든 전쟁이 마찬가지지만, 남북전쟁을 이처럼 선과 악의 싸움으로 도식화하는 것은 매우 순진하고 위험한 발상이다. 당시 노예제가 아무리 가혹했다고는 하지만 솔직히 북부의 공장주들 역시 노동자들을 노예보다 더 낫게 대우하지는 않았고, 남부의 노예주들 중에는 양심적인 사람들도 많았다.

어떻게 보면 노예문제는 표면적이고 상징적인 이유에 불과했다. 남북전쟁의 보다 근본적인 원인을 알기 위해서 우리는 노예제로 대변되는 남북간의 생활방식, 특히 경제구조의 차이에 주목하지 않으면 안 된다. 이미 17세기부터 남부는 전원적이고 농업 위주였으며 북부는 도시적이고 공업 위주였다. 초기에는 이 둘이 그런대로 조화와 균형을 이루고 있었다. 그러나 국가의 규모가 커지고 산업이 발달하면서 북부의 생활양식이 남부를 압도하기 시작했고 남부의 입지는 자꾸만 좁아졌다. 연방의회는 북부에 일방적으로 유리한 법령만을 통과시켰고 철도의 대부분은 북부에 건설되었다. 이민은 기반 잡기가 비교적 쉬운 북부에 집중되었고, 노예들도 '지하열차'를 타고 북부로 서부로 도망쳤다. 그것도 부족해 이제 북부는 노예제 폐지를 외치며 남부의 생활기반을 송두리째 파괴하려 하고 있는 것이다.

이런 사정으로 1850년대 들어 남부에는 위기감이 확산되고 있었다. 캘리포니아를 위시한 서부의 여러 주가 노예제를 금지하고, 최후의 보루로 여겼던 캔자스까지 반노예주의자들의 수중에 들어가면서 남부의 위기감은 극도로 고조되었다. 이대로 가다가는 남북의 실력 차이가 갈수록 벌어져 남부는 앉아서 망할 것이 불을 보듯 뻔했다. 이런 점에서 1860년의 대통령 선거는 남부에 중요한 의미가 있었다. 의회는 이미 북부가 다수를 점령하고 있었으므로 남부 출신, 아니면 최소한 남부에 동정적인 인물이 대통령에 당선되지 않으면 남부에는 더 이상 희망이 없어 보였다.

그러나 불행하게도 이미 때가 늦었다. 남부에 동정적인 민주당조차 강경파와 온건파로 나뉘어 단일후보조차 내지 못하는 사이에, 공화당은 혜성처럼 등장한 대중의 우상 링컨을 후보로 내세워 전국적인 바람몰이를 시작했다. 링컨은 불과 몇 년 전만 해도 거의 무명에 가까웠으나 1858년 일리노이 주 상원의원 선거에 공화당 후보로 출마하여 거물 정치인 스티븐 더글러스와 대결하면서 일약 전국적인 인물로 부상한 사람이었다. 치열한 선거전 끝에 근소한 표차로 지기는 했지만 선거가 끝났을 때 그는 이미 더글러스보다 더 유명하고 인기 있는 인물이 되어 있었다. 그의 용모와 행적, 말 한마디 한마디가 신문의 기삿거리였고, 대중들은 '정직한 에이브(Honest Abe, 에이브는 그의 애칭)'에 열광했다. 2년 후 그는 압도적 지지로 공화당 대통령 후보로 선출되었고, 노예제 폐지를 선거공약으로 내걸었다. 많은 사람들의 우려 속에 치러진 1860년 대통령 선거의 결과는 예상대로 링컨의 승리였다.

당시 연방에는 18개의 자유주와 15개의 노예주가 있었는데, 링컨은 모든 자유주에서 압도적 지지를 획득했다. 반면 남부에서는 불과 2만 4,000표밖에 얻지 못했고, 9개 주에서는 단 한 표도 얻지 못했다. 연방은 그의 지지 여부를 둘러싸고 완전히 둘로 갈라졌다. 그렇지만 선거인단 투표에서는 링컨이 과반수를 획득해 대통령에 당선되었다. 마지막 희망마저도 사라진 남부로서는 이제 달리 방법이 없었다. 링컨의 당선이 확정되자마자 지금까지 반연방주의의 선봉에 서왔던 사우스캐롤라이나 주가 비장한 선언문과 함께 맨 먼저 연방을 탈퇴했다. 선언문의 핵심은 다음과 같다.

……연방 헌법 제4조의 규정은 이렇다. "어떤 주에서 그 주의 법에 따라 사역이나 노동을 하는 자가 타주로 도망할 경우, 타주의 어떤 법이나 규정도 상기 사역이나 노동을 면제할 수 없으며, 상기 사역이나 노동을 받을 권리가 있는 자의 요구가 있을 경우에는 그에게 즉시로 인도되어야 한다." 이 조항은 너무나 중요하여 만약 그것이 없었다면 연방의 계약은 애초에 이루어지지도 않았을 것이다. ……그러나 이 같은 헌법상의 계약이 반노예소유주들에 의해 고의적으로 위반되고 무시되어왔다. 따라서 사우스캐롤라이나 주는 당연히 그 의무로부터 해방된다. ……(반노예소유주들은) 수많은 우리의 노예들이 집을 떠나도록 부추기고 원조를 제공

하고 있다. 그리고 남아 있는 노
예들은 반란을 일으키도록 선동
하고 있다…….

그러므로 우리들 사우스캐롤
라이나 주 주민들은 대표자회의
에 모인 대표들을 통해 세계의
유식자들에게 우리 취지의 정당
함을 호소하면서, 지금까지 본

섬터 요새에 휘날리는 남부기. 남북전쟁이 이곳
에서 시작되었다.

주와 북아메리카 다른 주들 사이에 존재해온 연방은 해체되었고, 본 주는
전쟁의 수행 · 강화 · 동맹체결 · 통상 그리고 독립국이 정당하게 취할 수
있는 다른 모든 행동과 사무를 처리하는 완전한 권리를 가진, 개별적이고
독립적인 국가로서 세계의 국가들 가운데 그 지위를 되찾았음을 엄숙히
선언하는 바이다.

한마디로 사우스캐롤라이나는 연방을 탈퇴하고 독립국가로 행세
하겠다는 선언이었다. 경악한 연방의회가 황급히 타협을 제의했지만
이미 엎질러진 물이었다. 이듬해 2월 1일에는 미시시피, 플로리다,
앨라배마, 조지아, 루이지애나, 텍사스가 사우스캐롤라이나의 뒤를
따랐다. 2월 4일, 연방을 탈퇴한 주들은 미연합국(Confederate States
of America)이라는 이름으로 새로운 독립국가를 결성하고 제퍼슨 데
이비스를 대통령으로 선출하는 한편 독자적인 헌법도 만들었다. 주
저하던 버지니아가 마침내 남부 연합에 가담하자 아칸소, 테네시, 노
스캐롤라이나가 뒤를 이었다. 이로써 미국은 건국 84년 만에 공식적

으로 분열되었다. 남부 연합에는 인구 900만 11개 주, 그리고 북부 연맹에는 인구 2,200만 23개 주가 가담했다. 이제 남은 것은 전쟁뿐이었다.

링컨은 취임 연설에서 남부의 연방 탈퇴를 '내란'으로 규정하고, "정부를 유지·보호·수호하기 위해" 무력 사용도 불사하겠다는 강력한 경고를 했지만 이것은 오히려 불에 기름을 끼얹는 격이 되었다. 1861년 4월 12일 새벽 4시 30분, 남부 연합군이 연방군의 섬터 요새를 공격함으로써 남북전쟁의 서막이 올랐다.

링컨의 노예해방 선언

적어도 표면상으로는 노예제 허용 여부가 남북전쟁의 직접적인 원인이었으므로, 전쟁 발발과 더불어 이 문제가 어떻게 될까 하는 것은 모든 사람들의 초미의 관심사였다. 사람들은 링컨 대통령이 즉시 노예제 철폐 선언을 할 것으로 기대했으나, 뜻밖에도 링컨은 주저하는 태도를 보였다.

링컨이 노예문제에 있어 어떤 태도를 가지고 있었느냐 하는 것은 오늘날까지도 역사가들 사이에 의견이 분분하다. 아마도 우리는 한 양심적인 기독교인으로서의 링컨과 대통령이라는 공인으로서의 링컨을 구별해야만 할 것이다. 그는 개인적으로는 노예제 자체를 반대했다. 그러나 대통령으로서 노예제 폐지가 가져올 여러 결과들에 대해서도 생각하지 않을 수 없었다. 대통령 당선 이전 링컨의 공식 입장은 이미 노예제가 합법적으로 실시되고 있는 주는 그대로 두고, 그 외 지역에 대해서만 연방의회가 이를 법률로써 금지해야 한다는 것이었다. 대통령 당선 이후에도 그의 생각은 변함이 없었다.

사실 이것은 정치적으로 아주 위험한 태도였다. 남부는 말할 것도 없지만 북부 역시 링컨의 태도에 의구심을 가지고 있었다. 전쟁이 발발하고 나서도 링컨이 우물쭈물하자 사람들은 조바심을 내기 시작했다. 왜 링컨은 명확한 입장을 밝히지 않는가? 마침내 〈뉴욕 트리뷴〉이 링컨의 애매모호한 태도를 공격하면서 즉각적인 노예해방을 촉구했다. 그러자 링컨은 이 신문의 편집국장 호레이스 그릴리에게 편지를 보내 자신의 분명한 태도를 밝혔다.

……나의 정책이 분명하지 않다고 말하는 사람들이 있지만 그것은 옳지 않습니다. 나의 가장 중요한 관심은 연방을 유지하는 것입니다. 노예제를 허용하느냐 금지하느냐 하는 것은 그 다음의 문제입니다. 만약 노예를 해방하지 않고도 연방이 존속될 수 있다면 그렇게 하겠습니다. 연방을 위해 모든 노예를 해방해야 한다면 역시 그렇게 하겠습니다. 일부는 해방하고 일부는 그대로 두어야 연방이 존속된다면 역시 또 그렇게 하겠습니다.

이것은 기껏해야 아주 교묘한 논리로써 문제의 핵심을 피해가는 '정치적' 발언이다. 사실 개인적으로는 노예제를 반대하더라도, 그리고 아무리 노예해방의 여론이 높아갈지라도 링컨으로서는 함부로 행동을 취할 입장이 못 되었다. 그것은 노예주로서 연방에 남아 있는 이른바 '변경주들(border states)' 때문이었다. 만약 노예를 해방하면 변경주들은 즉각 연방을 탈퇴할 것이고, 이것은 전쟁 중인 남북의 세력균형에 결정적 영향을 미치게 될 것이다. 이런 추세로는 필연적으로 노예해방 선언을 해야 한다고 하더라도 시기와 범위를 신중하게 결정할 필요가 있었다.

원래 링컨은 노예를 전면 해방하는 대신 노예주들에게는 금전적으로 손해를 보상한다는 복안을 가지고 있었다. 그러나 이것은 연방 내에서조차 강한 반대에 부딪혔다. 그러자 그는 1862년 7월 22일 내각 회의에서 우선 현재 반란지역에 대해서만 노예해방 선언을 하는 것이 어떻겠느냐는 의견을 내놓았다. 이번에도 이의 효과가 연방 내에까지 파급될 것을 우려한 변경주들이 크게 반발했다. 당시 전황이 혼란을 거듭하고 있었으므로 링컨은 자신의 의견만을 고집할 수가 없어 이 문제는 일단 보류하기로 했다.

결국 중요한 것은 전쟁이 어떻게 끝나느냐 하는 것이었다. 전쟁이 시작될 때만 해도 남부는 북부에 비해 인구, 물자 등 모든 면에서 크게 불리했기 때문에, 많은 사람들은 전쟁이 금방 끝날지도 모른다는 기대를 품었다. 그러나 남부에는 로버트 리라는 뛰어난 명장이 있었다. 링컨은 원래 그에게 북부군 총사령관직을 제의했지만, 그는 자신의 고향 버지니아가 남부로 돌아서자 주저 없이 북부를 떠나 남부 연합군의 지휘를 맡았다.

초기에 밀리는 듯하던 남부군은 리 장군의 지휘하에 대규모 반격을 감행, 머내서스 전투(8월 29일~9월 1일)에서 북부군을 격파하고 연방 수도 워싱턴을 위협하기 시작했다. 북부로서는 위기였다. 남부의 승리를 예견한 프랑스와 영국이 남부를 국가로 승인할 조짐마저 보였다.

그러나 북부군은 신임 총사령관 조지 매클렐런의 지휘하에 대반격을 시도, 9월 17일의 앤티텀 전투에서 남부군을 대파했다. 북부군이 추격을 멈추지 않았더라면 남부군은 아마 궤멸의 비운을 맞이했을 것이다. 이로써 북부는 적어도 전쟁을 장기전으로 끌고 갈 수 있는 발판을 마련할 수 있었다.

링컨은 마침내 때가 왔다고 생각했다. 앤티텀에서의 승리 3일 후에 소집된 내각회의에서 링컨은 역사적인 노예해방 선언을 했다. 몇몇 각료들이 반대하려 했지만 링컨은 '노예해방은 신의 엄숙한 명령'이라는 한마디로 이를 일축해버렸다.

……미국의 대통령인 나 에이브러햄 링컨은…… 반란주로 지정된 주에서 노예로 있는 모든 사람은 1863년 1월 1일을 기해 영원히 자유의 몸이 될 것임을 선포한다. ……이 선언은 진실로 정의를 위한 행위이며 군사상의 필요에 의한 합헌적 행위이다. 이 선언에 대하여 전능하신 하느님의 은총과 인류의 신중한 판단이 있기를 기원하노라.

위의 선언문 내용을 보면 선언 당시에는 한 명의 노예도 실질적으로 해방되지 않았고, 또 연방 내의 노예들에 대해서는 전혀 언급이 없었다. 물론 이것은 연방 내 변경주들의 반발을 무마하고, 반란주의 노예들을 부추겨 북군에 가담시키려는 고도의 정치적 계산에서 나온 것이었다. 또한 만약 북부가 전쟁에서 승리한다면 이 '부분' 노예해방 선언은 보나마나 전면적인 노예해방으로 이어질 것이다. 연방 내의 노예해방 반대론자들도 이 점을 알고 있었으나 링컨의 교묘한 전략에 말려 변변한 반대의견조차 내지 못했다.

예상대로 링컨의 노예해방 선언은 엄청난 효과를 가져왔다. 특히 남부의 수많은 흑인 노예들이 주인의 집을 도망쳐나와 북군에 의용

병으로 가담했다. 꼭 이들 때문에 북부가 승리했다고는 말할 수 없겠지만 전쟁 중 흑인 의용군의 활약은 참으로 눈부셨다.

전황이 북부에 결정적으로 유리해진 1865년 1월, 마침내 의회는 노예제를 전면 금지하는 수정헌법 13조를 통과시켜 적어도 법률상으로 노예제는 미국에서 공식적인 종말을 고하게 되었다.

게티즈버그 전투

 게티즈버그는 수도 워싱턴에서 북쪽으로 약 100킬로미터 떨어진, 펜실베이니아와 메릴랜드 접경의 작은 마을이다. 넓은 초원과 울창한 숲, 나지막한 언덕들, 귀족적이고 전원적인 농가 등 미국의 전형적인 시골풍경이 펼쳐진 곳이다. 이곳에서 남북전쟁 최대의 전투가 벌어졌다. 1863년 7월 2일의 일이었다.

 개전 초기 잠깐 유리했던 적도 있었지만, 대략 1862년 겨울을 지나면서 남부는 점점 수세에 몰리기 시작했다. 남북전쟁은 크게 남부의 수도 리치먼드와 연방의 수도 워싱턴을 잇는 동부전선, 그리고 미시시피 강의 제해권 장악을 둘러싼 서부전선으로 나뉘어 있었다.

 남부는 명장 리가 이끄는 동부전선에서 그런대로 선전하고 있었다. 그러나 서부전선에서는 참패를 거듭했다. 특히 남부가 사력을 다해 지키려 했던 전략 요충지 빅스버그가 6주간의 치열한 공방전 끝에 북부군에 함락되면서 전세는 급격히 북부로 기울었다. 북부군은 빅스버그에서의 승리로 미시시피 강을 제압함으로써 남부를 강 양쪽으로 양분시키는 데 성공했고, 이제 남쪽에 대군을 상륙시켜 리치먼드를 향해 진격할 일만 남았다.

리 장군은 중대한 결심을 하지 않으면 안 되었다. 가만 있다가는 남북에서 조여오는 포위망에 걸려 힘 한번 제대로 써보지 못하고 패배할 것이 뻔했다. 그렇다면 차라리 적극적인 공세로 나가야 조금이라도 승리의 희망이 있을

게티즈버그 전투. 남북군 5만여 명이 이 전투에서 죽거나 부상을 당했다.

것 같았다. 어쨌든 워싱턴은 리치먼드에서 아주 가까운 거리에 있었다. 다만 북부군의 주력이 포진하고 있는 워싱턴을 직접 공격하는 것은 무리고 북쪽을 빙 둘러 포위해버리면 될 것 같았다. 수도가 함락될 위기에 처하면 북부는 강화를 요청할 것이고 남북은 남부의 독립을 조건으로 강화조약을 체결한다. 그렇게 되면 일단 남부로서는 전쟁의 목적은 달성되는 것이다.

물론 여기에는 큰 위험이 뒤따랐다. 이 대규모 군사작전을 위해서는 남아 있는 남부군 병력의 전부를 동원해야 하고, 그러면 리치먼드는 무방비 상태로 방치할 수밖에 없었다. 만약 그 사이에 북부군이 진격하여 리치먼드를 점령하면 어떻게 할 것인가? 부하가 걱정스럽게 질문하자 리 장군은 "그러면 서로 대통령을 바꿔 하면 된다"고 대답했다.

리 장군은 1863년 봄 대군을 이끌고 용약 출전했다. 처음에는 모든 것이 순조로웠다. 특히 남부군은 4월 27일 벌어진 챈설러즈빌 전투에서 북부군의 최정예로 알려진 포토맥 군단을 대파했다. 그렇지

만 남부군으로서도 가장 유능한 야전사령관이자 리 장군의 오른팔 격인 스톤월 잭슨 장군을 이 전투에서 잃었다.

남부군은 북진을 계속했고, 링컨은 이의 저지에 연방의 운명을 걸었다. 드디어 7월 2일, 남북의 대군은 게티즈버그에서 만났다. 양측의 병력은 남부군 약 7만 5,000명, 북부군은 10만 명 이상이었다. 북부군은 구릉을 따라 참호를 파고 들어앉아 방어하는 전술을 썼고, 남부군은 인해전술로 이를 정면 돌파하려 했다. 일진일퇴의 공방전이 계속되었으나 결국 승리의 여신은 북부군 편이었다.

7월 4일의 묘지능선(Cemetery Ridge) 전투에서 남부군은 결정적으로 패했고, 포토맥 강을 건너 황급히 버지니아로 퇴각했다. 3일간에 걸친 무시무시한 백병전이 끝났을 때 게티즈버그의 평온한 들판은 주검으로 가득했다. 양측 합쳐 5만 명 이상이 죽거나 다쳤으며, 특히 남부군의 피해가 막심했다.

비록 전투에서 승리하기는 했으나 북부군 역시 엄청난 희생을 치렀다. 또한 아무리 고상한 목적을 위해서라지만, 전쟁의 참화는 남북을 떠나 모두에게 심한 정신적 충격을 안겨주었다. 게티즈버그에는 전사자들을 위한 묘지와 충혼탑이 건립되고 링컨은 헌납식에 참석하여 그 유명한 추도연설을 했다. 역사상 가장 훌륭하고 감동적인 연설의 하나로 꼽히는 이 추도사에서 링컨은 적과 동지를 떠나 전사자 모두의 고귀한 이념과 용기를 찬양하고 민주주의의 승리를 다짐했다.

……세계는 여기서 쓰러진 용사들이 바로 이곳에서 한 일을 결코 잊지 않을 것입니다. 그러나 여기서 싸운 사람들이 지금까지 그렇게도 훌륭하

게 추진해온 미완성의 사업에 몸을 바쳐야 할 사람들은 오히려 우리 살아 있는 사람들입니다. ……그 대사업이란 이들 명예로운 전사자들이 최후까지 온 힘을 다해 싸운 대의를 위해 우리가 더욱 헌신해야 한다는 것, 이들 전사자의 죽음을 헛되게 하지 않으리라고 굳게 맹세하는 것, 이 나라를 하느님의 뜻으로 새로운 자유의 나라로 탄생시키는 것, 그리고 국민의, 국민에 의한, 국민을 위한 정부가 지상에서 사라지지 않도록 하는 것입니다.

게티즈버그 전투로 전쟁은 사실상 끝이 났다. 이후로도 전쟁은 2년을 더 끌었지만 이는 순전히 최후까지 명예를 지키려는 남부인들의 자존심과 용기 때문이었다. 9개월에 걸친 포위 공격으로 1865년 3월 수도 리치먼드가 북부군에 함락되었고, 4월 9일 애퍼매턱스에서 남부군 총사령관 리가 항복문서에 서명함으로써 4년여에 걸친 전쟁은 대단원의 막을 내렸다.

거인의 죽음

 난세는 영웅을 낳는다. 남북전쟁으로 미국은 건국 이후 최대의 위기를 맞았으나, 동시에 이러한 위기는 링컨이라는 한 영웅의 탄생을 가능하게 했다. 소탈한 외모, 전쟁 중에 지도자로서 보여준 불굴의 의지와 신념, 게티즈버그에서의 감동적 연설, 그리고 극적인 죽음. 링컨은 한마디로 미국인들이 그리는 위인의 모든 조건을 갖춘 사람이었다.

 링컨은 노예해방의 기치를 내걸고 1860년 대통령에 당선되었다. 그가 당선되자마자 전쟁이 터졌고, 전쟁을 북부의 승리로 이끈 공로로 그는 1865년 대통령에 재선되었다. 그러나 재선의 기쁨 대신 그에게는 전쟁의 상처를 치유해야 하는 무거운 짐이 주어졌다.

 전쟁의 포성은 멎었지만 그 피해는 엄청났다. 북부군 36만, 남부군 26만의 젊은이들이 전장에서 목숨을 잃었고, 민간인 사상자 수는 수백만 명으로 추정할 수 있을 뿐이었다. 당시 미국 전체 인구를 약 3,000만 명으로 볼 때 적어도 열 명 중 한 명이 죽거나 다친 셈이다. 재산 피해는 당시 기준으로 약 30억 달러에 달했는데, 이는 제1차 세계대전의 전체 재산피해액보다 많은 액수라고 한다. 특히 남부는 전쟁의 여파로 농토와 가옥들이 모조리 파괴되었다.

그러나 그보다 더 큰 피해는 남북간 그리고 인종간의 증오와 적대감의 골이 회복 불능으로 깊어진 데 있었다. 특히 싸움에서 진 남부에서는 사랑하는 가족과 집, 농토를 빼앗아간 '양키놈들(The Yankees)'에 대해서는 물론, 신분해방을 외치며 거들먹거리는 흑인들에 대한 증오감이 폭발적으로 고조되었다. KKK라고 하는 무시무시한 인종 테러단체가 등장한 것도 바로 남북전쟁을 통해서였다.

이런 사정은 정도의 차이는 있지만 북부도 마찬가지였다. 흑인을 짐승 취급하는 것도 모자라 그것 때문에 전쟁까지 일으킨 남부 '반도들(The Rebels)'을 절대 용서할 수 없다는 극우 강경론자들이 의사당과 정부와 언론에서 열변을 토하고 있었다. 요컨대 전쟁 직후 미국의 분위기는 이런 적대감이 극도로 만연되어, 과연 미국이 전쟁 이전의 일체감을 회복할 수 있을지 매우 의심스러웠다.

이런 상황에서 대통령에 재선된 링컨은 어깨가 무겁지 않을 수 없었다. 1865년 3월 4일, 두 번째 대통령 취임 연설에서 링컨은 관용과 화해로 남북이 다시 하나가 될 것을 국민들에게 간곡히 호소했다.

……아무도 미워하지 말고, 모두에게 자비로운 마음으로, 하느님이 우리에게 준 정의의 확고한 신념으로써 우리의 남은 일을 마치도록 합시다. 조국의 상처를 치료하고 참전용사와 그들의 유가족을 돌보아줍시다. 우리 가운데 의롭고 항구한 평화를 이룩하고 이를 키우기 위해 필요한 일이라면 무엇이든지 합시다.

'정직한 에이브' 에이브러햄 링컨. 워싱턴과 함께 미국인들이 가장 존경하는 인물이다.

리치먼드 함락 직후인 4월 11일, 링컨은 또 한 번의 대국민연설을 통해 남부 연합에 가담했던 주들이 연방에 다시 복귀한다면 전쟁에 따른 어떤 보복이나 불이익도 없을 것임을 천명했다. 전쟁의 승리를 위해서는 때로 적에게 가혹해질 수밖에 없었지만 개인적으로 링컨은 미움과 보복을 싫어하는 양심적인 기독교인이었다. 조국의 상처는 오직 용서와 관용으로써만 치유할 수 있다는 것이 그의 한결같은 믿음이었다.

그러나 그는 자신이 바로 그러한 미움과 보복의 희생양이 될 줄은 알지 못했다. 화해를 호소하는 대국민연설을 한 지 3일 뒤에 링컨은 한 극렬 남부주의자의 흉탄에 쓰러지고 말았다. 그날 저녁 링컨은 백악관 부근의 한 극장으로 연극 구경을 갔다. 연극이 한창 진행되고 있을 때 돌연 대통령이 앉아 있던 귀빈석에서 총성이 울렸다. 권총을 손에 쥔 한 남자가 귀빈석에서 무대로 뛰어내리며 "독재자는 죽었다. 남부 만세!"를 외쳤다. 그가 무대 뒤로 도망쳤을 때에야 사람들은 대통령이 총에 맞았음을 알았다. 대통령은 치명상을 입었다. 급히 극장 건너편 여인숙으로 옮겨져 치료를 받았으나 그는 끝내 의식을 회복하지 못하고 이튿날 새벽 숨을 거두고 말았다.

그가 숨진 4월 15일, 그의 죽음을 애도하듯 워싱턴에는 찬 봄비가 내렸다. 백악관 앞에는 비를 맞으며 수많은 흑인 여성들과 어린이들이 모여들어 그의 죽음을 애도했다. 비단 흑인들만이 아니라 '정직한 에이브'를 사랑했던 많은 미국인들에게 그의 죽음은 큰 충격이었다.

링컨의 죽음과 관련해서 다음의 흥미로운 일화가 전해온다.

4월 11일 오후, 링컨은 결국 마지막이 된 각료회의를 주재했다. 회의가 끝나갈 무렵 그는 각료들에게 지난밤의 꿈 이야기를 했다. 한밤중에 배를 타고 어느 해안을 지나가고 있었는데, 그곳이 어딘지 분명치가 않다는 것이다. 그러면서 덧붙이기를 "지난 전쟁 중 섬터 요새, 불런, 앤티텀, 머프리즈버러, 빅스버그, 윌밍턴 등 큰 전투를 앞두고 항상 똑같은 꿈을 꾸었고 그때마다 북부군이 승리했다. 이제 또 이런 꿈을 꾼 것을 보니 뭔가 좋은 일이 일어날 것 같다"고 했다. 그러자 직설적인 그랜트 장군이 나서서 "각하, 머프리즈버러에서는 우리가 대패했습니다. 그런 전투가 몇 번만 더 있었다면 아마 우리는 전쟁에서 졌을 것입니다"라고 말했다. 잠시 어색한 침묵이 흐른 후 링컨이 다시 입을 열었다. "이상하군요. 아무튼 그런 꿈을 꾼 것은 사실입니다." 결국 그 꿈은 악몽이었다.

암살범은 존 부스라는 사람이었다. 열렬한 남부 지지자로 그 자신이 남부군으로 참전한 적도 있는 인물이었다. 사건 직후 극장을 탈출했던 그는 4월 26일 버지니아 볼링그린의 한 연초 건조장에서 추격대에 의해 사살되었다.

링컨의 죽음은 미국 전체의 큰 불행이었다. 비록 일부 남부인들의 미움을 받기는 했지만 그는 기본적으로 중도 타협적 입장을 견지했고, 대다수 국민의 절대적 지지를 받고 있었다. 당시 상황에서 전쟁의 혼란을 수습하는 데 그 이상의 적격자는 없었을 것이다. 그러나 한편으로는 그가 대통령에 당선되자마자 남북전쟁이 터졌으므로 어떤 점에서 그는 남북 갈등의 상징과도 같은 존재였다. 그 갈등이 치유되기 위해서 그의 죽음은 어쩌면 필연이었는지도 모른다. 마치 인류의 죄악을 치유하기 위해 예수가 십자가에 못박혀야 했던 것처럼. 그가 부스의 총에 맞은 날은 공교롭게도 예수가 십자가에서 죽은 날을 기리는 수난절(Good Friday)이었다.

제5장 재건과 서부 진출

다시 일어선 남부

남북전쟁으로 인해 남부는 완전히 폐허가 되고 말았다. 제대한 군인들이 고향으로 돌아와서 발견한 것은 불타버린 집과 황무지로 변한 농장, 그리고 사랑하는 가족 친지들의 무덤뿐이었다. 예전에 부유하게 살았던 여인들이 길거리에서 구걸을 했고, 농장주들은 흑인들에게 식량을 내다팔아 생계를 유지하고 있었다. 꼭 필요한 생필품조차 구할 길이 없었다. 남부인들은 이 모든 곤경을 몰고 온 양키들을 극도로 증오했다.

따라서 전후 링컨이 떠맡았던 가장 큰 정치적 과제는 남부의 이러한 적개심을 해소하는 일과 남부의 파괴된 농장들을 재건하는 일이었다. 먼저 그는 남부의 연방 재가입을 추진했다. 주민 10퍼센트만 연방을 지지하고 노예금지법을 지킬 것을 맹세한다면 그 주는 다시 연방에 가입할 수 있었다. 1864년 루이지애나와 아칸소가 처음으로 맹세를 하고 연방에 복귀했다. 북부의 급진론자들은 여기에 반발하여 적어도 주민 50퍼센트가 노예제 철폐에 찬성하지 않는다면 연방 가입을 불허한다는 법률을 통과시켰다. 링컨은 여기에 단호히 거부권을 행사했다.

전쟁으로 폐허가 된 남
부의 수도 리치먼드.

링컨의 이러한 유화정책으로 인해 만약 그가 암살되지만 않았다면
남부의 연방 재편입은 좀더 빨리 성사될 수 있었을 것이다. 그러나
불행히도 그가 죽는 바람에 뜻하지 않은 암초에 부딪히게 되었다.

링컨의 뒤를 이어 대통령에 오른 앤드루 존슨은 링컨의 유지를 받
들어 남부에 대한 대사면령을 공표하고, 노예제 문제와 상관없이 원
하는 주는 즉시 연방에 복귀할 수 있도록 했다. 1865년 12월에 이르
러서는 텍사스를 제외한 남부의 모든 주들이 이에 동의하고 연방에
보낼 대표들을 선출했다.

그러나 존슨은 링컨만큼 강력한 지도력을 가지지 못했다. 북부의
급진주의자들은 존슨의 남부 재편입 계획을 음모에 지나지 않는 것
이라고 비난했고, 이들의 주장이 받아들여져 1866년 의회 선거에서
급진 공화파가 압승했다. 힘을 얻은 급진파는 곧 수정된 재편입 법안
을 통과시켰고, 흑인의 시민권을 규정한 수정헌법 14조를 받아들인
테네시를 제외한 모든 다른 주들의 연방 복귀를 무효화했다. 그리고
남부를 5개의 '점령지'로 나누어 연방군을 파견하고, 관구 사령관
감독하에 흑인이 참여하는 재선거를 실시했다. 그 결과 1867년 말
실시된 선거에서는 남부 모든 주에서 흑인과 백인 급진주의자들이

의회에서 과반수를 차지하게 되었다. 그들은 곧바로 수정헌법 14조를 인준하고 연방에 재가입했다. 존슨은 의회의 이런 강경정책에 강력히 반발했으나 의회는 대통령 탄핵안 제출로 이에 응수했다.

남부는 다시 한 번 철저히 모욕당했다. 비록 지금은 전쟁에 패해어쩔 수 없지만 언젠가는 복수할 날이 온다고 믿었다. 남부에서는 애향심이 더욱 고취되었고, 의회에서는 수많은 '흑인 차별법(Black Codes)'을 제정, 흑백간의 결혼과 공공장소에서 흑인이 백인과 같이 어울리는 것을 금지시켰다. 이를 어기는 흑인들에 대해서는 KKK 단원들이 무서운 테러를 자행했다. 만약 미국에 아직 개척할 서부가 남아 있지 않았다면, 그리고 전후 놀랄 만한 산업발전이 이루어지지 않았다면 남부의 이러한 증오심은 끝내 해소되지 못했을지도 모른다. 다행히 대륙횡단철도의 건설로 사람들이 물 밀듯 서부로 몰려갔고, 또 한 차례 불어닥친 산업혁명의 열기로 남부의 적대감은 어느 정도 누그러질 수 있었다.

또한 남부 사람들 역시 노예들이 떠나간 황량한 농원을 언제까지 바라보기만 할 수는 없었다. 물론 많은 농장주들이 삶의 터전을 잃고 가난한 백인으로 전락했다. 이들을 구제하기 위해서라도 남부에서 공업을 발전시킬 필요가 있었다. 남부는 철광석, 석탄 등 지하자원이 풍부하여 많은 광산노동자들을 취업시킬 수 있었다. 무진장 재배되는 목화를 처리하는 면직공업, 그리고 더럼을 중심으로 연초공업이 발달하기 시작했다.

이렇게 해서 세워진 남부의 공장에는 북부와 다른 끈끈한 인정 같은 것이 있었다. 아마도 남부 농원제도의 유풍이라고 할 수 있을 것이다. 이렇게 해서 재건된 남부를 사람들은 '새로운 남부(New South)'라 불렀다. 남부를 '점령했던' 연방군도 1877년 모두 철수했다. 폐허를 딛고 일어선 백인 농장주들과 신흥 흑인 농장주들이 들판에서 바쁘게 일을 하고, 도시의 거리는 다시 활기로 넘쳐났다. 그러나 바닥에 떨어진 남부의 긍지와 자존심이 다시 회복되는 데는 오랜 세월이 지나지 않으면 안 되었다.

대륙횡단철도 건설

미국의 영토는 남북전쟁 전에 이미 태평양까지 도달해 있었다. 그러나 미시시피 강을 넘어서면 서부는 아직도 황무지나 다름없었다. 이 광대한 땅을 개척하기 위해서는 무엇보다 사람들을 실어나를 수 있는 대규모 운송수단이 필요했다. 당시로서 유일한 대안은 철도였고, 전쟁이 격화일로에 있던 1862년 링컨 대통령은 역사적인 대륙횡단철도 건설사업에 서명했다. 본격적인 공사는 전쟁이 끝난 1865년에 시작되었다.

변변한 장비도 없이 오직 인력에만 의존해야 했던 당시의 토목기술로 3,000킬로미터에 이르는 철도를 건설하는 것은 무모하고 거의 불가능에 가까운 일처럼 보였다. 미국 정부는 이 모험사업에 투자자들을 끌어모으기 위해 철도 양쪽 32킬로미터 폭의 땅을 건설회사에 무상불하하고 철도 1.6킬로미터당 수만 달러의 돈을 정부가 빌려주는, 그야말로 파격적인 조건을 내걸었다.

우여곡절 끝에 유니언퍼시픽과 센트럴퍼시픽 두 회사가 사업자로 선정되었다. 유니언퍼시픽은 아이오와 주 카운실블러프스에서 서쪽으로, 센트럴퍼시픽은 캘리포니아 주 새크라멘토에서 동쪽으로 철도를 건설하기 시작했다.

일단 공사는 시작되었지만 어려움은 상상을 초월하는 것이었다. 수만 명에 이르는 중국인 노무자, 가난과 기근에 몰려 대서양을 넘어온 아일랜드인, 전과자, 부랑자, 제대군인 등이 공사에 동원되었는데 혹독한 기후와 중노동, 인디언의 습격으로 수많은 희생자가 발생했다. 그러나 거의 전쟁을 치르듯 필사적으로 공사를 강행한 끝에 마침내 1869년 5월 10일 양쪽에서 건설해온 철도가 유타 주 프라먼토리 포인트에서 만났다. 수많은 사람들의 환호성 속에 양 철도의 연결점에 순금 지주 못을 박는 기념행사가 열렸다.

이렇게 해서 첫 번째 대륙횡단철도가 성공적으로 건설되고 건설회사들이 큰돈을 벌게 되자 수많은 투자자들이 너도나도 여기에 뛰어들었다. 불과 15년 만에 노던퍼시픽, 서던퍼시픽, 산타페 등 3개의 횡단철도가 추가로 건설되었고 1890년대에 마지막으로 그레이트노던 횡단철도가 건설되어 오늘날의 대륙횡단 철도망이 완성되었다. 이들 건설회사에도 처음과 마찬가지로 정부의 엄청난 특혜가 주어졌다. 이와 함께 횡단철도들을 중심으로 수많은 지선들이 건설되어 이제 웬만한 곳은 기차로 연결이 가능하게 되었다. 1865년 5만 6,000킬로미터에 불과하던 철도가 1900년 즈음해서는 거의 32만 킬로미터에 육박했는데 이 길이는 당시 전 유럽의 철도망을 합한 것보다도 더 긴 것이었다.

철도망이 정비되면서 기관차나 철도운영체계도 기술적으로 많은 진보가 있었다. 최초의 대륙횡단열차는 아직도 장작을 지펴 증기 터빈을 돌리는 원시적 수준에 머물러 있었다. 그러나 장작 대신 석탄을

마지막 건설된 10마일의 철도. 5,000여 명의 중국인 노무자들을 동원하여 단 하루 만에 부설을 완료했다.

연료로 사용하는 대형 증기 기관차가 개발되면서 더 많은 사람과 화물을 빨리 운송하는 일이 가능해졌다. 식당차, 난방차, 침대차의 개발로 기차여행은 그 편안함과 편리함을 더하게 되었다. 폐색 신호체계, 웨스팅하우스의 자동연결장치, 공기압 브레이크의 개발은 철도의 안전성 향상에 결정적으로 기여했다. 1883년에는 오늘날의 철도운영 시간체계가 처음 도입되었다. 이렇게 해서 철도는 역마차를 대신한 새로운 운송수단으로 자리를 잡았다.

대륙횡단철도의 건설은 미국의 삶을 돌이킬 수 없을 정도로 변모시켰다. 우선 상품과 천연자원의 운송비가 엄청나게 줄어들면서 이것이 상업과 산업의 발전을 크게 자극했다. 한 예로 아이다호에서 생산된 감자의 동부 소비자 가격은 철도건설 이전에 비해 하루아침에 10분의 1로 떨어지기도 했다.

서부로 가는 여행이 편해지면서 더욱 많은 사람들이 기회를 찾아 서부로 몰려갔고 이들에 의해 황무지에 불과하던 서부 개척이 급속도로 이루어졌다. 정부로부터 엄청난 면적의 땅을 불하받은 철도회사들이 이를 싼값에 분양한 것도 사람들을 서부로 몰려가게 한 주요 이유의 하나였다. 이들은 심지어 유럽에서까지 대규모 땅 분양 판촉 활동을 벌이기도 했는데, 1874년에는 독일 메논종파 교도 1만여 명이 집단으로 캔자스에 이주한 일도 있었다. 오늘날 캔자스를 뒤덮고 있는 레드터기 종 밀은 이들이 가져온 것이다.

철도 주변과 특히 교차지점에 거대한 도시들이 생겨난 것도 철도가 가져온 큰 변화의 하나였다. 오마하, 캔자스시티, 오클랜드, 포틀랜드 등은 대륙횡단철도가 건설되기 전에는 아예 없었거나 조그만 촌락에 불과했지만 불과 30년 만에 인구 수십만 명의 거대도시로 변모했다.

그러나 대륙횡단철도가 모두에게 좋은 것만을 가져다주지는 않았다. 서부의 초원을 뛰놀던 들소들은 열차 운행에 지장을 준다는 이유로 무차별 남획의 대상이 되었다. 백인에게 쫓기다가 이제 막 새로운 삶의 터전을 마련한 인디언들에게 기관차의 굉음은 마치 그들의 명을 재촉하는 듯했다.

이들을 제외하면 대륙횡단철도의 건설은 모두에게 좋은 소식이었고 미국의 국력신장에도 결정적인 공헌을 했다. 미국은 드디어 사람들을 보내 대륙 전체를 실질적으로 통치할 수 있는 수단을 갖추게 되었고, 철도를 통해 태평양까지 이른 미국의 힘은 곧 태평양을 건너 아시아와 한국에까지 그 손길을 미치게 된다.

카우보이 빌리 키드 - 무법이 판치는 서부

미국의 역사는 한마디로 서부 개척의 역사라고도 할 수 있다. 미국이 미시시피 강 서쪽의 광대한 땅을 차지하게 된 것은 남북전쟁 전의 일이지만 본격적인 서부 개척은 전쟁이 끝난 후로 미뤄질 수밖에 없었다. 그중 1869년 대륙횡단철도의 건설은 서부 개척의 한 획을 긋는 중요한 의미가 있었다. 철도를 따라 수많은 사람들이 서부로 서부로 몰려갔고, 들소와 인디언만이 한가롭게 지내던 서부는 하루아침에 가축과 총잡이들의 천국이 되고 말았다. 워낙 땅이 넓다보니 중앙정부에서 군대나 관리를 파견할 수도 없었고, 거의 30년 가까이 서부에는 이러한 무법상태가 계속되었다.

왜 사람들은 위험을 무릅쓰고 서부로 건너갔을까? 물론 모험과 자유를 찾아 떠난 사람들도 있겠지만 대부분은 동부에서는 아무 희망도 없었던 범법자, 부랑자, 흑인, 이제 막 대서양을 넘어온 이민자 등이었다. 여기에 노다지를 캐는 꿈에 부푼 투기꾼과 목장주들도 가세했다.

1840년대 말 캘리포니아에서 시작된 골드러시는 전쟁 후에도 여전히 사람들을 서부로 끌어들이는 강력한 흡인력이 있었다. 캘리포니아의 금이 고갈되면서 노다지꾼들은 새로운 금광을 찾아 네바다와 콜로라도, 몬태나 등으로 몰려갔고, 광산 주위에는 예외 없이 선술집과 여관이 들어섰다. 그곳에는 일확천금을 꿈꾸는 노다지꾼, 총잡이, 도박꾼, 매춘부, 사기꾼이 들끓었고 돈과 이권을 둘러싼 싸움, 광산 채굴업자와 원주민의 전쟁, 역마차 강탈사건 등이 그칠 날이 없었다.

이러한 시대적 상황에서 한 사람의 '영웅'이 탄생했는데, 서부 영화에서 단골로 등장하는 총잡이 빌리 키드(Billy the Kid)가 바로 그다. 알려진 바에 의하면 빌리 키드의 본명은 윌리엄 보니이고, 1859년 뉴욕에서 태어나 1881년 보안관 가레트에 의해 사살될 때까지 최소한 27명을 살해한 서부의 전설적인 악동 총잡이였다.

빌리 키드는 어릴 때 부모를 따라 캔자스로 이사했다. 거기서 아버지는 죽고, 어머니와 두 형제는 다시 콜로라도로 이사하고, 어머니는 재혼을 한다. 그 후 다시 뉴멕시코로 이사를 갔는데 이때부터 빌리는 남서부와 북부 멕시코를 두루 방랑하면서 갱들과 어울리고 절도와 무법을 저지른다. 1880년 12월에 가레트 보안관에 의해서 체포되어 살인혐의로 교수형을 선고받는다. 1881년 4월 30일 두 명의 보안관 대리를 살해하고 탈옥에 성공하지만, 가레트 보안관의 끈질긴 추적과 매복으로 마침내 7월 14일 저녁 최후를 맞는다.

하지만 빌리의 최후에 대해서는 아직도 의견이 분분하다. 그날 가레트 보안관에 의해 사살된 사람은 빌리가 아니며, 가까스로 그곳을 도망쳐나온 빌리는 이후 강도짓을 그만두고 편안히 살다 죽었다고 믿는 사람들이 많다. 여기에 서부시대를 동경하는 미국 사람들의 적당한 허풍까지 가미되어 심지어는 오늘날까지 그가 죽지 않고 어딘가에 살아 있다고 말하는 사람들도 있다.

서부의 무법시대를 상징하는 또 하나의 주인공은 소몰이꾼(카우보이)이다. 전쟁 후 서부에 방목 형태의 대규모 목축이 성행하게 된 것은 주인 없는 초지가 무한정 펼쳐져 있는 자연적 요소 외에 대륙횡단철도 건설 및 냉장열차의 개발로 서부에서 도축된 고기를 동부의 인구밀집지역으로 신속히 그리고 싱싱하게 운송하는 것이 가능해졌기 때문이다.

텍사스를 비롯한 남부의 초지에는 수천만 마리의 텍사스 긴뿔소(Texas longhorn)가 서식하고 있었는데, 이의 선조는 스페인의 토로스 종이라고 한다. 즉, 초기에 남부를 지배했던 스페인 사람들이 들여온 소가 야생화한 것이다. 카우보이들은 이 소를 몰고 철도가 지나가는 중부까지 수천 킬로미터를 올라와 철도 주변 대도시의 도축장에 팔아넘겼고 여기서 도축된 고기는 열차에 실려 동부로 수송되었다.

서부 영화를 보면 이러한 카우보이들의 삶이 무척이나 낭만적이고 자유로운 모습으로 그려지지만 실제로 이들이 겪은 고생은 낭만과는 거리가 멀었다. 마실 물과 풀을 찾아 광야를 며칠씩 헤매는 것은 보통이고 카우보이들끼리 좋은 초지를 두고 격렬한 싸움이 벌어질 때도 있었다. 카우보이의 낭만은 상업성을 지향하는 서부 영화가 만들어낸 신화에 불과할 뿐이다. 이것이 미국인들의 향수와 절묘하게 맞아떨어졌고 나아가 미국의 역사 자체를 아름답게 꾸미는 데 큰 몫을 했다.

사실 카우보이의 세계가 무법천지인 것만은 아니었다. 목축업자들은 서로의 생존을 위해 초지와 물의 권리에 관한 상호협약을 맺었으며 대부분의 경우 이 협약은 엄격히 준수되었다. 다만 정부가 나서지 않고 주민 스스로 법을 만들고 집행했을 뿐이다. 연방정부도 이들의 자치법을 인정했고 후일 정부가 공식적으로 통치권을 행사할 때도 이를 공식법령으로 수용하는 일이 많았다.

빌리 키드와 카우보이로 상징되는 서부의 낭만은 1870년대에 절정을 이루었다. 그러나 1880년대에 들어서면서 서부도 점차 평온을 찾게 되었다. 노다지꾼들은 금의 고갈과 대규모 채광기업의 등장과 더불어 점차 사라졌고 선술집이 있던 곳에는 상가, 회사, 신문사, 변호사 사무실이 들어서기 시작했다. 수만 마리의 소를 몰고 초원을 질주하던 카우보이의 장관도 1885년을 지나면서 보기 힘든 풍경이 되고 말았다. 카우보이는 너무 힘들고 위험한 일인데다가 고기값의 폭락으로 수지조차 맞출 수 없게 되었기 때문이다. 목축업자들은 소떼를 끌고 초원을 방황하기보다 울타리를 친 목장의 주인으로 안주하게 되었다.

빌리 키드와 카우보이의 천국은 불과 30년 만에 끝났지만, 그들의 짧은 통치기간 동안 서부는 돌이킬 수 없는 변화를 겪었다.

1900년에 이르러 이들 서부의 영웅들은 그들이 몰아낸 들소와 인디언과 더불어 과거 속으로 묻혀졌다.

최후의 인디언 '웅크린 황소'

영토확장과 산업화의 그늘에 가려 희생당한 또 한 그룹의 사람들은 바로 아메리카의 원주인, 인디언들이었다. 남북전쟁이 끝날 무렵 미국에는 주로 미시시피 강 서쪽에 약 30만 명의 인디언이 남아 있었다. 전쟁 전 백인들에 의해 서쪽으로 내몰리면서 그나마 그들이 위로로 삼았던 것은 이제 다시 그들의 땅을 빼앗지 않겠다는 백인들의 약속이었다.

그러나 이러한 약속도 이후 백인들의 통행권 요구와 토지매각 강요로 점차 유명무실해지고 말았다. 골드러시와 대륙횡단철도에 편승해 서부로 몰려온 백인들은 이제 노골적으로 총부리를 겨누고 인디언들을 또다시 그들의 땅에서 몰아내려고 했다. 인디언들은 이제 최후의 선택을 하지 않으면 안 되었다. 항복이냐 저항이냐의 갈림길에서 많은 인디언들은 후자를 택했고 이러한 투쟁이 당연히 실패로 돌아가면서 그들의 평화롭고 영광스러운 역사도 더불어 끝장이 나고 말았다.

역사상 가장 위대한 인디언의 한 사람으로 추앙받는 '웅크린 황소'는 이러한 시대적 상황에서 인디언의 최후의 항전을 이끈 지도자였다. '웅크린.황소'는 1831년 다코타의 그랜드 강 유역에서 태어나 1890년 역시 그랜드 강변에서 최후를 마쳤다. 그의 인디언 이름은 타탕카 이요타케Tatanka Iyotake였으며, '웅크린 황소'는 백인들이 지어준 별명이었다.

헝크파파 수 족 집안에서 태어난 그는 어려서부터 강인한 체력과 지도력을 겸비한 수 족의 영웅이었다. 그가 백인 군대와 처음 충돌한 것은 1863년 6월의 일이었다. 샌티 수 족이 미군을 살해한 이른바 '미네소타 학살' 사건에 대한 보복으로 연방군이 공격을 해오자 그는 젊은 전사들을 이끌고 그들과 맞서 싸웠다. 이후로도 그는 수 족의 사냥지역을 침범하고 농지를 짓밟는 백인들과 잦은 싸움을 벌였고 그때마다 혁혁한 전과를 거두었다. 백인과의 투쟁에서 보여준 용기와 지혜로 그는 곧 전체 수 족의 족장으로 추대되었다. 1867년의 일이었다.

1870년대 중반 블랙힐스에서 금이 발견되자, 노다지꾼과 총잡이들이 구름처럼 인디언의 땅에 몰려들었다. 그들에게 이 땅을 보장했던 1868년의 협약(래러미 제2차 협약)은 휴지조각이 되고, 정부는 모든 수 족에게 1876년 1월 31일까지 따로 설정된 인디언 보호구역 내에 정착하라는 명령을 내렸다. 불복하는 사람은 정부에 대한 적대행위로 간주한다는 위협성 경고도 있었다. 그러나 그 추운 날씨에 노인과 어린이들을 데리고 거의 400킬로미터를 이동한다는 것은 자살행위나 다름이 없었다. '웅크린 황소'는 정부의 명령에 불복하고 동료들과 함께 그들의 땅을 사수하기로 결정했다.

이듬해 3월, 드디어 조지 크루크 장군이 이끄는 연방군의 공격이

'웅크린 황소'. 수 족 인디언의 위
대한 마지막 추장이었다.

시작되었다. '웅크린 황소'는 수 족, 샤이
엔 족, 아라파호 족을 몬태나 인디언 구역
내 그의 캠프로 불러모았다. 그리고 6월 17
일 크루크 장군의 부대와 로즈버드에서 싸
워 대승을 거두었다.

그러나 이것은 싸움의 시작일 뿐이었다.
'웅크린 황소'는 주력부대를 리틀빅혼 강
의 계곡으로 이동시켜 최후의 결전에 준비
했다. 여기서 그는 혼신의 힘을 다해 '태양
의 춤'을 추었고 스스로 고행의 길을 택했다. 실신한 그는 혼미한 와
중에 수많은 군인들이 하늘에서 메뚜기떼처럼 그의 진영으로 뛰어내
려오는 환상을 보고 전투의 승리를 확신했다.

6월 25일 조지 암스트롱 커스터 중령의 지휘 아래 연방군 주력이
그의 부대를 공격해왔다. 처절한 싸움 끝에 '웅크린 황소'는 정부군
을 메뚜기떼처럼 섬멸했고, 완벽한 승리를 거두었다.

안타까운 것은 이 전투에서의 승리에도 불구하고 그가 백인과의
전쟁을 승리로 이끌 수 없었다는 점이다. 정부군의 공격은 리틀빅혼
강 전투 이후 더욱 거세졌고 인디언 전사들은 이에 맞서 초인적 사투
를 벌였지만 점점 불리해지는 전세를 어쩔 수가 없었다. 여기에 정부
군은 인디언의 주식인 들소를 무차별로 죽여 그들을 고사시키는 작
전을 폈다.

결국 굶주림에 지친 동료 부족들이 하나 둘 정부군에 항복했고,
'웅크린 황소'는 남은 추종자들과 함께 캐나다 국경을 넘었다. 하지

만 캐나다 정부 역시 그를 반길 리가 없었다. 결국 그는 도주와 기아에 지쳐 도피 4년 만에 정부에 항복하고 말았다.

이후 '웅크린 황소'는 백인사회에 동화되어 한동안 평온한 삶을 누리기도 했으나, 1889년 수 족의 반란을 교사한다는 혐의로 다시 그에게 체포령이 내렸다. 결국 1890년 12월 15일 '웅크린 황소'는 그랜드 강변에서 영웅적이고 비극적인 삶을 마감했다.

그는 대평원의 인디언들 가운데 범상치 않은 지도자로 존경받았다. 뜨거운 동족애, 온화하고 유쾌한 성품, 종교적 신실함, 강력한 예언가적 자질, 전투에서의 용맹성, 지도력, 거기에 뛰어난 노래 솜씨까지 그는 영웅의 모든 자질을 갖추고 있었다. 비록 그가 비극적으로 생을 마쳤다고는 하나 그의 숭고한 투쟁은 인디언의 권리신장에 크게 공헌했다.

1887년에 도즈 법이 제정되어 인디언들은 제한된 구역에서나마 자신들의 땅을 가질 수 있게 되었다. 더불어 그들에 대한 정부의 대우도 크게 개선되었다. 1901년에는 다섯 부족의 인디언들이 귀순하여 미연방의 공민권을 얻었다. 1924년에 의회는 합중국 내에서 출생한 모든 인디언은 미국 국민이라는 법률안을 최종 통과시켰다. 그러나 이 때문에 인디언이 치러야 했던 희생은 엄청난 것이었다.

지금도 대부분의 인디언들은 보호구역 내에서 그들만의 전통을 유지하며 살아가고 있다. 일부 부족들 중에는 토지공유의 유습도 아직 남아 있다. 비교적 양호한 위생시설 덕에 인디언의 수는 증가하고 있고, 얼마 후에는 미국과 캐나다를 합해 그 수가 50만 명에 달할 전망이다. 그러나 갈수록 백인과의 혼혈이 늘어나고 현대문명의 이기를 좇아 바깥사회로 진출하는 인디언이 늘면서 대륙의 옛 주인인 인디언 역시 미국의 거대한 용광로 속에서 녹아 소멸될 운명에 놓여 있다.

제6장 자본주의의 발흥

산업화와 자본주의—19세기 후반의 경제발전

　남북전쟁 전만 해도 미국의 주 산업은 농업이었고, 산업생산력은 주요 유럽 국가들에 비해서 크게 뒤처져 있었다. 그러나 전쟁 이후 불과 수십 년 만에 미국은 세계 최강의 선진 산업국으로 탈바꿈했다. 이러한 급격한 산업화가 미국인들의 삶과 생각, 그리고 정부의 대내외 정책에 미친 영향은 실로 상상을 초월하는 것이었다.

　19세기 후반 미국의 산업화는 묘하게도 남북전쟁에서 비롯되었다. 군수물자를 신속하게, 그리고 대량으로 공급해야 했기 때문에 생산과 물류체계가 획기적으로 바뀌고, 철강·조선·전기산업이 크게 발달하고, 새로운 기구들이 만들어지고, 더불어 과학기술도 눈부시게 발전했다.

　특히 이 시기에 수없이 쏟아져나온 새로운 발명품들이 산업발전에 결정적 기여를 했다. 전쟁 이전에는 3만 6,000건에 불과했던 발명특허권이 그로부터 30년 만에 45만 건으로 늘었다. 발명품의 대부분은 부엌, 사무실, 공장 작업대에서 일을 쉽게 하기 위해 개발한 것들이었다. 몇 가지 중요한 것만 예를 든다면, 알렉산더 벨의 전화기(1876), 크리스토퍼 숄스의 타자기(1867), 에디슨의 백열등(1879)과

축음기(1878), 이스트먼의 사진기
(1888) 등이 있다. 라이노타이프
조판기와 윤전기의 발명으로 신문
사들은 시간당 8쪽짜리 신문 24만
부를 찍어낼 수 있었다. 라이트 형
제가 발명한 비행기(1903) 역시 당
장은 그 위력이 느껴지지 않았지
만 머지않아 여행의 개념을 획기

자신이 발명한 최초의 축음기 앞에 앉아 있는 토머스 에디슨. 잠도 자지 않고 꼬박 72시간을 매달려 이 기계를 만들었다.

적으로 바꿔놓을 것이 확실했다. 이러한 발명품들 덕분에 거의 모든 산업 분야에서 생산성이 크게 향상되었다.

농업 부문도 예외는 아니었다. 밀 수확을 예로 들면 수작업으로는 농부 한 사람이 하루 종일 일해도 0.2헥타르 정도밖에 수확할 수 없었지만 매코믹이 발명한 자동 수확기로는 3헥타르, 그리고 콤바인을 사용하면 하루 수십 헥타르의 작업도 가능했다. 수확뿐 아니라 파종, 건초 만들기, 목축, 심지어는 농장에 울타리를 치는 작업도 모두 새로 발명된 기계들로 신속하게 처리할 수 있었다. 농업과학도 눈부시게 발전해 실험실에서는 질병에 강하고 수확량이 많은 신품종들이 끊임없이 쏟아져나왔다. 생산성 증대로 공급이 크게 늘어나면서 농산물의 국내 가격은 급격히 하락했고 잉여 농산물의 수출도 크게 늘어났다. 20세기 들어 미국의 농업은 이미 대규모 산업이 되어 있었다.

공업 부문에서 이 시기 가장 눈부신 성장을 이룬 것은 제철산업이었다. 원래 철강산업은 북동부가 본거지였으나 슈피리어 호 부근에서 대규모 노천 철광이 발견되면서 이곳이 새로운 중심지가 되었다. 무진장 널려 있는 철광석, 값싼 운송비용, 대규모 시설, 그리고 새로운 제련기술로 철강 생산단가는 이전의 10분의 1 수준으로 떨어졌다.

철강산업의 발전을 이야기하면서 우리는 앤드루 카네기라는 한 걸출한 사업가를 언급하지 않을 수 없다. 카네기는 12세에 부모님을 따라 스코틀랜드에서 미국으로 이민을 왔다. 일찍부터 사업적 재능이 뛰어났던 그는 천재적인 투자 솜씨로 얼마간의 재산을 모은 후, 이 돈으로 1872년 톰슨이라는 조그만 제철공장을 사들였다. 그의 뛰어난 경영 수완으로 톰슨 제철소는 눈부신 성장을 거듭해 1900년에는 1년 제철 능력이 무려 300만 톤에 달했고 사업 이윤은 4,000만 달러를 넘었다.

카네기는 이윤을 위해서라면 때로 비도덕적 행위마저 서슴지 않았던 전형적인 자본가였다. 회사 물품을 운송하는 철도회사에 리베이트를 강요하고, 제철업자들끼리 독점 담합을 맺어 엄청난 부당이익을 챙기고, 정치인들을 매수하여 자신에게 유리한 보호관세법을 통과시키고, 노동조합은 무슨 수를 써서라도 없애고야 말았다.

그러나 그의 성공의 비밀은 무엇보다 경영에 과학적 기업관리방법을 도입한 것에 있었다. 즉, 최소비용으로 최대의 생산성을 얻기 위해 생산 라인과 인적관리방식을 획기적으로 개혁했던 것이다. 그가 최초로 도입한 과학적 기업경영방법은 후일 프레데릭 테일러의 이론화 과정을 거쳐 이른바 '테일러주의'라는 이름으로 미국 기업들에 정착되었다. 기업들은 카네기가 시작한 노동 전문화와 능력 차이에 따른 임금 지급제를 서둘러 도입했다. 후일 세계 최대의 자동차 왕국을 이룬 헨리 포드는 테일러주의를 도입해 성공한 대표적 기업인에 속한다.

한편 정부는 이 기간 동안 철저히 자유방임적 경제정책을 추구했다. 1865년부터 1890년까지 기업의 활동을 제한하는 어떠한 법안이나 규칙도 제정하지 않았고 정부가 기업활동을 감시하는 일도 없었다. 당시에는 저임금, 독점, 기업합병, 미성년자 고용, 기업주의 일방적 해고, 하루 15시간 노동 등이 전혀 불법적 행위가 아니었다.

산업화는 분명 대량생산, 시장 확대, 노동인구 증가, 실질임금 상승의 효과를 가져왔다. 그러나 이에 따르는 사회·경제적 비용도 만만치 않았다. 노동자들은 공장주들의 해고 위협에 무방비로 노출되었고, 엄청난 근무시간과 저임금을 감수해야 했다.

산업화의 이러한 부작용은 곧바로 노동조합 운동을 촉발했고, 정부의 독점금지법 제정(1890), 그리고 1901년 대통령에 오른 루스벨트가 '공정한 대우(Square Deal)'의 기치 아래 자유방임정책의 전면적 수정을 들고 나온 것 역시 산업화의 이러한 부정적 결과에 대한 반성에서 비롯된 것이었다.

'같은 노동에 같은 임금을' – 노동운동의 탄생

다른 나라와 마찬가지로 미국에서도 산업발전의 최대 희생자는 노동자들이었다. 산업은 눈부시게 발전했지만 노동자들의 임금은 20년 전에 비해 별로 달라진 것이 없었다. 1890년 당시 숙련 노동자의 평균임금이 주당 20달러에 불과했고 비숙련 노동자는 그 절반에도 미치지 못했다. 가장의 부족한 수입을 보충하기 위해 여자와 어린이까지 일터에 나가지 않으면 안 되었다. 그것도 밀려드는 이민자들 때문에 일자리 구하기가 쉽지 않았다.

더욱 큰 문제는 이처럼 열악한 상황을 개선할 수 있는 수단이 노동자들에게 전혀 없다는 사실이었다. 게다가 노동조합은 불법으로 간주되었고, 파업만이 노동자의 유일한 무기였으나 파업사태가 일어나면 어김없이 경찰과 군대가 들이닥쳐 이를 물리적으로 진압했다. 법원은 파업 선동을 금지하는 판결을 잇달아 내렸다. 고용주들은 오직 파업을 막는 일을 전문으로 하는 이른바 '핀클톤 요원들'을 고용해 공장 내에서의 파업을 막았고 핵심 노동운동원들을 명단에 올려 이들이 사업장으로 침투하는 것을 막았다.

이처럼 열악한 노동조건을 개선하기 위해 1869년 필라델피아의

한 의류 제조공장 노동자들이 우리아 스티븐스의 지도 아래 노동자 기사단이라고 하는 비밀단체를 결성했다. 비록 비밀결사라고는 하지만 노동자 기사단은 하루 8시간 노동, 노동조합 합법화, 정부의 노사 갈등 중재, 동일 노동에 대한 동일 임금 지급 등의 목표를 추구한 미국 최초의 노동조합이었다.

노동자 기사단은 처음에는 목적 달성을 위해 선전, 교육 등 평화적 수단을 추구했으나, 1878년 테렌스 파우덜리가 새로 이 조직을 떠맡으면서 주로 파업과 폭력에 의존하는 급진 노선으로 방향을 바꾸었다. 파업은 대단히 효과적이었고, 일련의 성공에 힘입어 노동자 기사단은 한때 6,000여 지부 70여만 명 회원의 거대조직으로 성장했다.

그러나 노동자 기사단의 폭력 노선이 위험 수위를 넘자 정부가 파업에 강경하게 대응하기 시작했고 여론도 등을 돌렸다. 결국 1886년 시카고 헤이마켓에서 경찰과 시위대의 충돌로 수십 명이 죽고 다치는 최악의 사태가 발생하면서 노동자 기사단은 급속히 조직이 무너지기 시작했고, 1890년에 이르러 사실상 해체되고 말았다.

노동자 기사단이 쇠퇴 조짐을 보이던 1886년 아돌프 스트래서와 새뮤얼 곰퍼스가 미국노동자연맹(AFL, American Federation of Labor)이라는 또 하나의 노동조직을 결성했다. 노동자 기사단과 달리 미국노동자연맹은 오직 숙련 노동자들에게만 가입을 허용하고 임금 인상, 근로시간 단축, 근로조건 개선이라는 제한된 목표만을 추구했으며, 협상·중재·여론에 호소하는 평화적 수단을 사용하고 파업은 최후까지 자제했다.

이러한 평화적이고 우회적인 투쟁전략은 대단히 효과적이었다. 시

산업화는 심각한 노동문제를 야기했다. 방직공장
에서 일하는 어린 소녀의 모습이 애처롭다.

민들은 노동조합 시위대를 가로질러 길을 건너지 않았고 정부는 이를 무력으로 막으려 하지 않았다. 노동자연맹이 노동조합 딱지를 부착하지 않은 상품에 대한 불매운동을 벌이자 시민들이 이를 대체로 수긍하고 협조할 만큼 미국노동자연맹은 일반 사회에 굳건히 뿌리를 내리는 데 성공했다. 1890년 19만 명에 불과했던 회원 수가 1901년 100만 명, 1914년에는 200만 명을 넘었다.

미국노동자연맹은 이전의 어떤 노동단체도 이루지 못했던 성공을 거두었다. 그 이면에는 노동자연맹의 평화적 투쟁전략과 목표가 사회적 공감을 얻었던 것이 가장 큰 이유였지만, 그에 못지않게 조합원들의 뛰어난 자질과 조직력이 큰 몫을 했다. 가입조건이 까다로운 만큼 조직에 가입한 조합원들의 단결력이 뛰어났으며, 이들에 대한 훈련도 아주 체계적이고 조직적으로 실시되었다. 1893년의 불황기에 고용주들의 맹렬한 공격에도 불구하고 노동자연맹이 살아남을 수 있었던 것도 다 이러한 조직력 덕분이었다.

노동자 기사단이나 미국노동자연맹의 예에서 알 수 있듯이, 미국 노동자들의 생각은 기본적으로 보수적이라고 할 수 있다. 파업과 시위는 어디까지나 최후의 수단일 뿐, 투쟁의 요체는 물리적 수단이 아닌 타협과 협상에 있는 것으로 인식되었다. 그 어떠한 투쟁도 계급타

파투쟁의 성격으로 발전하지 않았다. 이러한 보수성이 미국노동자연맹을 오늘날까지 살아남게 하고, 미국 경제가 급진적 노동운동으로 파탄에 이르는 것을 막은 원동력이 되었다고 할 수 있다.

　오늘날에도 미국노동자연맹은 성실한 미국 노동자들의 이익을 충실히 대변하면서 그들의 전폭적인 지지를 받고 있다. 이러한 지지를 바탕으로 정계에도 강력한 영향력을 확보하여 어느 누구도 무시할 수 없는 정치적 이익단체로 굳건히 자리를 잡았다.

루스벨트와 '공정한 대우'
-분배의 정의를 위한 경제개혁

산업혁명의 또 다른 부작용은 기업들 사이에서 발생했다. 몇몇 소수 거대기업이 시장을 장악하는 이른바 독점 현상이 그것이다. 무자비한 가격경쟁을 통해 대기업은 소기업들을 파산시키고 파산한 기업들을 다시 합병해 몸집은 더욱 비대해졌다. 기업 합병은 보통 '트러스트'라는 방법을 통해 이루어졌는데, 이는 개별 기업의 소유권은 그대로 남겨두는 대신 경영권을 하나로 통합하는 기업조직 형태를 말한다. 1879년에 설립된 존 록펠러의 스탠더드 석유회사가 트러스트를 통한 기업 합병의 대표적인 예다.

존 록펠러가 정유사업에 뛰어든 것은 1862년, 그의 나이 24세 때였다. 뛰어난 사업수완으로 그의 사업은 번창했고, 1870년에 다섯 개의 관련 회사를 사들여 스탠더드 석유회사를 설립했다. 그는 일단 공장들을 철도회사들이 모여 있는 지역으로 옮겼다. 철도회사들은 록펠러의 석유를 실어 나르는 대가로 10퍼센트의 리베이트를 지불했다. 이러한 이윤을 바탕으로 그는 다른 정유회사와 경쟁을 벌였다. 경쟁회사에 산업 스파이를 파견해 정보를 빼내고, 정치인을 매수하여 경쟁회사의 사업을 방해하고, 덤핑을 통해 경쟁회사의 숨통을 조였다. 이렇게 무자비한 경쟁을 통해 스탠더드 석유회사는 1879년에 미국 전체 정유 능력의 90퍼센트를 장악할 수 있었다.

록펠러는 자신이 소유한 40여 개의 회사를 통합해 최초의 근대적인 트러스트를 만들었다. 각 회사의 주식은 친척 등 그가 지명한 몇몇 사람만이 소유했다. 결과적으로 석유산업에서 경쟁이 사라졌고, 일단 경쟁이 사라지자 기업 경영은 그야말로 식은 죽 먹기였다. 스탠더드 석유회사는 마음대로 석유가격을 책정할 수 있었다. 막대한 이윤이 고스란히 록펠러의 수중으로 흘러들어갔다.

다른 대기업들도 곧 스탠더드 석유회사의 뒤를 따랐다. 매코믹 농기구회사, 아메리카 연초회사, 아메리카 제당회사 등이 같은 방법으로 시장을 장악했고, 위스키 · 소금 · 제과 · 전선사업 등에서도 유사한 현상이 벌어졌다. 정부도 이를 규제하기는커녕 세수 증대를 위해 은근히 장려하는 분위기였다. 그러나 독점의 피해는 생각보다 훨씬 크게, 그리고 빠르게 나타났다. 수많은 중소기업들이 도산하고 많은 사람들이 일자리를 잃고 거리로 내몰렸으며 물건 가격이 급등했다.

독점의 피해가 광범위하게 확산되면서 이에 저항하는 움직임이 도처에서 일어났다. 1884년 반독점 정당이 결성되고, 독점의 피해를 신랄하게 비판한 에드워드 벨러미의 소설 《뒤를 돌아보며(Looking Backward)》가 출간 첫 해에 100만 부가 판매되며 엄청난 사회적 반향을 불러일으켰다. 농민, 노동자 단체들도 독점방지 운동에 나섰다.

상황이 이쯤 되자 정부도 가만히 있을 수 없게 되었다. 의회는 1890년 셔먼 독점금지법을 통과시켰다. 셔먼 독점금지법은 트러스트나 다른 방법에 의한 기업합병을 불법으로 규정하고, 위반할 경우

5,000달러의 벌금과 1년의 징역형을 부과했다.

그러나 이 법의 시행에는 문제가 많았다. 무엇보다 이 법은 내용이 지극히 모호했고, 연방검사나 순회재판소에 집행을 전적으로 맡겼기 때문에 법이 효과적으로 시행되지 않았다. 기업들은 트러스트 대신 지주회사를 설립하는 방법으로 법망을 피해나갔다. 주식을 분산 소유하는 대신 하나의 지주회사가 나머지 회사들의 주식을 소유하고 실질적인 지배권을 행사하는 방식이었다. 연방법원이 다시 이를 불법으로 규정했으나 기업들이 법망을 피해가며 독점을 유지할 수 있는 방법은 얼마든지 있었다.

1890년대 들어 독점은 또 다른 방향으로 발전했다. 록펠러나 카네기 같은 기업가가 아니라, J.P. 모건, 어거스트 벨몬트 같은 금융가들이 독점의 주역으로 부상한 것이다. 금융 자본가들은 막강한 자금력을 바탕으로 자금난에 허덕이는 기업들을 사들여 회사의 경영권을 장악했다. 이런 방식으로 모건 소유의 미국 제철회사가 카네기 제철회사를 합병하여 10억 달러가 넘는 초대형 제철 왕국이 탄생했다. 바야흐로 미국 경제가 산업자본주의 시대에서 금융자본주의 시대로 넘어가는 순간이었다.

결국 셔먼 독점금지법에도 불구하고 독점 자본가들은 실질적으로 아무런 제재를 받지 않고 그들의 목적을 달성할 수 있었다. 마르크스의 예언대로 미국의 자본주의는 내부적 모순과 자기파괴의 위험한 길을 질주했고, 누구도 이를 제지하는 것이 불가능해 보였다.

19세기 말의 이 위험한 상황 속에서 윌리엄 매킨리 대통령이 1902년 9월 한 무정부주의자의 손에 암살당하고, 부통령인 시어도어 루

스벨트가 42세의 나이로 대통령
직을 이어받았다. 루스벨트는 취
임연설에서 경제적 악폐와 악습
을 제거하기 위해 연방정부가 더
욱 적극적으로 개입할 것임을 분
명히 했다. 이른바 '공정한 대우
(Square Deal)'로 명명된 그의 신
경제정책은 독점 규제, 중소기업
보호, 노동자·농민의 권익 신장
에 초점을 맞추고 있었다.

선거 유세 중인 루스벨트. 1903년 와이오밍 주
뉴캐슬.

　루스벨트는 곧 행동으로 '공정한 대우'를 실천해나가기 시작했다.
광산 노동자들의 파업에 소유주들이 광산 폐쇄로 맞서자, 군대를 동
원하는 초강경 수단으로 소유주들의 굴복을 얻어냈다. 용기 있는 지
도자라는 칭송이 그에게 쏟아졌다. 그는 1904년 국민의 지지를 등에
업고 선거에서 무난히 당선되었다.

　그의 '공정한 대우'는 더욱 힘을 얻게 되었다. 1903년 노동통상성
과 산하에 악덕기업의 활동을 조사·감시하는 기구가 설치되었다.
스탠더드 석유회사, 뒤퐁, 담배회사, 유수의 정육기업들이 그의 재임
기간 동안 독점 혐의로 기소되었다. 정부정책에 반기를 든 한 보험회
사는 아예 문을 닫게 만들었다. 이를 계기로 사람들은 그를 '독점 파
괴자'라고 부르기 시작했다. 노동자들과 중소기업가들에게는 영웅
이었지만 대기업가들에게 그는 자유시장의 적이었다.

　그러나 루스벨트의 독점 규제는 매우 신중하게 이루어졌다. 대통

령이 거대 독점기업들을 규제하는 데는 한계가 있었다. 독점 자본과 기업가들은 대통령도 마음대로 할 수 없을 만큼 경제적으로나 정치적으로 이미 거대한 권력으로 성장해 있었다. 루스벨트의 독점 사냥은 소리만 요란했지, 실제 사냥은 생각보다 많지 않았다.

그렇다고 하더라도 독점 기업들이 이전처럼 절대권력을 행사할 수는 없었다. 현실적으로 한계가 있었던 것은 사실이지만 '공정한 대우'는 기업활동과 시장경제에 대한 정부 개입의 정당성을 확립했다.

'공정한 대우'는 국가가 경제활동의 자유와 효율성 못지않게 경제분배의 정의를 중요한 가치로서 추구해야 한다는 미국 자본주의의 진보적 이상을 대변한 것이고, 미국식 수정자본주의의 이념적 토대를 확립했다는 점에서 역사적으로 매우 중요한 의미가 있다.

'아름다운 것은 검다'
– 유색인종지위향상협회(NAACP) 결성

1890년부터 제1차 세계대전까지 약 25년의 기간을 미국사에서는 '진보주의 시대(The Progressive Era)'로 부른다. 진보주의란 대체로 산업화가 야기한 사회문제를 정부가 나서서 해결하는 것으로, 서유럽의 사회민주주의와 비슷한 개념이라고 할 수 있다. 미성년자 노동금지법이 실시되고 전국에 걸쳐 여성 참정권이 확대된 것은 진보주의 시대의 대표적 업적에 속한다.

그러나 진보주의의 거센 물결에도 불구하고 전혀 진보하지 않고 남아 있는 사회문제가 있었다. 바로 흑인문제였다. 진보주의 시대에도 흑인들의 생활은 조금도 나아지지 않았고 남부에서는 오히려 상황이 더욱 악화되었다. 흑인들은 사소한 잘못에도 공공연히 구타당했고, 아이들은 학교에 가지 못했으며, KKK의 위협 때문에 투표장에 나갈 수도 없었다.

가장 진보적인 사람들조차 흑인에 대해서는 강한 편견을 가지고 있는 사람이 많았다. 예를 들어 이상주의자였던 윌슨 대통령은 흑인문제 해결을 위한 위원회를 만드는 것조차 거부했는데, 적어도 흑인문제에 관한 한 그는 전혀 진보론자가 아니었다. 여성 참정론자들이 여성의 투표권을 획득하기 위해 투쟁하는 과정에서도 흑인 여성 유권자들은 배제되었는데, 이유는 흑인 여성들의 지적 능력이 전반적으로 너무 떨어진다는 것이었다. 백인들의 이러한 태도는 당연히 흑인들을 실망시켰고, 흑인들은 자신들의 지위 향상을 위해서는 스스로 뭔가를 조직적으로 하지 않으면 안 된다는 것을 절실히 깨달았다.

흑인으로서는 최초로 하버드 대학에서 박사학위를 취득한 윌리엄 두 보이스는 이 시기 흑인 인권운동을 주도한 지도자들 가운데 한 사람이었다. 많은 흑인들이 투쟁을 포기하고 안일하게 백인의 하인으로 정주하는 상황에서, 그는 흑인도 백인처럼 스스로 사업이나 신문사, 대학 등을 운영하고 이를 통해 흑인으로서의 자긍심을 회복해야 한다고 생각했다. 이를 위해 그는 흑인이 백인에 맞서 좀더 적극적이고 직접적인 투쟁을 벌여야 한다고 믿었으며, 이 점에서 당시 또 한 명의 저명한 흑인 지도자였던 부커 워싱턴과 노선을 달리 했다. 워싱턴은 흑인들의 참정권 확대 등 정치적 차별 철폐를 위해 힘을 소모하기보다는 차라리 경제적 기반과 지위 향상에 주력해야 한다고 주장했다.

1905년 두 보이스와 다른 몇 명의 급진적 흑인 지도자들은 나이애가라 폭포에서 회합을 갖고 인종차별의 종식, 자유 투표권의 보장, 흑백의 동등한 법적 지위와 평등한 경제적 기회 보장 등을 담은 대정부 요구안을 발표했다. 이 나이애가라 회합을 계기로 흑인문제에 동정적인 일단의 백인 자유주의자들을 중심으로 유색인종지위향상협회(NAACP, National Association for the Advancement of Colored People)가 결성되었다. 협회 설립 초기에는 대부분의 지도자들이 백인이었고 흑인으로는 두 보이스가 거의 유일하게 임원으로 참여했다.

나이애가라 회합과 NAACP의 창설은 워싱턴에 의해서 주창되었던 온건론에 종지부를 찍었다. 특히 중요한 것은 인간으로서의 존엄성과 가치 회복을 위해 흑인들 스스로 체계적이고 이성적인 노력을 기울이기 시작했다는 것이다. 흑인들은 이제 백인에 의해 강요된 역사가 아닌 그들 자신의 역사를 공부하고, 흑인의 자랑스러운 유산과 흑인으로서의 정체성을 찾아나서기 시작했다. 1915년에는 카터 우드슨이

NAACP 결성의 모체가 된 나이애가라 회합의 지도자들. 나이애가라 폭포가 배경으로 되어 있지만 실제로는 스튜디오에서 촬영한 것이다. 두 번째 줄 오른쪽에서 두 번째에 두 보이스의 모습이 보인다.

흑인생활 및 역사연구회(Association for the Study of Negro Life and History)를 창설했고, 1년 후에는 〈흑인 역사(The Journal of Negro History)〉가 창간되어 미국 내 흑인 연구에 막대한 공헌을 했다.

이러한 노력이 당장은 효과를 나타내지 못했다. 그러나 흑인 스스로 자신들의 권리를 깨닫고 이를 힘있게 조직적으로 주장하기 시작했다는 점에 NAACP 결성의 역사적 중요성이 있는 것이다. 또한 비록 워싱턴 등의 태도에 대한 반발로 태동했다고는 하나 NAACP의 노선은 기본적으로 비폭력 온건주의였다. 바로 이러한 온건 노선 때문

에 NAACP가 오늘날까지 건재하면서 백인 사회에서 흑인 인권신장
에 지대한 공헌을 해왔다는 점을 주목해야 한다. 마틴 루터 킹, 제시
잭슨 같은 위대한 흑인 인권 지도자들이 모두 NAACP의 노선을 충실
히 따랐다. 물론 말콤 엑스는 무자비한 폭력을 주장하기도 했지만,
기본적으로 백인이 지배하는 미국 사회에서 이러한 급진론은 설자리
가 없었고, 앞으로도 이런 상황은 쉽게 변하지 않을 것이다.

제7장 제국주의 시대

해외 팽창주의의 시작 — 미·스페인 전쟁

역사가들은 1890년대에 미국의 외교노선이 전통적인 고립주의에서 팽창주의로 전환했다고 말한다. 당시 열강이 경쟁적으로 해외팽창정책을 추구하던 시대적 분위기도 있었고, 자본주의의 발전에 따라 원료와 상품시장을 해외에서 찾아야만 했던 이유도 있었다. 그러나 미국의 해외팽창정책은 좀더 간단하게 설명될 수 있다. 곧 서부로 진출하는 과정에서 축적된 엄청난 국가발전의 에너지가 신대륙 '최후의 변방'이 사라지면서 자연스럽게 바다 건너로 분출될 수밖에 없었다는 것이다. 이러한 관점에서 본다면 미국의 해외 팽창주의는 1890년 훨씬 이전부터 시작되고 있었다고 해야 할 것이다.

이미 1823년에 먼로 대통령은 이른바 '먼로 독트린'을 통해 중남미가 미국의 영향권에 있음을 내외에 선언한 바가 있었다. 당시에는 모두가 대수롭지 않게 생각했지만, 이것이 현실이 되는 데는 몇십 년밖에 걸리지 않았다. 남북간 내전으로 미국이 정신이 없는 틈을 노려 멕시코를 보호령으로 만들었던 프랑스는 종전 후 먼로주의를 들먹이며 철수를 요구하는 미국의 위세에 눌려 1867년 서둘러 멕시코를 떠날 수밖에 없었다. 그해 미국은 알래스카를 720만 달러라는 '거금'

을 주고 러시아로부터 사들였다. 또한 미국은 이미 1840년대부터 하와이에 대한 배타적 영향력을 행사하고 있었는데, 1890년에 사소한 일을 트집 잡아 아예 자국의 영토로 병합해버리고 말았다. 여기까지는 사실 별다른 문제가 없었다고 볼 수 있다. 문제는 먼로주의를 기치로 미국이 중남미의 진출을 본격화하면서 시작되었다.

그 최초의 무대는 쿠바였다. 당시 쿠바는 스페인의 속령이었는데, 이는 시대착오적인 면이 없지 않았다(적어도 대부분의 미국인은 그렇게 생각했다). 16~17세기에 아메리카 대륙을 정복한 국가들은 스페인을 제외하고는 모두 축출되거나 철수한 상태였다. 더구나 쿠바에 대한 미국의 자본투자는 1898년 이미 5,000만 달러를 넘었고, 쿠바는 적어도 매년 1억 달러 이상을 미국에 수출하고 있었다. 경제적으로 이미 쿠바는 미국의 영향력 아래 있었던 것이다.

그러나 쿠바는 미국이 아니라 스페인에서 거의 모든 물건들을 수입하도록 강요받고 있었다. 대서양을 건너가, 그것도 비싸게 물건을 사와야만 했던 쿠바 사람들은 당연히 불만이었고, 이것은 미국 상인들도 마찬가지였다. 때문에 미국인들과 쿠바 인들이 결속하게 된 것은 필연적이었다. 미국은 쿠바의 반정부 단체가 미국 본토에 혁명본부를 설치하도록 허락했으며 이들에게 국제법상 전쟁단체의 지위를 부여했다.

마침내 기회가 왔다. 1895년에 쿠바에서 무력사태가 발생한 것이다. 사건의 발단은 미국이 쿠바와의 무역 불균형에 불만을 품고 쿠바산 설탕에 대한 무관세정책을 철폐한 데서 비롯되었다. 미국으로의 수출길이 막힌 농장주들은 시장에서의 가격보전을 위해 노동자들의

루스벨트와 그의 특공대원들. 이 전쟁에서 승리한 공로로 그는 대통령에 당선되었다.

임금을 형편없이 삭감했고 이를 견디다 못한 노동자들은 결국 혁명에서 살 길을 찾게 된 것이다.

그런데 혁명진압 과정에서 스페인 군대가 저지른 잔혹행위 때문에 문제가 더 복잡하게 얽히고 말았다. 스페인 군대는 혁명 가담자들을 무차별로 잡아 가두고 적법 절차 없이 처형했다. 한 강제수용소에서는 엄청난 수의 수감자들을 무차별 학살하는 만행이 저질러지기도 했다. 미국의 극우 신문들은 연일 스페인의 만행을 대대적으로 규탄하고 정부에 스페인과의 전쟁을 촉구하고 나섰다.

미국의 매킨리 대통령은 전쟁 대신 정상적인 외교 채널을 통해 문제를 해결하려 했다. 때마침 스페인에서도 자유주의자 사가스타가 정권을 잡게 되자, 사람들은 쿠바 문제가 평화적으로 해결될 것으로 낙관했다. 그런데 전혀 뜻하지 않게, 미국인 보호를 위해 쿠바 근해에 파견되었던 미 해군 순양함 메인 호가 1898년 2월 원인 모를 사고로 폭발하여 승무원 260명이 사망하는 사고가 발생했다.

미국 여론은 스페인을 의심하는 쪽으로 흘러갔고 정부 내에서도 개전론자들이 한껏 목소리를 높이기 시작했다. 〈뉴욕 저널〉 같은 극우 신문은 말할 것도 없고 금융가, 기업가, 그리고 시어도어 루스벨트 같은 저명한 정치가들도 주전론으로 기울어지고 있었다. 평화주의자 매킨리도 비등하는 여론 앞에서 어쩔 수 없이 강경론으로 돌아섰다.

1898년 4월 20일 미국 의회는 마침내 스페인에 전쟁을 선포했다. 4일 후 스페인도 선전포고로 맞서 양국간에 전쟁이 시작되었다.

　스페인은 파스쿠알 세르베라 제독이 이끄는 강력한 함대를 연안에 배치하고 미 함대의 공격에 대비하고 있었다. 공격이 여의치 않자 미 해군은 쿠바 해안을 봉쇄하여 스페인 함대를 고립시킨 후 돌격대를 침투시키는 작전을 짰다. 해군성 차관직을 사임하고 전쟁에 자원한 시어도어 루스벨트 대령이 이끄는 특공대가 산티아고에 상륙하여 방어군의 후방을 기습했다. 함대를 방어하던 외곽부대가 무너지면서 전투는 싱겁게 끝나고 말았다. 세르베라 제독의 맹렬한 저항에도 불구하고 막강한 미 해군은 단 몇 명의 전사자를 기록한 채 일방적인 승리를 거두었다. 미국의 군사력은 이미 스페인 정도는 상대가 되지 않았다. 어느 비평가의 말대로 미국의 입장에서 이는 하나의 '소풍 같은 전쟁'이었다.

　오히려 군인들이 맞서 싸워야 했던 가장 큰 적은 스페인이 아니라 말라리아와 황열병이었다. 이 전쟁에서 미군 전사자는 5,600여 명이었는데 겨우 450여 명만이 전투에서 목숨을 잃었고 나머지는 병사였다. 따라서 전쟁의 진정한 영웅은 루스벨트와 그의 특공대가 아니라 말라리아와 황열병이 모기에 의해 전염된다는 것을 발견한 월터 리드 박사였다. 그의 지시에 따라 모기 서식지인 야영지 주변 습지들을 메워 모기의 번식을 막았고 이로써 수많은 인명을 질병으로부터 구해낼 수 있었다.

　1898년 파리에서 스페인에 매우 가혹한 조건의 강화조약이 체결되었다. 이 조약의 결과로 스페인은 쿠바를 포기하고 푸에르토리코와 괌도 미국에 주었다. 또한 겨우 200만 달러에 필리핀을 미국에 넘겨주었다. 이것은 아메리카를 처음 발견한 스페인 제국의 종말과 신흥강국 미국의 등장을 전세계에 알린 매우 의미심장한 사건이었다.

'문은 누구에게나 열려야 한다'
— 문호개방주의와 극동 진출

19세기 후반 유럽 열강이 해외로 제국주의적 팽창에 골몰해 있을 때 미국은 아직도 서부 개척에 열을 올리고 있었다. 마침내 서부 개척이 완료되자 미국의 눈은 자연스럽게 해외를 향하게 되었다. 아프리카, 인도, 남아시아는 이미 열강의 차지였다. 유일하게 주인이 분명하지 않은 곳이 중국과 극동 지역이었고, 미국의 해외 진출도 자연히 이곳을 향하게 되었다.

사실 미국의 극동 진출은 이미 훨씬 전에 시작되었다. 중국과는 1844년에, 그리고 서양 국가로는 최초로 일본과 1854년에 수교 조약을 체결했다. 한국과도 1882년에 수교했는데, 이 역시 서양 국가로는 처음이었다. 그러나 유럽 열강들에 비해 미국의 극동 진출은 매우 소극적이었다. 주로 무역상들과 선교사들이 많이 진출해 있었고, 식민지 획득 같은 정치적 진출은 자제하는 입장이었다.

1890년대 들어 미국은 이러한 소극적 정책을 버리고 적극적인 극동 진출을 모색하기 시작했다. 그 계기는 스페인과의 전쟁이었다. 전쟁에서 이긴 대가로 필리핀을 얻게 되면서 미국은 극동 진출의 강력한 교두보를 확보했다. 미국이 가장 먼저 눈을 돌린 대상은 엄청난

시장 잠재력을 지닌 중국이었다. 일본은 근대화를 성공적으로 완수해 이미 강대국으로 발돋움했기 때문에 섣불리 넘볼 수 없었고, 한국은 너무 작고 가난해서 진출한다고 해도 별다른 실익이 없어 보였다.

그러나 열강들은 이미 중국을 여러 개의 '세력권(Spheres of Thfluence)'으로 나누어 자국의 세력권 내에 다른 나라가 경제적으로 침투하지 못하도록 하는 정책을 펴고 있었다. 미국이 스페인과의 전쟁을 통해 극동의 새로운 강자로 등장할 무렵 중국은 이미 세력권의 미명하에 유럽 열강과 일본의 실질적인 식민지로 전락해 있었다.

팽창주의자였던 매킨리 대통령은 열강의 세력권의 틈새를 비집고 극동에 진출하는 것이 용이치 않다는 것을 깨닫고, 열강과의 충돌을 최소화하면서 동시에 효율적인 진출방법을 모색했다. 이른바 '문호개방정책'은 이러한 고려에서 나온 것이다.

1898년 존 헤이 미 국무장관 명의로 열강에 전달된 문호개방정책은 중국이 개방한 22개 항구가 모든 국가에 공평히 개방되어야 할 것과 중국의 특정 국가들에 대한 특혜관세를 폐지할 것을 촉구하는 내용을 담고 있었다. 겉으로 보기에 문호개방정책은 공정한 자유주의적 국제경제질서를 주장한 것이었다. 그러나 이를 통해 미국이 중국 무역에 은근슬쩍 한 다리를 걸쳐보려는 의도를 가지고 있음을 의심하는 나라는 없었다.

각국은 미국의 이 같은 요구가 마땅치 않았지만 뚜렷이 반대할 명분도 없어 애매모호한 답변만을 미국에 보냈다. 러시아는 회답조차 하지 않았고 일본은 명백히 반대의 뜻을 밝혔다. 그러나 존 헤이 국무장관은 1900년 3월 열강이 그의 제안을 수용했다고 일방적으로 공표했다. 미국이 이처럼 당당하게 나올 수 있었던 것은 '문호개방'의 구호가 갖는 명분 외에 과거와 비교할 수 없을 만큼 강대해진 국력에 대한 자신감이 저변에 깔려 있었기 때문이다.

문호개방정책은 사실 명분처럼 제국주의를 반대하는 것은 아니었다. 다만 미국이 배제된 제국주의에 반대할 뿐이었다. 이 같은 해석은 1900년 발생한 의화단의 난에서 분명히 확인할 수 있다.

의화단의 난은 명백히 중국인들의 반제국주의 투쟁이었다. 폭동의 와중에 철도와 교회 등 서구화를 상징하는 시설물들이 파괴되었다. 반군은 북경을 점령하고 외국공관들을 포위한 채 외부와의 연락을 차단했다. 존 헤이 미 국무장관의 제의로 갇힌 외교관들을 구출하기 위해 2만 명의 연합토벌대가 급히 조직되었다. 연합군은 북경으로 진격하여 갇힌 외교관들을 구출했다. 반군의 피해에 대한 보상 명목으로 열강은 중국 정부에 3억 3,000만 달러를 요구했다. 이중 2,400만 달러는 미국의 몫이었다.

의화단 사건을 통해 미국은 자신도 중국 문제에 있어 중요한 이해당사자의 하나라는 것과 미국을 배제한 채 열강이 중국에서 이익을 독점하려 한다면 이를 용인하지 않겠다는 뜻을 분명히 했다. 의화단 사건이 해결되자 미국은 문호개방정책을 더욱 확대한 새로운 중국 정책을 열강에 제의했다. 중국의 항구적 안전과 평화달성 방안에 대한 공동조사활동, 중국의 독립, 국제법과 조약에 의해 보장된 열강의 대중국 권리보호 등이 주요 내용이었다.

존 헤이는 이러한 제안이 중국의 독립과 중국인의 이익보호에 목적이 있다고 주장했으나 이것은 구실에 불과했다. 중국을 열강의 조그마한 세력권으로 나누지 말고 중국 전체를 열강의 공동 세력권화하자는 것이 궁극적인 의도였다. 그러나 중국에 대한 열강의 제국주의적 침략을 반대한다는 명분을 담고 있었기 때문에 미국의 문호개방정책은 중국 정부의 환영을 받았다. 이러한 명분을 바탕으로 미국은 극동에서 효과적으로 외교적 목표를 달성할 수 있었다. 그러나 앞에서도 말했듯이 문호개방정책은 반제국주의 정책이 아니었다. 문호개방이라는 미명하에 미국은 중국에서 열강과 함께 경제적 침략에 열을 올렸고 조선에서는 미국의 필리핀 소유권을 일본이 인정해주는 대가로 일본의 한국 지배권을 인정했다(가쓰라-태프트 밀약).

이렇게 본다면 미국이 라틴 아메리카에서 주장한 '먼로주의'와 마찬가지로 '문호개방정책'은 국제무대에서 미국의 국익 추구를 지향하는 외교적 수사에 불과한 것이라고 말할 수 있다. 명분상으로는 열강의 침략으로부터 약소국을 보호한다는 것이지만 실질적으로는 자신에게도 동등한 권리를 달라는 요구였다.

먼로주의의 전통에 따라 미국은 지금도 중남미와 카리브 해 지역을 미국의 '뒤뜰'로 간주, 이곳에 어떤 적대적 세력이 들어서는 것도 용납하지 않겠다는 정책을 고수하고 있다.

모든 제국주의 세력이 물러간 극동에서 오직 미국만이 여전히 강

력한 외부 세력으로 남아 있는데, 역사적으로 볼 때 이는 문호개방정
책을 통해 미국이 이 지역에서 효과적으로 정치적 영향력을 유지할
수 있었던 것이 그 바탕이 되었다고 할 수 있다.

대서양과 태평양을 잇다 – 파나마 운하의 건설

전에도 생각이 없었던 것은 아니지만 스페인과의 전쟁을 치르면서 미국은 파나마를 가로지르는 운하의 필요성을 다시 한 번 통감하게 되었다. 전쟁이 터졌을 때 태평양에 떠 있던 미 순양함 오리건 호가 쿠바 해역에 투입되는 데 아메리카의 최남단인 케이프 혼을 우회하지 않을 수 없었는데, 그 거리가 무려 22만 4,000킬로미터였고, 전쟁 상황에서 이것은 정말 어처구니없는 시간 낭비였다. 앞으로 비슷한 사태에 대비하기 위해서라도 운하의 건설은 절대 필요한 일이었다. 그런데 파나마를 가로지르는 운하를 건설하기 위해서는 세 가지 장애물을 넘어야만 했다. 영국, 콜롬비아, 그리고 자연이었다.

파나마 운하는 사실 영국에 의해 먼저 구상되었다. 영국의 의도를 수상히 여긴 미국은 중앙 아메리카를 가로지르는 운하를 건설하기 위해서는 사전에 양국의 합의가 있어야 하며 건설된 운하를 군사 요새화할 수 없다는 내용의 협약을 1850년 영국과 체결했다. 이것은 영국의 손을 묶어두기 위한 것이었는데, 이제는 그 수갑이 미국의 손을 묶고 있는 셈이었다. 다행히 영국은 당시 남아프리카에서 힘겨운 전쟁을 치르고 있었고 수갑을 풀어주는 대가로 미국을 자기 편으로 끌어들이고자 했다. 전쟁에서 한 발 물러나 있었던 미국으로서는 이러한 영국의 제안을 거절할 이유가 없었다. 그래서 미국이 독자적으로 운하를 건설하는 대신 건설된 운하는 모든 나라에 동등하게 개방한다는 협약이 1901년 영·미 간에 체결되었다. 나아가 이를 미국이 군사 요새화하는 것도 허용되었다.

일단 영국이라는 산은 넘었으나 다음은 운하 예정지의 진짜 주인인 콜롬비아가 장애물로 다가왔다. 콜롬비아는 수에즈 운하 건설의 영웅 페르디난드 레셉스에게 파나마 운하 건설의 독점권을 이미 넘겨준 상태였다. 레셉스는 1880년대에 운하 건설에 뛰어들었으나 거친 지형과 말라리아 때문에 실패하고 말았다. 그 후 1890년에 새로운 프랑스 건설회사가 사업권을 승계했으나 이 회사는 계속해서 건설을 추진할 마음이 없었고 단지 운하 건설권을 미국에 파는 것이 유일한 희망이었다.

이 회사가 미국에 요구한 가격은 1억 1,000만 달러라는 당시로서는 천문학적인 액수였다. 너무 비싼 가격 때문에 미국은 파나마가 아닌 니카라과를 가로질러 운하를 건설하는 대안을 고려했다. 다급해진 프랑스 회사는 4,000만 달러만 주면 권리를 넘겨주겠다고 제안했다. 이를 어느 정도 합리적인 값으로 여긴 미국 정부는 이 계약을 콜롬비아가 승인하는 조건으로 계약서에 서명했다. 미국은 바로 콜롬비아와 협상에 들어갔다. 미국은 운하 관리를 위해 운하 양쪽으로 10킬로미터 폭의 땅을 요구했고 그 대신 1,000만 달러의 보상금과 임대료로 매년 25만 달러를 지불하겠다는 제안을 내놓았다. 협상단이 이를 받아들여 가계약이 체결되었으나 콜롬비아 의회가 이를 승인하지 않았

| 파나마 운하 건설 장면. 7년에 걸친 대역사였다. |

다. 그 이유는 프랑스와 콜롬비아 간의 계약기간이 1904년으로 만기가 다가오고 있었기 때문이었다. 콜롬비아의 입장에서는 1904년까지 기다렸다가 미국과 다시 협상을 하는 것이 훨씬 유리했다. 루스벨트는 화가 났으나 이 난국을 뚫고 나갈 마땅한 수단이 없었다.

그러나 콜롬비아의 불안한 국내 정세가 미국에 절호의 기회를 가져다주었다. 독재정치에 반발, 1903년 파나마 지역에서 무력 반란이 일어난 것이다. 혁명의 지도자 부나우 바릴라는 미국에 달려와 파나마의 독립을 위해 힘써준다면 미국이 이곳에 운하를 건설하는 데 아무런 문제가 없을 것이라고 말했다.

미국은 군대를 동원하여 콜롬비아군의 파나마 상륙을 막아줌으로써 약속을 지켰다. 혁명은 성공했고 미국은 즉각적으로 파나마의 독립을 승인했다. 초대 주미대사로 파견된 부나우 바릴라와 미 정부 간에 전보다 훨씬 좋은 조건의 운하건설 조약이 체결되었다. 값은 전과 같이 1,000만 달러로 하되 미국에 할양될 땅이 폭 10킬로미터에서 15킬로미터로 늘었다. 아직 독점권을 보유하고 있는 프랑스 회사에도 전과 같이 4,000만 달러가 지급되었다. 콜롬비아는 20년이 지난 후에 겨우 2,500만 달러를 받고 파나마의 독립을 승인했다. 훗날 루스벨트는 회고록에서 "부나우 바릴라가 은쟁반에 운하를 담아 왔기에 그저 받았을 뿐"이라고 말했다.

이제 남은 장애물은 자연이었다. 그러나 정치적인 문제들에 비하면 이것은 아무것도 아니었다. 운하건설 공사는 1907년에서 1914년까지 7년의 기간과 3억 4,000만 달러의 자금이 소요되었다. 유례 없이 어려운 공사였고 수많은 희생자가 발생했으나 기술자들은 불굴의 의지로 자연의 장애물을 극복해나갔다. 그러나 스페인과의 전쟁 중에 말라리아의 효과적 퇴치법이 발견되지 않았더라면 레셉스와 마찬가지로 미국의 노력도 실패로 돌아갔을 것이다.

건설된 운하는 약속대로 모든 나라의 배들이 접근 가능했다. 그러나 미국 이외의 어떤 나라도 이를 군사적 목적으로 이용할 수는 없었다. 미국은 운하 주위에 견고한 요새를 쌓고 운하의 방위를 위해 1917년 덴마크로부터 2,500만 달러에 버진 아일랜드를 사들였다. 만약의 경우에 대비, 니카라과에 새로운 운하 부지를 확보해두고 폰세카 만에 해군기지를 건설했다.

오늘날 미국에 있어 파나마 운하의 전략적 중요성은 새삼 강조할 필요조차 없다. 그러나 파나마와의 운하 임대계약이 곧 만료되기 때문에 벌써부터 이 문제를 두고 미국과 파나마 사이에 미묘한 외교적 마찰이 일고 있다. 카터 행정부 시절 양국은 운하를 점진적으로 파나마에 인도하는 협정에 서명한 바 있다. 그렇지만 운하가 파나마에 인도된 후에도 미국은 모든 수단을 동원해 이 운하에 대한 실질적 지배권을 확보하려 할 것이고, 이 과정에서 미국의 외교는 상당한 어려움에 직면하게 될 것이다.

멕시코 내정 간섭

1913년의 미국 대통령 선거는 민주당 후보 우드로 윌슨의 승리로 막을 내렸다. 그의 당선은 순전히 공화당의 내분 때문이었다. 현직 대통령 윌리엄 태프트가 다시 공화당 후보로 선출되자 경쟁자였던 전직 대통령 시어도어 루스벨트가 신당을 만들어 선거에 뛰어들었던 것이다. 자연히 공화당의 표는 분산되었고 민주당 후보 우드로 윌슨이 어부지리로 대통령에 당선되었다.

윌슨은 대학의 정치학 교수 출신답게 진보적 이상주의자였다. 대통령에 취임하자마자 그는 중남미 독재정권들에 새로운 인권외교정책을 펴나가겠다고 언명했다. 첫 시험대가 멕시코였다. 멕시코에서는 1911년 혁명이 일어나 대지주와 외국 자본가의 이익을 대변하던 독재자 포르피리오 디아스가 실각하고 이상주의자 프란시스코 마데로가 정권을 잡았다. 그러나 이 혁명은 단지 앞으로 벌어질 혼란의 전주곡에 불과했다. 혁명이 성공하고 얼마 지나지 않아 프란시스코 마데로는 빅토리아노 우에르타가 이끄는 반대세력에 암살당하고, 권력은 다시 독재자의 손에 넘어갔다. 유럽 열강은 주로 경제적 이익 때문에 우에르타 정권을 재빨리 승인했고, 미국 자본가들도 윌슨이 우에르타 정권을 승인하기를 원했다. 그러나 윌슨은 '백정 집단' 우에르타 정부를 인정하기를 거부했다. 이것은 토머스 제퍼슨 이래로 미국 외교의 관례로 굳어진, 합법성 여부를 떠나 실질적으로 통치하는 정권을 인정하는 정책의 수정을 의미했다.

윌슨은 여기에서 한 걸음 더 나아가 군대를 동원하여 멕시코 해안을 봉쇄하고 반정부 지도자인 판초 비야를 공개적으로 지원하고 나섰다. 그는 멕시코의 내전상황에 대해 미국은 다만 '지켜보며 기다릴 뿐'이라고 말했으나 미국이 반정부세력을 지원하고 있다는 것은 공공연한 비밀이었다.

마침내 미국의 '지켜보며 기다리는' 정책은 1914년 보다 직접적인 개입정책으로 돌아섰다. 1914년 우에르타 정부가 정당한 이유 없이 일단의 미국 선원들을 구속하자 미국 해군은 즉시 멕시코의 베라크루스 항을 공격했다. 우에르타는 유럽 열강의 원조를 기대했으나 미국과 일전을 각오하고 그를 지원해줄 나라는 없었다. 결국 우에르타는 국외로 망명하고 온건주의자 카란사가 그를 대신해 대통령에 취임했다. 그런데 졸지에 갈 곳이 없어진 판초 비야가 말썽을 부리기 시작했다. 비야는 미국의 무력 개입을 끌어내기 위해 멕시코와 미국에서 미국인들을 무차별 살해하는 만행을 저질렀다.

국내 여론에 밀린 윌슨 대통령은 비야를 체포한다는 명목으로 국경을 넘어 군대를 멕시코에 파견했다. 멕시코의 입장에서 이는 명백히 주권침해이며 전쟁선포와도 같은 것이었다. 그러나 멕시코는 미국의 이러한 불법행위를 저지할 방법이 없었다. 윌슨 역시 카란사 정부를 다시 무너뜨릴 의사는 없었기 때문에 비야를 추적하는 외에 전투행위를 더 이상 확대하지 않았다. 그러나 두 나라의 불안한 전쟁의 위기는 계속되었다.

이 위기를 해소해준 것이 제1차 세계대전의 발발이었다. 세계대전이 일어나자 미국은 더 이상 멕시코 문제에 매달려 국력을 소모할 여유가 없었다. 윌슨은 서둘러 카란사 정부를 승인하고 군대를 철수시켰다. 독립을 이룩한 멕시코 정부는 새로운 헌법을 채택하고 이 헌법에 따라 외국회사들의 불법재산을 몰수하여 이를 농민들에게 나누어 주었다.

미국의 멕시코 간섭은 중미 지역에 적대 정부를 허용하지 않겠다는 미국의 정책이 구체화된 최초의 사례라고 할 수 있다. 비록 인권 외교의 명분을 들고 나오기는 했지만 미국의 강압적 정책은 멕시코뿐 아니라 중남미 전체의 반미감정을 자극하는 결과를 낳았다. 그렇지만 강대국 미국에 맞서 중남미 국가들이 할 수 있는 일은 별로 없었다. 반면 윌슨 정부의 신중한 행동으로 미국의 간섭이 전면전으로 확대되지는 않았으며, 이는 결국 멕시코에 민주정부가 들어서는 밑거름이 되었다.

'세계 민주주의와 평화를 위해'
─ 제1차 세계대전 참전

열강 사이에 불안한 세력균형이 유지되던 유럽 대륙은 1914년 중대한 위기에 직면한다. 보스니아 사라예보에서 오스트리아-헝가리 제국의 황태자가 한 세르비아 인 청년에게 암살되는 사건이 벌어져 오스트리아와 세르비아 간에 전쟁이 터졌다. 곧이어 이들 두 나라와 동맹관계로 얽혀 있던 러시아·프랑스·영국·독일·이탈리아 등 모든 강대국들이 전쟁에 뛰어들었고, 전쟁은 유럽 대륙 전체를 무대로 한 대전으로 확대되었다. 결국 제1차 세계대전이 시작된 것이다.

유럽에서 대전이 발발하자 미국 대통령 윌슨은 '사고와 행동에 있어 미국은 엄정한 중립을 지킬 것'이라고 선언했다. 도덕적이고 평화적인 미국이 열강의 이전투구에 끼어드는 것은 스스로의 명예를 더럽힌다는 것이 그 이유였다. 그러나 앞에서 보았듯이 미국은 19세기 말 이래로 문호개방정책이라는 이름 아래 식민지 쟁탈전에 가담하고 있었다. 고립주의라는 대외정책의 원칙은 이름뿐이었다.

제1차 세계대전 초기에 미국이 개입하지 않았던 것은 전쟁에 개입함으로써 전쟁의 피해가 자국에 돌아오는 것을 꺼렸기 때문이다. 더구나 미국은 중립을 내세우면서도 순수 무역거래라는 핑계로 연합국

제1차 세계대전 참전 군인들이 뉴욕 5번가를 행진하고 있다.

측에 막대한 양의 전쟁물자를 공급하고 있었다. 독일이 미국의 이러한 이중적인 태도를 달가워하지 않은 것은 당연했다.

미국의 중립정책은 1915년 5월 루시타니아 호 격침사건으로 중대한 기로에 세게 되었다. 당시 독일은 영국을 고립시키기 위해 잠수함으로 영국의 해안을 봉쇄하는 작전을 벌이고 있었다.

이런 와중에 미국의 상선들이 공해상에서 독일 잠수함의 공격을 받는 일이 자주 벌어지고 급기야는 영국의 호화 여객선 루시타니아 호가 1915년 5월 아일랜드 근해에서 독일 잠수함에 격침되는 대사건이 벌어졌다. 이 사고로 미국인 128명을 비롯해 승객 1,100명이 목숨을 잃었다. 이 사건으로 미국에서는 참전 여론이 고조되었으나 윌슨은 어떻게든지 외교적으로 이 문제를 해결하여 미국이 대전에 직접 개입하는 것만은 피하고자 했다. 다행히 독일이 이를 사과하고 사건 재발 방지를 위해 노력하겠다는 입장을 밝힘으로써 가까스로 위기를 넘겼다.

전쟁이 3년째로 접어든 1916년, 윌슨은 민주당 후보로 재차 대통령에 출마해 무난히 당선되었다. 선거유세에서 그는 대내적 혁신정치의 계속과 대외적 중립을 공약으로 내걸었다. 취임 후 첫 의회연설을 통해 윌슨은 '승리 없는 평화(Peace without victory)'를 외치며 전쟁의 조속한 종결을 촉구했다. 승자에 의해 강요된 평화는 항구성이 없고 또 다른 전쟁의 씨앗이 될 뿐이며, 모든 분쟁은 전쟁 당사자가 아닌 모든 국가의 협의에 의해 평화적으로 해결해야 한다는 것이 그의 지론이었다. 후일 파리 강화회의에서 그는 '승리 없는 평화'를 보다 구체화한 '14개 원칙'을 주장했다.

그러나 윌슨의 이러한 평화 노력도 1917년 2월 1일 독일이 발표한 무제한 잠수함 작전으로 물거품이 되고 말았다. 연합국측에 군사물자를 실어 나르는 것으로 의심되는 모든 선박을 사전경고 없이 잠수함으로 격침하겠다는 것이었다. 이것은 미국의 참전을 부를 위험이 있었지만 독일은 미국이 참전하기 전에, 또는 참전한다 하더라도 미군 주력부대가 도착하기 전에 전쟁을 끝낼 수 있을 것으로 생각했다. 윌슨은 이를 독일의 직접적 도전으로 간주하여, 즉시 독일과의 외교관계를 단절했다.

전쟁의 위험이 급박하게 고조되어갔다. 2월 하순에는 이른바 '짐머만 문서'라는 것이 세상에 알려져 또 한 번 엄청난 파장을 몰고 왔다. 짐머만 독일 외상이 멕시코 정부에 전달한 이 비밀문서에서 독일은 미국이 참전할 경우 멕시코가 독일편에 가담해준다면 그 대가로 미국령 텍사스, 뉴멕시코, 애리조나를 넘겨주겠다고 제의했다. 문서의 진위 여부를 떠나 미국에서는 반독 참전 여론이 비등했다. 더욱 결정적인 것은 1917년 3월에 발생한 러시아 혁명이었다. 러시아 혁명정부는 즉시 '제국주의 국가들의 전쟁'을 끝내기로 결정했고 독일은 서부전선에 공격을 집중할 수 있었다. 이렇게 되면 독일의 승리는 시간문제였고, 이것은 미국의 국익상 도저히 용납될 수 없는 일이었다.

드디어 윌슨 대통령은 4월 2일 의회에 참전 승인을 요청했다. 교서에서 그는 "민주주의 수호와 세계의 항구적 평화를 위해" 미국의 참전이 불가피하다는 것과, 이 전쟁이 "지구상의 모든 전쟁을 종식시키는 최후의 전쟁이 될 것"이라고 말했다. 4월 6일 의회가 만장일치로 대통령의 요청을 승인함으로써 미국은 드디어 세계대전에 뛰어들게 되었다.

강대국 미국의 잠재력은 엄청났다. 초기에는 독일의 무제한 잠수함 작전이 위력을 발휘해 미국의 참전에도 불구하고 전황은 독일에게 유리하게 전개되었다. 그해 10월에는 러시아에서 또다시 혁명이 발생, 혁명정부와 독일이 브레스트-리토프스크에서 강화조약을 체결했다. 동부전선에 묶여 있던 수십만 독일군이 서부전선에 추가로 투입되어 연합군에 대한 대대적 공세를 가하기 시작했다.

그러나 미국이 전시체제로의 전환을 완료한 1918년에 이르러 전세는 서서히 역전되기 시작했다. 그해 3월부터 7월에 걸쳐 독일은 파리 함락을 목표로 네 차례의 대공세를 감행했으나 연합군의 완강한 저항에 막혀 뜻을 이루지 못했다. 이제는 연합군이 공세로 나설 차례였다. 엄청난 희생을 치른 끝에 그해 9월 독일이 최후의 방어선으로 설정한 힌덴부르크 방어선이 돌파되었다. 독일군은 걷잡을 수 없이 무너져 패주를 거듭했고 독일 황제는 11월 2일 국경을 넘어 네덜란드로 피신했다. 이틀 후 독일이 연합국의 휴전제의를 받아들임으로써 4년간의 대전이 끝났다.

미국의 참전이 없었더라면 제1차 세계대전은 아마 독일의 승리로 막을 내렸을 것이다. 그러나 미국의 참전이 의미하는 바는 단순히 이로써 연합국측이 승리했다는 사실에 한정되는 것이 아니고 미국이 명실상부한 최강대국임을 만방에 선포한 데 있다. 이는 곧 오랫동안 계속되어온 유럽의 시대가 종말을 고하고 미국이 세계 정치의 중심에 서게 되었음을 알리는 역사적 사건이었다.

제8장 20년의 위기

전후의 번영

전쟁은 모든 것을 파괴하지만 동시에 창조와 발전의 동력을 만들어내기도 한다. 미국의 역사를 볼 때 큰 규모의 전쟁 뒤에는 어김없이 국가 발전과 번영의 시기가 찾아왔다. 제1차 세계대전의 경우도 마찬가지였다. 처음으로 열강들의 싸움에 끼어들어 승리를 거둔 미국의 위세는 하늘을 찌를 듯했다. 전쟁 중 고양된 애국심, 수많은 발명품, 기업의 새로운 경영기법 등이 전후 미국 경제의 유례 없는 발전을 가져왔다.

여기에 정부의 친기업적인 정책도 한몫을 했다. 1920년 대통령에 당선된 워런 하딩과, 그의 급작스런 서거로 대통령직을 물려받은 캘빈 쿨리지는 그렇게 능력 있는 인물들은 아니었다. 그러나 이들이 집권하는 동안 미국은 자본가와 부자들의 천국으로 변했다.

쿨리지는 당시 세계적 갑부이면서 재무장관직을 맡고 있던 앤드루 멜론의 건의를 받아들여 기업과 고소득 개인들에 대한 세금을 50퍼센트 이상 인하했다. 부자들에게 높은 세금을 부과하면 기업의 투자의욕을 감소시켜 국가경제에 부정적 영향을 미친다는 것이 이유였다.

아무튼 정부의 친기업적인 정책에 힘입어 전후 미국 경제는 발전의 비약적 전기를 맞이했다. 이 시기 미국의 경제발전을 주도한 것은 자동차, 화학, 그리고 전기산업이었다.

1920년대 포드 자동차 생산 라인. 이때 이미 자동차는 일부 계층만의 사치품이 아니었다.

그중에서도 자동차 산업의 발전은 눈부신 데가 있었다. 흔히 '빅 스리Big Three', 곧 '3대 거인'으로 불린 포드, 제너럴모터스, 크라이슬러 등 3대 자동차 회사가 매출규모나 순이익 면에서 미국 내 다른 기업들을 압도했다. 자동차 생산 라인에서는 몇 분에 한 대씩 완성된 자동차가 쏟아졌다. 자동차 대수는 1920년에 이미 200만 대를 넘어섰고 1925년에는 무려 500만 대로 늘었다. 1920년대 말에 이르러 미국 사람들은 5인당 한 대 꼴로 자동차를 소유하고 있었다. 자동차 산업의 발전은 철강, 판유리, 고무, 니켈, 알루미늄 등 관련 산업 분야의 성장을 유발했다. 1926년 통계를 보면 미국 전체 산업생산의 12.7퍼센트가 자동차 산업에 투입되고 있었다. 고무제품의 경우는 그 비율이 무려 85퍼센트에 달했다.

도로건설과 관련된 토목사업, 석유사업, 화학과 전기사업의 성장도 눈에 띄었다. 1920년대 미국은 세계 총 산유량의 70퍼센트를 생산하는 세계 최대 산유국이었다. 전기산업의 생산규모는 1910년 17억 달러에 불과했으나 1920년에는 81억 달러로 급증했고, 화학산업도 전쟁 이전에 비해 두 배 가까이 성장했다.

라디오와 영화가 본격적으로 등장한 것도 이 시기였다. 라디오가 급속히 보급되면서 NBC, CBS를 비롯한 수백 개의 라디오 방송국이 전국에 설립되었다. 캘리포니아의 할리우드는 찰리 채플린으로 상징되는 무성영화 시대의 명작들을 만들면서 일약 세계 영화산업의 중심으로 떠올랐다.

이 같은 경제성장의 결과 국내 총생산은 1921년 820억 달러에서 1929년에는 1,040억 달러로 늘었으며, 같은 기간 중 1인당 국민소득 역시 570달러에서 850달러로 늘었다. 이 기간 미국의 전반적 생활수준은 전세계 어느 나라보다도 풍요로웠다. 전쟁 전만 해도 자동차는 중상류계급의 여가선용을 위한 사치품에 불과했으나, 1929년에는 평균 한 가구당 한 대 꼴로 자동차가 보급되어 자동차가 생활의 필수품으로 자리잡았다. 이즈음 처음 선보인 라디오도 1930년에 이르러 미국 전 가정의 40퍼센트까지 보급이 확대되었다.

이 시기에는 경제발전과 더불어 기업운영과 체제에 있어서도 중대한 변화가 있었다. 주식시장을 통한 주식의 분산, 소유와 경영의 분리 현상이 보편화되었다. 사주나 대주주가 아닌 전문경영인들이 실질적으로 기업을 이끌었고, 주식 배당금을 늘려 받기를 원하는 주주들과 배당금을 신규투자로 돌리려는 경영자들 사이에서 회사경영을 둘러싼 마찰이 심심찮게 일어났다.

그러나 경제성장이 모든 면에서 좋은 결과만을 가져온 것은 아니었다. 가장 심각한 것은 빈부격차의 심화였다. 1920년대 절정을 이룬 자유시장경쟁의 경제정책은 경제성장의 과실이 기업가와 일부 부유층에 주로 돌아가도록 함으로써 부익부 빈익빈 현상을 낳았다. 연수입이 최저생계비인 1,500달러에 미치지 못하는 가구 수가 전체의 40퍼센트나 되었다. 반면 소득면에서 비교적 안정된 생활을 누릴 수 있었던 가구는 전체의 30퍼센트 정도에 불과했다.

부품 표준화와 공장 자동화, 분업에 의한 조립 라인의 일련 공정화 등으로 기업가들은 물건을 보다 싼값에 대규모로 생산할 수 있었지만, 노동자들은 단순작업을 되풀이하는 '기계'로 전락했고 그나마도 기계에 밀려 많은 사람들이 일자리를 잃었다. 모든 분야에 대량생산 체제를 갖춘 거대기업이 들어서면서 소규모 자영업자들도 파산을 면할 도리가 없었다. 1920년대 말에 이르러 산업성장의 그늘진 구석에는 구조를 갈망하는 거대한 실업자군이 늘어갔다.

빈부격차가 심화되고 실업자들이 늘어나면서 당연히 사회적 구매력은 급속히 저하되었다. 대량생산으로 상점마다 물건은 넘쳐나는데 구경꾼들은 이를 살 만한 경제적 여유가 없었다. 마르크스가 예언한 것처럼 과잉생산과 유효수요 부족이라는 자본주의의 병폐가 현실로 나타난 것이다.

모든 사람들이 경제성장과 풍요의 환상에 젖어 있을 때 미국의 경제는 조용히 파국을 향해 나아가고 있었다.

'악의 꽃' – 대공황

　자본주의 경제의 특성상 경기변동은 자연스러운 현상이라고 할 수 있다. 그러나 1929년 미국을 강타한 경제공황은 단순히 과잉생산으로 인한 공업공황뿐만 아니라 농업공황, 금융공황, 자본주의의 근본을 흔드는 통화공황에 이르기까지 광범위하고 장기적이었다는 점에서 대공황이라고 불린다.

　미국은 1920년을 전후하여 전쟁의 후유증으로 잠깐의 경기침체를 경험했지만 엄청난 자원과 기술력을 바탕으로 경제성장 정책을 추진, 불과 수년 만에 세계 경제의 중심으로 자리를 잡았다. 전쟁으로 온 국토가 파괴된 서유럽 국가들은 이미 미국의 경쟁상대가 아니었다. 국내적으로 1922년부터 신흥공업과 새로운 생산기술의 급격한 발달이 이루어졌고, 산업 전반에 걸친 기계화, 기업조직의 거대화, 새로운 기업경영 방식의 도입, 그리고 신용제도의 정비로 미국 자본주의 경제는 비약적으로 발전했다. 1927년에 이르러 미국 경제는 사상 최대의 호황을 맞는다.

　하지만 이러한 번영에도 불구하고 미국 경제는 구조적으로 심각한 문제점들을 드러내기 시작했다. 가장 심각한 것이 계층간 소득의 불균등 분배였다. 경제성장의 과실이 일부 계층에만 국한되어 국민의 5퍼센트에 해당하는 상류 부유층이 소득의 3분의 1을 차지했다. 대다수 국민의 구매력은 별로 늘어나지 않았고, 이에 따라 공장 창고들에는 소비되지 못한 물건들이 쌓여갔다.

1920년대의 번영으로 전체 소득도 늘어나고 저축도 증가했으나 성장이 정체되면서 돈은 투자할 곳을 찾지 못하고 점차 증권 등 투기 시장으로 몰려들었다. 물론 증권을 사는 것 자체는 투기라고 볼 수 없지만 문제는 증권시장을 통해 기업으로 흘러들어간 엄청난 규모의 자금이 투자로 전환될 수 없다는 데 있었다.

한편 여유자금이 과도하게 증권시장으로 몰려들면서 주가가 기업체의 실질가치 이상으로 올라가는 이른바 주식시장의 거품현상이 나타났다. 주가가 계속해서 상승하면서 더 많은 돈이 증권시장으로 몰리는 악순환이 반복되었다. 결국 1929년 들어 주가폭락이 심각하게 우려되는 상황이 벌어졌다. 그러나 증권투자의 열기는 조금도 수그러들지 않았다.

이러한 우려는 드디어 1929년 10월, 뉴욕 증권거래소에서 주가가 폭락하는 '파탄(The Crash)'으로 이어졌다. 주가의 폭락으로 기업들은 엄청난 자산손실을 입었고 은행에서 빌린 돈을 갚지 못해 파산하는 기업들이 속출했다. 기업들의 연쇄파산으로 경제 전체가 붕괴하는 대공황이 시작되었다. 하지만 주식시장의 파탄이 대공황의 원인이라고 할 수는 없다. 주식시장의 파탄은 대공황의 시작을 알리는 서곡에 불과할 뿐, 공황의 직접적 원인은 그 동안 경제성장의 모순이 누적되어온 데 있었다. 소비가 따라가지 못할 만큼 늘어난 과잉생산,

또는 생산을 따라갈 만한 유효수요의 부족이 대공황의 구조적이고 본질적인 이유였다.

주식시장의 파탄이 있은 지 불과 몇 개월 만에 전국에서 수만 개의 회사가 파산하고 대외무역도 급격히 위축되었다. 대공장에서 일하면서 연일 상종가를 기록하는 주가를 즐기고 있던 노동자들이 하루아침에 길거리의 실업자 신세로 전락했다. 거리의 이곳 저곳에는 양복을 말쑥하게 차려입은 거지 아닌 거지들이 즐비했다. 1932년 봄의 실업률은 35퍼센트라는 대기록을 세웠다.

이러한 상황에서 농민들은 농산물 가격의 급락에도 불구하고 소득을 조금이나마 올리기 위해 생산을 늘렸으며 이는 또 다른 가격하락을 가져왔다. 원래 농산물 가격은 공산품과는 달리 가격변동이 심하기 때문에 조금만 과잉생산되어도 값이 폭락하고, 반대로 조금만 생산이 부족해도 폭등한다. 따라서 농민들이 생산을 늘리면 늘릴수록 농산물의 값은 생산증가 비율보다 더 급격하게 폭락했고 이에 따라 농가 소득은 더욱 떨어졌다.

그렇다고 정부가 남아도는 농산물을 도시 실업자와 빈민을 위해 기부할 수도 없는 노릇이었다. 마땅한 방법도 없을 뿐 아니라 중개상인들의 반발도 거셌다. 도시에서는 굶주리는 사람들이 속출하고 있는데도 불구하고 농부들은 사료 살 돈이 없어 가축을 포기하는 이상한 현상이 벌어졌다.

1920년대 말에 시작된 경제대공황은 전세계적인 현상이었지만 이의 충격은 상대적으로 경제성장의 속도가 빨랐던 미국의 경우가 훨씬 클 수밖에 없었다. 빈곤 속에서 허덕이던 브라질, 10년 동안이나

물가하락을 경험했던 노르웨이, 장기간의 궁핍에 익숙해진 아일랜드 등은 공황의 충격이 그다지 심하지 않았다. 반면 눈부신 경제성장으로 사상 최대의 풍요를 누리던 미국인들에게 공황의 충격은 특히 고통스러울 수밖에 없었다.

대공황은 1929년부터 1933년까지의 장기침체를 겪고 난 후에도 쉽게 회복될 기미를 보이지 않았다. 경제이론가들은 자본주의 경제는 그 속성상 때때로 침체를 경험하지만 시간이 지나면 시장의 기능에 의해 자동적으로 다시 복원된다고 믿고 있었다. 그러나 대공황의 경험은 이러한 자유주의 경제이론을 뿌리부터 뒤흔들었다.

공황의 극복을 위해 정부가 어떤 식으로든 시장에 개입해야 한다는 케인스를 비롯한 신자유주의 경제학자들의 주장이 강력한 설득력을 갖게 되었다. 대공황은 결국 '뉴딜 정책'으로 상징되는 정부의 강력한 개입정책에 의해서만 극복될 수 있었으며, 이후로 정부의 시장 개입은 자본주의 경제의 거역할 수 없는 원리로서 확고히 자리를 잡았다.

'자본주의는 수정되어야 한다' – 루스벨트의 뉴딜 정책

1929년의 공황은 미국 자본주의를 뿌리째 흔들어 1932년까지 공업생산이 1929년에 비해 반으로 줄어들고, 실업자는 1,500만 명을 넘어섰다. 당시 캘빈 쿨리지의 뒤를 이어 대통령이 되었던 허버트 후버는 개인주의와 자유방임주의를 신봉했던 사람으로, 공황에 대해서도 기업가들의 협조와 국민의 각성을 요구하는 정도의 소극적인 대책들을 내놓았다. 그러나 당시 필요한 것은 연방정부의 보다 적극적인 대책과 실천이었으므로, 후버의 정책이 사태를 악화시켰던 것은 당연한 일이었다.

절망적인 상황 속에서 치러진 1932년 선거에서 민주당의 프랭클린 루스벨트 후보가 공화당의 후버를 제치고 대통령에 당선되었다. 루스벨트는 선거 유세기간 동안 농민을 위한 식량 생산의 통제, 완전고용, 완전 생산 등 개혁 프로그램을 주장했으나 유권자들의 관심을 끌지는 못했다. 오히려 그가 대통령 선거에 승리할 수 있었던 것은 절망하는 국민에게 보여준 그의 용기와 자신감이었다. 그는 1921년 나이 마흔에 소아마비에 걸려 두 다리가 자유롭지 못했지만 불굴의 의지로 시련을 딛고 일어나 마침내 대통령에 당선되었던 것이다.

예비군 훈련소를 찾은 루스벨트. 신체의 장애를 이겨낸 그의 용기는 실의에 빠진 미국인들의 희망이 되었다.

　1933년 대통령에 취임한 루스벨트는 공황으로부터의 탈출을 위해 국가경제에 대한 정부의 개입정책을 적극 추진해나갔다. 공업, 농업, 상업, 금융 등 경제 전 분야에 걸쳐 그가 추진한 일련의 경제정책을 사람들은 대통령 후보 지명 수락연설에서 그가 사용한 용어를 따라 '뉴딜New Deal', 곧 '새로운 처방'이라 불렀다.

　새로운 처방의 요체는 그의 취임 후 의회를 통과한 18개 경제법안과 이에 기초한 '구제와 부흥' 정책에 있었다. 그 주요 내용은 첫째, 생산 제한을 통해 공산품 값의 안정을 꾀하고, 둘째, 농업조정법을 기초로 주요 농산물의 경작을 제한함으로써 농산물 가격을 제1차 세계대전 이전 수준으로 회복하며, 마지막으로 공공사업국(PWA), 연방긴급구호국(PERA), 상품금융공사(CCC) 등을 설치, 광범위한 실업 구제사업을 벌인다는 것이었다. 이러한 일련의 정책은 정부와 산업계의 협동체제하에 민간 구매력을 회복하고 소비재 생산을 자극하여 민간투자의 증대를 가져올 것으로 기대되었다.

　루스벨트는 또한 대규모 공공사업을 벌임으로써 유효수요를 인위적으로 창출하고 국내시장을 확대하려는 정책을 추진했다. 이를 위해 거액의 적자 공채가 발행되었는데, 이로써 묶여 있던 자금이 탈출구를 찾아 공공사업에 투입되고 멈추었던 기계들이 가동되기 시작했다. 그러나 국가경제에 대한 루스벨트 정부의 이런 개입정책은 우익과 좌익 모두에게 불만스러운 것이었다. 우익의 입장에서는 뉴딜 정책이 지나치게 사회주의적으로 흐르는 것이 불만이었고, 좌익은 좌익대로 뉴딜 정책이 지나치게 보수적이어서 빈민 대중의 요구를 만족시키기에는 역부족이라고 생각했다.

1935년에 이르러 뉴딜 정책은 한계를 드러내기 시작했다. 유효수요 창출이라는 명목으로 통화가 과잉공급되고 이는 곧 인플레이션으로 이어졌다. 인플레이션을 억제하기 위해 이번에는 다시 긴축예산이 편성되고 정부의 정책이 금융긴축 쪽으로 돌아섰다. 이로써 겨우 회복기에 들어선 경기가 곧바로 붕괴되어 1937년에 또다시 공황이 발생했다.

루스벨트 행정부는 정부의 지출정책을 항구적 재정정책으로 정립할 필요성에 직면했다. 고용촉진사업과 공공사업 확대, 신농업촉진법 실시 등을 통해 정부 지출을 늘리면서 동시에 노사대립의 격화를 막기 위해 공정노동기준법이 시행되었다. 1937년의 공황 극복을 위해 루스벨트가 1938년에서 1939년까지 실시한 일련의 경제정책을 '후기 뉴딜'이라고 부른다. 그러나 유럽의 국제정세가 악화되면서 미국 경제는 급속히 전시경제체제로 전환되기 시작했다. 후기 뉴딜 정책의 구체적인 성과가 나타나기도 전에 미국은 제2차 세계대전의 소용돌이 속으로 빨려들어갔다.

뉴딜 정책의 성과에 대해서는 오늘날에도 많은 논란이 있지만 자본주의 경제를 포기하지 않고, 다시 말해 공산주의 방식을 택하지 않고도 자본주의가 공황이라는 필연적 병폐를 국가개입을 통해 자체 치유할 수 있는 가능성을 보여주었다는 점에서 중요한 의미가 있다. 사실 뉴딜 정책은 어떤 체계화된 이론에 따라 일관성 있게 추진된 것은 아니었다. 여러 정책들이 자주 충돌하고 실패로 끝난 것도 많았다. 그러나 경험이 축적되면서 점차 일관성 있고 상호 조화된 정책 실시가 가능해졌고 이것이 분명한 성과를 거두면서 미국 경제는 유럽처럼 파시즘이나 볼셰비즘의 극약 처방 없이도 위기를 효과적으로 넘길 수 있었다.

뉴딜 정책 이후 미국의 자본주의 경제는 정부의 간섭을 배제하는 자유주의적 경제운용방식을 버리고 사회주의적 요소가 섞인 혼합경제체제로 그 성격이 크게 바뀌었다.

1941년 12월 7일, 진주만

　미국이 제1차 세계대전에 참전한 것은 어떻게 보면 상황 때문에 어쩔 수 없이 그렇게 된 것이지 처음부터 원했던 것은 아니었다. 전쟁이 끝나자마자 미국의 여론은 전통적인 고립주의로 돌아갈 것을 강력히 요구했다. 심지어 윌슨 대통령이 주동한 국제연맹에 가입하는 것조차 의회의 반대로 무산되었다. 히틀러의 도발적 외교로 유럽 대륙에 전쟁의 위기가 감도는 상황에서도 미국은 여전히 고립주의와 중립을 고집하고 있었다. 의회는 1935년 중립법안을 통과시켜 미국의 교전 당사국들에 대한 무기판매를 금지했고, 정부는 교전지역으로의 여행을 자제하도록 국민들에게 촉구했다.

　1936년에 발발한 이탈리아 · 에티오피아 전쟁과 스페인 내란은 이 법안을 시험대에 올려놓았다. 루스벨트는 미국 석유회사들이 자발적으로 교전국들에 대한 석유수출을 자제할 것을 요구했으나 수출업자들은 석유가 전쟁물자로 분류되어 있지 않다는 이유로 이 요구를 거부했다. 그럼에도 불구하고 정부는 이 같은 행위를 금지하지 않았고, 이것이 미국의 참전 또는 전쟁의 직 · 간접 개입으로 이어지지 않도록 매우 조심스런 행보를 계속했다.

스페인 내전을 계기로 중립법안은 더욱 강화되어 교전 당사국에 대한 일체의 차관 공여가 금지되고 모든 군수물자는 현금 판매로만 수출이 가능하도록 했다. 요컨대 미국의 입장은 경제적 이익은 포기하지 않으면서 정치적으로는 중립을 지킨다는 것이었다.

그러나 시간이 갈수록 미국의 애매한 중립정책은 비현실적일 뿐만 아니라 불가능하다는 것이 명백해졌다. 게다가 아시아의 상황이 심상치 않았다. 1936년 일본은 독일과 반코민테른 협정을 맺고 본격적인 해외 무력진출에 나섰다. 일본은 중국에 대한 침략을 본격화하면서 개방 도시를 폭격 점령하고 미국을 포함한 외국의 학교, 병원, 교회를 파괴했다.

일본의 이러한 중국 침략행위에 대해서도 미국은 일본을 조약 파괴국으로 낙인 찍는 이상의 어떤 적극적 대응도 자제했다. 일본이 추구하는 아시아의 신질서, 곧 '대동아공영권'을 인정하지 않겠다는 뜻을 밝혔으나 무력적 수단으로 이를 저지할 의사는 없었다. 오히려 일본의 침략이 격화되는 와중에도 미국은 구리, 철, 석유, 기계 등 전쟁에 필요한 물자를 일본에 판매하고 있었다.

루스벨트는 전면적 대일 금수조치가 일본의 팽창정책을 더욱 부추기는 결과가 되지 않을까 몹시 두려워했다. 그러나 그 반대였다. 미국의 불개입 의지를 확인한 일본은 1939년에 이르러 더욱 노골적인 팽창주의로 나가기 시작했다. 미국령 필리핀 인근의 섬들을 강점하고 인도차이나까지 침략의 손길을 뻗쳤다. 일본의 대동아권 구상은 미국을 아시아에서 몰아내려는 의도가 명백했다.

1940년 독일, 이탈리아, 일본 간의 삼자동맹은 미국에 어느 한쪽

일본 전투기의 폭격으로 폭발하는 구축함 쇼Shaw.
1941년 12월 7일 진주만.

으로의 선택을 강요했다. 결국 미국은 자국의 이익을 지키기 위해 중립정책을 포기할 수밖에 없었다. 의회는 원유, 고철, 비행기용 휘발유 등 전쟁물자의 대일 금수조치를 내리고 중국 장개석 정부에 대한 군사원조를 시작했다. 극동에 거주하는 자국인들을 귀국시키는 한편 미국 내 일본 자산을 동결했다. 일본에 대해서는 침략 중지, 중국으로부터의 군대 철수, 그리고 삼자동맹으로부터의 탈퇴를 요구했다.

물론 일본으로서는 미국의 이러한 요구에 굴복할 의사가 전혀 없었다. 특히 미국의 대일 금수조치에 대해 이것은 미국이 표방해온 중립의 원칙에 어긋나는 것이며, 빠른 시일 내에 이 조치가 해제되지 않을 경우 미국을 적대국으로 간주하겠다고 위협했다.

일본의 중국 철수와 미국의 대일 금수해제 문제를 두고 양국은 1941년 11월 최후의 협상을 시도했지만, 예상했던 대로 협상은 결렬되고 그 후로는 전쟁으로 가는 길이 있을 뿐이었다.

사실 협상은 명분에 불과했다. 양국은 이미 협상 이전에 협상의 결렬과 전쟁을 필연적인 것으로 간주했다. 협상이 진행되는 중에 일본은 353대의 전투기를 탑재한 항공모함 6척을 비밀리에 발진시켰다. 미국은 전쟁을 예상하고는 있었으나 일본이 이렇게 빨리 행동에 나서리라고는 상상도 하지 못했다.

1941년 12월 7일 오전 7시 55분, 하와이 오아후 섬 진주만 미 해군 기지는 일요일 아침의 평온에 잠들어 있었다. 킴멜 기지 사령관은 주말 휴가로 자리를 비웠고 전투기들은 지상요원들의 사보타주에 대비, 좁은 운동장에 날개를 맞댄 채 빽빽이 매여 있었다. 그때 갑자기 북쪽에서 전투기 편대가 날아와 항구에 정박 중인 해군 함정과 지상 군사목표물에 무차별 폭격을 가하기 시작했다. 전혀 무방비 상태의 진주만 미 해군기지에는 일본 항공편대의 파상공격이 하루종일 계속 되었다.

　불의의 일격을 당한 미군의 피해는 매우 컸다. 그 하루 동안 2,403 명의 군인과 민간인이 사망하고 1,178명이 부상했다. 149대의 전투 기가 지상 또는 배 위에서 파괴되었다. 애리조나, 오클라호마, 테네시, 웨스트버지니아, 네바다 등 미 해군이 자랑하던 항공모함과 전투 함들이 바닷속으로 가라앉았다. 거의 비슷한 시각 맥아더 장군 휘하 의 마닐라 주둔 미 육군 항공부대도 대만에서 출발한 일본군 전폭기 의 공격을 받아 궤멸했다.

　이 와중에도 일본은 진주만 공격 두 시간 전 미국에 선전포고하는 것을 잊지 않았다. 다음날 긴급 소집된 미 의회는 즉시 대일 선전포 고를 결의했다. 12월 11일에는 독일과 이탈리아가 미국에 선전포고 를 했다. 이렇게 해서 미국은 다시 한 번 대전의 거대한 소용돌이 속 으로 휩쓸려들어갔다.

'맨해튼 계획' – 히로시마 원폭 투하

　일본의 진주만 폭격으로 전쟁에 뛰어든 미국은 신속히 전시비상체
제로 들어가 승리를 위해 총력을 기울이기 시작했다. 이미 제1차 세
계대전을 통해 세계 제일의 강대국으로 부상했지만 전시동원체제에
서 드러난 미국의 잠재력은 실로 엄청난 것이었다. 모병과 징병을 통
해 순식간에 1,000만 명의 전투인력이 확보되었다. 기간산업이 모두
군수산업으로 전환되어 전쟁물자들이 엄청난 양과 속도로 쏟아져나
왔다.

　전쟁이 최고조에 달했던 1944년에 이르러 보잉 사를 비롯한 항공
회사들은 연 10만 대의 전투기를 생산했고 전차는 너무 많이 만들어
생산량을 줄여야 할 정도였다. 캘리포니아 카이저 조선소에서는 평
균 1주일에 한 척씩 대형 전함이 만들어져 부두를 떠났다. 소총, 군
복, 심지어는 내무반 옷걸이에 이르기까지 전쟁에 필요한 것이면 무
엇이든 실제 전투에서 사용되는 것보다 훨씬 많은 양이 공장에서 쏟
아졌다. 1944년 초 미국 군수산업의 생산능력은 독일, 이탈리아, 일
본을 합한 것보다 두 배나 많았다. 연합국이 대전에서 승리할 수 있
었던 것은 바로 미국의 이 같은 경제력 때문이었다. 미국이 전쟁에

뛰어들었을 때 이미 연합국의
승리는 보장된 것이나 마찬가지
였다.

원폭 투하로 폐허가 된 히로시마의 모습. 말 그대
로 모든 것이 잿더미가 되고 말았다.

비록 일본 때문에 전쟁에 뛰
어들기는 했지만 실제 미국이
힘을 기울인 지역은 태평양이나
아시아가 아닌 유럽이었다. 일
본은 중국과 아시아 전역에서
이미 힘을 소진해 태평양을 건너 미국에 직접적인 위협을 가할 여력
이 없었다. 엄청난 전투력과 장비로 무장한 미군이 참전하면서 전황
은 하루아침에 구축국에 불리하게 바뀌었다. 독일군의 필사적인 저
항을 뚫고 미국과 영국 연합군이 노르망디에 상륙하면서 전쟁은 사
실상 끝이 났다. 러시아를 무리하게 침공하면서 최후까지 저항하던
히틀러는 연합군이 베를린을 포위해오자 1945년 4월 30일 지하 벙커
에서 스스로 목숨을 끊었다. 5월 7일 독일의 무조건 항복으로 유럽에
서의 전쟁은 끝이 났다.

한편 태평양에서는 맥아더 휘하의 미군이 일본군을 거세게 몰아쳐
1944년 10월 필리핀을 탈환했다. 이듬해 4월에는 가미카제 특공대의
필사적인 저항을 물리치고 일본 열도 남단 오키나와 섬에 상륙, 바야
흐로 일본과의 전쟁도 막바지에 다다르고 있었다. 그러나 일본 군부
가 미국의 항복 요구를 완강히 거부하고 항전을 계속하는 바람에 결
국 일본은 그때까지 미국이 숨겨왔던 최후의 비밀병기인 원자폭탄의
희생물이 되고 말았다.

미국은 이미 수년 전부터 '맨해튼 계획'이라는 암호명으로 원폭제
조사업을 극비리에 추진하고 있었다. 2년에 걸친 노력 끝에 시제품
이 제작되었고, 1945년 7월 16일 뉴멕시코 주 알라모에서 최초의 핵
폭탄 실험이 있었다. 폭발과 동시에 높이 15킬로미터, 폭 1.5킬로미
터에 이르는 버섯 모양의 거대한 불꽃이 대지를 덮었다. 사람들은 이
것을 단순한 무기폭발 사고로만 여겼다.

핵실험 성공은 즉시 트루먼 대통령에게 보고되었고, 트루먼은 그
내용을 숨긴 채 일본에 무조건 항복의 최후통첩을 보냈다. 예상대로
일본 군부가 이를 거부하자 트루먼은 일본에 대한 원폭공격 계획을
승인했다. 8월 6일 오전 9시 15분, B29 전폭기에 실린 U-235 원자폭
탄이 히로시마에 떨어졌다. 6만여 명이 즉사하고 폭탄이 떨어진 지
점에서 반경 2킬로미터까지는 풀 한 포기 남지 않고 모든 것이 불에
타 없어졌다. 3일 후 나가사키에 또다시 원자폭탄이 투하되어 3만
6,000명이 목숨을 잃었다. 8월 15일, 일본 천황은 무조건 항복을 선
언했다.

비록 일본이 항복하기는 했지만 미국이 과연 당시 원자폭탄을 사
용했어야만 했는가에 대해서는 오늘날까지도 격렬한 논쟁이 계속되
고 있다. 이를 찬성하는 사람들은 핵폭탄 투하가 전쟁을 일찍 종식시
켜 수십만 미국인의 귀중한 생명을 구했다고 주장한다. 반면 비판자
들은 이미 일본의 항복이 기정사실화된 상황에서 핵폭탄 투하는 전
혀 불필요했을 뿐만 아니라, 수십만 명의 무고한 인명을 희생시키고
무엇보다 세계의 역사에 나쁜 전례를 남겼다고 주장한다.

1945년 이후 핵무기가 다시 사용된 일은 없다. 그러나 지금 세계

각국이 보유하고 있는 핵무기의 양은 지구를 송두리째 몇 번을 파괴하고도 남을 정도다. 전쟁에서 핵무기가 다시 사용된다면 이는 곧 인류의 멸망을 의미한다. 대부분의 미국인들은 당시 미국이 전쟁 종식을 위해 불가피하게 핵무기를 사용하지 않으면 안 되었다고 믿고 있다. 그러나 핵무기의 위협이 급박한 현실로 다가온 지금, 당시 미국의 행위는 분명 도덕적으로 비난받을 만한 충분한 소지가 있다고 봐야 한다.

제9장 냉전의 시대

냉전과 열전 - 전후의 미·소 대결 체제

　제2차 세계대전은 서로 상이한 체제를 신봉하는 두 강대국 미국과 소련이 한편이 되어 싸운 매우 특이한 전쟁이었다. 그러나 이 동맹체제는 전쟁의 역학관계에 따른 일시적인 것이었으며, 종전과 더불어 필연적으로 붕괴될 운명에 있었다. 1948년까지 소련은 '해방된' 동유럽 모든 국가들에 좌익 정부를 세웠다. 이를 통해 소련은 독일과 다른 서방국가들로부터의 군사적 위협에 대비하는 한편, 공산주의와 소련의 체제를 세계적으로 확산하려고 했다.

　미국은 소련의 이러한 도발적 팽창주의에 손을 놓고 있을 수만은 없었다. 제2차 세계대전 참전으로 미국의 전통적 고립주의는 이미 폐기된 것이나 마찬가지였다. 세계의 초강대국으로 부상한 이상 이제 적극적으로 자국의 패권적 지위를 강화하고 위협으로부터 이를 방어하는 것이 국익에 절대적이었다. 이런 미국에 있어 최대의 그리고 유일한 위협세력은 소련이었다. 소련의 팽창주의에 미국은 이를 군사적으로 봉쇄하는 전략으로 맞섰다. 유럽에서는 '철의 장막'을 따라 친미 정부와 미국의 군사력이 배치되고, 극동지역에서도 한반도를 가로질러 미국과 소련의 군사적 대치상황이 조성되었다.

전후 미국과 소련의 이러한 전지구적 대치 상태를 우리는 보통 '냉전(Cold War)'이라 부른다. 미국 대통령 보좌관 버나드 바루크가 1947년 이 말을 처음 사용하면서 유행하게 되었는데, 군사적으로 대치하면서도 공멸의 위험 때문에 직접적인 충돌은 서로가 피하려고 하는 미·소 초강대국 간의 전지구적 대결 상황을 가리키는 말이다.

냉전은 1948년에서 1953년에 이르는 시기에 최고조에 달했다. 이 기간 동안 소련은 독자적 핵무기 개발에 성공함으로써 군사적으로 미국과 맞설 수 있게 되었고, 미국은 미국대로 점점 강대해지는 소련의 위협에 맞서 1949년 나토NATO, 즉 북대서양조약기구라는 유럽 군사동맹체제를 구축했다. 미·소의 긴장 상태는 1948년 소련의 베를린 봉쇄로 위기를 맞았다가 드디어 1950년 한국에서 열전으로 폭발했다.

한국은 1945년 해방과 함께 미국과 소련에 의해 분할 점령되고 남과 북에 각각의 친위정부가 들어섬으로써 순식간에 미·소 냉전의 최전방지역이 되고 말았다. 유럽에서 미국의 강력한 저지선에 막혀 진출이 봉쇄된 소련은 상대적으로 방어가 취약한 한반도에 힘을 집중했다. 때마침 중국 대륙에는 1949년 공산당 정부가 들어섰고, 북한의 김일성은 한반도 적화의 꿈에 부푼 대단히 호전적인 인물이었다. 소련과 중국의 지원을 등에 업은 김일성은 드디어 1950년 6월 25일 새벽 38선을 넘어 남한에 대한 대대적 군사행동을 개시했다.

미국의 대응도 단호했다. 미국의 요구로 소집된 유엔 안전보장이사회는 북한군의 즉각적 철수를 요구하는 결의안을 채택했고, 예상대로 북한이 이를 거부하자 곧바로 유엔의 군사적 개입을 결의했다.

소련은 투표에서 기권했다. 미국의 주도로 유엔 연합군이 조직되고 제2차 세계대전의 영웅 맥아더가 연합군 사령관에 임명되었다. 유엔을 내세우기는 했지만 한국전이 미국과 소련의 대리전임을 의심하는 사람은 아무도 없었다.

전쟁 초기에 북한의 공세는 대단히 신속하고 효과적으로 전개되었다. 8월에는 한반도 전체가 침략군의 수중에 떨어질 위기에 처하기도 했다. 그러나 9월 들어 연합군의 대반격이 시작되었고 침략군은 순식간에 붕괴해 38선 이북으로 패주를 거듭했다. 북한군이 압록강까지 쫓겨오자 이번에는 중국이 개입했다. 절대적인 수적 우세를 내세워 중국군은 그해 말까지 연합군을 38선 이남으로 다시 밀어내는 데 성공했다.

1951년부터 전선은 38도선 부근에서 교착되었다. 맥아더 장군은 중국군의 보급선 차단을 위해 만주 공격을 주장했지만 세계대전으로의 확전을 우려한 트루먼은 이를 반대하고 맥아더를 사령관직에서 해임했다.

다른 한편으로 트루먼은 소련·중국과 한반도 사태를 종식시키기 위한 비밀협상을 시작했다. 어느 한쪽도 양보할 의사가 전혀 없는 상황에서 더 이상 전쟁을 계속하는 것은 무모할 뿐만 아니라 자칫 또 다른 세계대전으로 번질 위험이 있었다. 이는 누구에게도 도움이 되지 않는 일이었다. 모두들 어느 한쪽의 일방적인 패배나 승리가 아닌, 양측 모두가 패배자요 동시에 승리자로서 전쟁 상황을 끝내야 한다는 데 인식을 같이 했다. 다만 전선에서 유리한 측이 협상에서도 유리할 것이므로 협상 중에도 양 세력은 한 치의 땅이라도 더 빼앗기 위해 38도선을 중심으로 치열한, 그러나 도를 넘지 않는 공방을 계속했다.

한편으로는 사활을 건 전투가 계속되고 다른 한편으로는 휴전을 협상하는 기이한 상황이 2년 이상 계속되었다. 마침내 1953년 7월 27일 양측은 현 전선에서 군대를 각각 2킬로미터 후방

의회 청문회에서 증언하는 매카시와 그의 보좌관 로이 콘. 한국전의 여파로 1950년대 초 미국 정가에는 이른바 매카시즘이라고 하는 극우 반공주의의 물결이 몰아쳤다.

으로 철수시키고 전쟁을 일단 종식시키는 합의문에 서명했다. 3년에 걸친 전쟁, 그리고 막대한 인적·물적 희생을 치른 끝에 한반도는 다시 전쟁 전의 냉전 상태로 되돌아갔다.

결국 한국전은 미국과 소련이 대리인을 앞세워 서로의 힘과 의중을 떠보는 일종의 탐색전이었다. 한국전을 통해 미국은 아시아에서의 공산주의 세력의 팽창을 막기 위해 남한을 군사적으로 요새화해야 할 필요성을 절감했다. 이에 따라 미국은 전후 남한과 상호동맹조약을 체결하고 남한에 대한 군사원조를 강화했다.

동시에 일본의 전략적 중요성이 새롭게 인식되었다. 한반도가 대소 봉쇄의 전진기지라면 일본은 일종의 후방 보급기지로서 중요한 곳이었다. 1951년 9월 미국은 일본과 평화협정을 체결하고 점령군을 철수시키는 한편, 제한된 범위에서 자위적 군사력을 갖는 것을 허용했다. 동시에 일본의 경제발전을 돕기 위한 무역상의 여러 특혜조치가 뒤따랐다. 결과적으로 한국전은 일본 재무장과 산업화의 결정적

인 계기를 마련했다.

한편 소련은 한국전을 통해 미국의 엄청난 힘을 다시 한 번 절감하고, 당분간 위험한 팽창주의 노선을 자제하게 되었다. 대신 군사력과 경제력에서 미국과 맞설 수 있는 내부적 역량 강화에 힘을 기울였다.

미국에서는 한국전 이후 공산주의와 소련에 대한 적대감이 극도로 고조되었다. 제2차 세계대전을 치르고 불과 5년 만에 다시 전쟁에 휩쓸려 엄청난 희생을 치른 미국으로서는 당연한 일이었다. 이른바 매카시즘이라는 극단적 반공주의가 정가를 휩쓸었고, 국방부가 제출한 천문학적인 군사비 예산에 아무도 감히 이의를 제기하지 못했다. 한반도에서 동남아, 중동, 유럽 대륙으로 이어지는 대소 봉쇄선을 더욱 견고하게 하고, 대소 봉쇄전략은 더욱 강화되었다.

결국 한국전은 냉전을 더욱 고착시키는 결과를 낳았다고 할 수 있다. 이 냉전체제는 베트남 전쟁에서 미국이 국력을 소진하고 중국, 유럽연합 등 다른 초강대 세력의 등장으로 국제질서가 다극화하는 1970년대 초까지 세계의 질서를 지배하면서 모든 국가와 사람들의 삶에 큰 영향을 미쳤다. 직접적 당사자인 미국이 이의 중심에 있었던 것은 두말할 나위가 없다.

'더 굿, 올드 데이스(The Good, Old Days)'
-1950년대의 번영

비록 한국전쟁이라는 예기치 못한 사태에 휘말리기는 했지만 제2차 세계대전이 끝난 1945년부터 1965년까지의 20년은 미국 국력이 역사상 최고에 달했던 시기다. 1950년대는 오늘날 미국인들에게 '좋았던 그 시절'로 기억되는 미국사의 황금기다. 경제적 풍요, 자유와 낭만, 평화 등 인류가 꿈꾸는 행복이 거기에 있었다.

이러한 미국의 황금시대를 이끈 원동력은 무엇보다도 눈부신 경제성장에 있었다. 대부분의 선진공업국들이 전쟁으로 폐허가 되어버린 상황에서 엄청난 산업기반, 기술력, 자원, 그리고 군사력까지 뒷받침된 미국산 상품은 국내외 시장에서 그야말로 거칠 것이 없었다.

1940년 2,000억 달러 정도였던 국민총생산(GNP) 규모가 1960년에는 5,000억 달러로 늘어났다. 자동차업계는 매년 거의 4배씩 생산대수를 늘렸지만 늘어나는 수요를 맞추기에는 턱없이 모자랐다. 텔레비전은 1945년에 전국적으로 1만여 대가 보급되어 있었는데, 1960년에는 전체 가구의 4분의 3이 최소한 한 대의 텔레비전을 보유하게 되었다. 1945년에 전국적으로 8개에 불과했던 대형 쇼핑센터도 1960년에는 무려 4,000개로 늘었다.

또한 지금까지 상대적으로 발전이 더뎠던 서부와 남서부 지역이 눈부시게 발전해 휴스턴, 마이애미, 피닉스, 로스앤젤레스 등이 인구 수백만의 대도시로 성장했다. 마침내 1963년에는 캘리포니아 주의 인구가 뉴욕 주의 인구를 앞지르게 되었다.

이 시기의 경제적 번영은 사회적으로도 큰 영향을 미쳤다. 생산 자동화와 공장들의 해외 이전으로 육체노동자들, 이른바 블루 칼라가 줄고 매니저, 교사, 세일즈맨, 사무직 근로자 같은 화이트 칼라가 늘어났다. 기업들은 눈덩이처럼 불어나는 이윤을 처리할 방법이 없어 직원들에게 높은 임금, 장기고용 계약, 종신연금, 의료보험 등의 혜택을 아낌없이 베풀었다. 자연히 노사분규도 줄고 계급간의 갈등도 완화되어 급속도로 사회적 통합이 이루어졌다.

1950년대에는 일종의 사회적 일체감이 미국인들의 의식을 지배했다. 사람들은 되도록 사회적 규범에 순응하고자 했고 이것이 도덕적으로 칭찬을 받았다. 물론 경제적 번영이 이러한 사회적 통합에 토대를 제공했지만, 사실 숨은 공로자는 따로 있었다. 바로 텔레비전이었다.

사람들은 하루 평균 5시간을 텔레비전 앞에서 보냈고, 〈미키 마우스 클럽(The Mickey Mouse Club)〉 〈내 사랑 루시(I Love Lucy)〉가 방영되는 시간에는 그야말로 전 국민이 텔레비전 앞에 모여 이야기꽃을 피웠다. 텔레비전이 만들어낸 이 새로운 사회를 저명한 사회학자 데이비드 리스먼은 '고독한 군중(The Lonely Crowd)'이라 불렀다. 사람들이 사회적 모임들로부터 일탈해 가정과 개인적 삶으로 빠져든 현상을 지적한 말이지만, 비슷한 가치관과 경험을 공유하고 있다는 점에서

이 고독한 군중은 사회적 안정의
든든한 버팀목이기도 했다.

물론 예외가 없는 것은 아니
었다. 목을 죄는 사회적 규범과
나태한 일상에 반항하는 가벼운
몸짓들이 단조로운 삶에 활력소
를 제공했다. 이른바 비트 세대
(The Beat Generation)로 불린 일
단의 작가들이 전통과 형식을

엘비스 프레슬리의 열정적 무대. 그의 파격적인
대중음악은 혁명에 비유될 만큼 사회적 영향이
컸다.

뒤엎는 '외설적' 글을 발표해 커다란 사회적 반향을 불러일으켰다.
엘비스 프레슬리는 오리 궁둥이 모양의 헤어스타일, 선정적인 춤, 그
리고 무엇보다 로큰롤이라는 새로운 대중음악으로 일약 세기적 스타
로 떠올랐다. 점잖은 기성세대는 눈살을 찌푸렸지만 흑인 음악을 백
인들의 무대로 끌어와 대중화했다는 점에서 엘비스 프레슬리는 미국
사회를 또 다른 차원에서 하나로 묶어낸 위대한 예술가였다.

모든 것이 아름답게만 보이던 이 시기에도 깊은 그늘은 있었다. 바
로 흑인문제였다. 링컨의 역사적 노예해방선언이 나온 지 한 세기가
지났지만 미국 사회에서 흑인들의 처지는 크게 나아진 것이 없었다.
물론 경제적 형편은 전반적으로 조금 나아졌지만 사회적 차별은 여
전했다. 특히 남부에서 흑인은 거의 모든 활동영역에 있어 백인들로
부터 완벽하게 격리되어 있었다. 백인들과는 다른 학교를 다녀야 했
고, 공공장소에서는 백인과 따로 서 있어야 했다. 버스를 탈 때는 뒷
문을 이용해야 했고, 공원의 수도꼭지는 백인용과 흑인용이 구분되

어 있었다. 화장실이 따로 되어 있는 것은 물론이었다.

흑인들에 대한 차별대우를 시정하려는 노력이 없었던 것은 아니었다. 그중 1954년 대법원이 공립학교에서의 흑백 차별을 위헌으로 판결하고 이에 따라 일부 주에서 '학생 실어 나르기(busing)'를 하게 된 것은 이른바 '구별되지만 평등하다(Separate but Equal)'라는 유명한 언급으로 흑인 차별을 합법화한 1896년의 판결(플레시 대 퍼거슨 사건)을 뒤집은 획기적인 사건이었다.

하지만 이러한 법원의 결정과 명령에 대해 남부의 주들은 거의 귀를 기울이지 않았고, 연방정부로서도 이를 규제할 방법이 없었다. 이러한 상황에서 흑인들 스스로 수백 년 된 차별의 사회적 관습에 용기 있게 도전하려는 움직임이 일기 시작했다. 그중에서도 로사 파크스라는 한 여성의 용감한 행동은 1960년대 절정을 이룬 흑인인권운동의 선구와도 같은 것이었다.

로사 파크스가 살던 앨라배마 주 몽고메리에서는 오랫동안 버스의 좌석이 흑백으로 나뉘어 있었다. 1955년 12월 1일, 버스에 올라탄 로사 파크스는 백인 전용의 맨 앞좌석에 자리를 잡고 앉았다. 운전사와 승객들이 자리를 옮기라고 말했으나 그녀는 꿈쩍도 하지 않았다. 그는 곧바로 경찰에 체포되었다. 흑인인권문제가 민감한 사안으로 떠오르던 시점에서 이 사건은 전국적으로 큰 파장을 몰고 왔다. 곳곳에서 로사 파크스의 행동을 지지하고 흑백 차별의 철폐를 외치는 시위와 항의가 잇달았다. 몽고메리 거주 흑인들은 젊은 목사 마틴 루터 킹의 지도 아래 시내버스 안 타기 운동을 조직적으로 전개했다. 흑인들이 시내버스 타기를 거부하고 삼삼오오 짝을 지어 시내와 교외의 길을 걸어가는 모습이 텔레비전으로 전국에 방송되었다.

유색인종지위향상협회(NAACP)와 흑인인권운동가들이 로사 파크스 사건을 법의 심판대로 끌고 갔다. 이 미묘한 사건에 대해 연방대법원은 1년 후 버스 내에서의 흑백 구별이 위헌임을 선고했다. 흑인들은 크게 고무되었다. 지금까지 난공불락으로 여겨졌던 인종 차별의 벽이 자신들의 평화적이고 합법적인 노력으로 무너질 수 있음을 발견한 것이다. 이 노력을 성공적으로 이끈 킹 목사는 하루아침에 전국적 인물로 부상했고 그를 중심으로 1960년대 미국에서는 흑인인권 신장운동의 거센 물결이 일어 흑인의 지위 향상에 획기적인 전기가 마련되었다. 평화의 시기에도 역사 발전의 거대한 힘은 그 발걸음을 멈추지 않았던 것이다.

지구를 담보로 한 미·소 핵대결 — 쿠바 미사일 위기

　1960년 존 F. 케네디의 대통령 당선은 하나의 작은 혁명이었다. 전임 대통령 아이젠하워는 인기는 있었지만, 사람들은 조금씩 지금까지 보아왔던 노회한 정치가, 그리고 그들이 하는 낡은 정치에 싫증을 내고 있었다. 이런 분위기에서 새로운 도전을 외치는 젊은 미남 대통령 후보에 미국인들은 열정적으로 몰입했고, 이러한 지지를 바탕으로 케네디는 대통령에 당선되었다. 국민의 큰 기대 속에서 대통령 취임 선서를 했지만, 집무를 시작한 지 몇 달도 지나지 않아 그의 정치적 능력을 의심케 하는 의외의 사건이 발생했다.

　1961년 4월 케네디는 공산주의자 피델 카스트로가 혁명으로 정권을 잡은 쿠바에 대한 비밀 침공계획을 승인했다. 이른바 피그스 만 사건으로 불린 이 계획은 무참히 실패했고, 케네디 행정부는 도덕성에 큰 상처를 입었다. 더불어 소련과의 관계도 크게 악화되었다. 1961년 6월에 있었던 케네디와 흐루시초프의 회담에서 흐루시초프가 보인 위협적 태도는 이들의 사이를 더욱 나쁘게 만들었고, 이러한 불편한 관계는 소련이 쿠바에 장거리 공격용 미사일 기지를 건설하려 한 1962년 10월에 최악의 사태로 발전했다.

쿠바 미사일 위기는 1962년 10월 어느 날 케네디 대통령이 아침 식사를 하고 있을 때 시작되었다. 국가안보담당 보좌관 맥조지 번디가 소련이 쿠바에 핵미사일 기지를 건설하고 있다는 CIA의 정보를 그에게 알렸다. 번디가 가져온 항공사

쿠바 미사일 위기. 미국 군함이 소련 선박을 따라가며 감시하고 있다.

진에는 미사일 기지의 여러 시설물과 건설장비들의 모습이 선명히 보였다. 전문가들은 1주일 내에 그 기지가 작동 가능하며, 이는 미국의 안보에 심각한 위협이 될 수 있다고 평가했다.

그날 오전 케네디 대통령은 국가안보회의를 긴급 소집했다. 여기에서 맥나마라 국방장관을 비롯하여 대다수 참모들이 소련이 쿠바에 핵무기와 미사일을 들여오지 못하도록 해군력을 동원, 쿠바 해안을 봉쇄할 것을 건의했다. 이는 미 해군이 소련 선박을 정지시켜 무기 탑재 여부를 검색하는 것을 의미했으며, 이는 경우에 따라 심각한 무력충돌 상황을 부를 수 있는 가능성을 내포하고 있었다. 케네디는 전쟁의 위험성에도 불구하고 미국의 뒷마당에서 소련이 위험한 장난을 계속하도록 방치할 수는 없다고 생각했다. 10월 22일 케네디는 방송을 통해 쿠바를 봉쇄할 것이라는 사실을 전세계에 알렸다.

미국의 예상치 못한 강경한 반응에 소련은 적잖이 당황했다. 그렇지만 어차피 이를 통해 미국의 군사적 의지를 시험해보려는 의도도 있었기 때문에 소련 기술자들은 기지 건설을 계속했고, 이곳에 배치

될 핵무기를 실었다고 의심되는 소련 선박은 쿠바를 향해 항해를 계속했다. 긴장이 고조되어가고 군에는 비상사태가 선포되었다. 몇 차례의 비밀협상에서도 소련은 전혀 양보할 모습을 보이지 않았다. 그러는 사이에 문제의 소련 선박이 봉쇄망을 치고 있던 미 해군 함정의 코앞까지 다가왔다. 조금씩 무력충돌이 다가오는 듯 보였다.

정부 내 강경론자들은 소련의 도발을 기다릴 것도 없이 쿠바 미사일 기지를 선제 공습할 것을 주장했다. 그러나 소련과의 전면전을 우려한 케네디 대통령은 이러한 건의를 무시하고 소련과 최후의 담판을 시도했다. 요지는 쿠바 내 미사일 발사기지 건설 중단과 전쟁 가운데 하나를 선택하라는 것이었다.

운명의 순간에 결국 흐루시초프가 굴복했다. 10월 28일 흐루시초프는 쿠바 미사일 기지의 폐쇄와 소련 무기의 철수를 약속하고 미국 관리들이 기지 폐쇄상황을 감시하도록 허용하는 내용의 발표를 했다. 약속대로 기지 안의 미사일 시설이 제거되었고 미국의 쿠바 해상 봉쇄도 해제되었다. 이렇게 해서 전세계를 공포에 떨게 한 2주간의 핵전쟁 위기가 무사히 넘어갔다.

소련은 미국과의 대결에서 다시 한 번 패배를 맛보았다. 그 동안 미국을 따라잡기 위해 절치부심했고 적어도 군사력에서는 이제 뒤질 것이 없다고 생각했지만 미국의 힘은 여전히 세계를 압도하고 있었다. 오히려 이를 계기로 소련에서는 대미 강경노선이 크게 후퇴했고, 위험한 사태의 재발을 막기 위해 크레믈린과 백악관 사이에 핫라인을 개설하자는 미국의 요구도 순순히 받아들였다.

미국의 입장에서 쿠바 사태는 소련을 비롯해 전세계에 미국의 힘과 위상이 어떠한지를 행동으로 보여준 또 하나의 위대한 승리였다. 케네디의 인기는 하늘을 찌를 듯 치솟았고, 자유·민주·인권의 '미국적 가치'에 대한 자긍심과 애국심의 물결이 다시 한 번 전국을 휩쓸었다. 이 시기 미국은 확실히 국력의 절정기를 구가하고 있었다.

그러나 절정은 곧 내리막을 뜻하는 것이기도 했다. 영원할 것 같던 미국의 위세도 베트남 전쟁이라는 뜻하지 않은 사태와 급변하는 국제질서 속에서 서서히 침체의 늪으로 빠져들기 시작했다. 1963년 11월 22일, 케네디 대통령이 댈러스에서 암살자의 총탄에 쓰러진 사건은 미국을 기다리는 시련의 암울한 전조였다.

전쟁의 수렁으로 – 베트남 전쟁 참전

베트남은 오랫동안 프랑스의 식민지였다. 제2차 세계대전 중 이를 잠시 점령했던 일본이 물러가자 베트남에는 다시 프랑스 군대가 들어왔다. 베트남 민족주의자들과 공산주의자들은 곧 무력 독립투쟁을 시작했고, 1954년 드디어 프랑스를 몰아내는 데 성공했다. 그러나 기쁨도 잠시, 베트남은 친서방적인 남베트남과 친소적인 공산 북베트남으로 나뉘었다. 마치 한반도에서 그랬던 것처럼 남북 베트남은 중립국 감시하의 국민투표를 거부하고 내전의 긴 늪에 빠져들었다.

미국에 있어 베트남은 매우 중요한 전략거점이었다. 만약 이곳이 친소 공산화되면 인도차이나는 물론 남아시아 전체가 공산주의 위험에 직면하고 미국의 대소 세계전략 또한 결정적 타격을 입게 될 것이었다. 그래서 프랑스군이 물러가자마자 미국은 공산 게릴라의 공격에 시달리고 있던 남쪽의 고 딘 디엠 정권을 지원하기 시작했다. 이러한 지원은 이미 아이젠하워 행정부 때 시작되었으며, 케네디가 암살될 즈음해서는 이미 1만 6,000명의 미군이 베트남에서 군사작전을 수행하고 있었다.

1964년 북베트남 수뢰정이 통킹 만에서 미국 구축함을 공격한 사건을 계기로 미국은 베트남에 대한 본격적 군사개입을 시작했다. 의회의 승인을 얻자마자 린든 존슨 대통령은 대규모 전투 병력을 파병하고 월맹의 군사시설에 대한 대대적 폭격을 승인했다. 1965년 말까지 18만 4,000의 미군 병력이 베트남에 파견

누가 적인가? 아마도 이 베트남 여성은 알고 있었으리라. 그러나 많은 미국인들은 왜 이 전쟁을 해야 하는지 알지 못했다.

되었고 1968년에는 그 수가 무려 53만 8,000명에 이르렀다. 열대 정글에서의 전투를 효과적으로 수행하기 위해 네이팜탄, 고엽제 같은 비인도적 무기가 광범위하게 사용되었다. 그러나 압도적으로 우세한 화력과 병력을 가지고도 게릴라 전술로 맞서는 월맹군에 대해 미군은 결정적 승리를 거두지 못했다.

전쟁이 길어지고 사상자가 늘어나면서 상황은 점점 어려워졌다. 1970년까지 벌써 4만여 명의 미국인이 베트남에서 목숨을 잃었다. 대학들을 중심으로 반전 시위가 전국으로 번져갔다. 앨라배마에서는 대학생 시위대와 시위 진압을 위해 출동한 군대가 충돌하여 사상자가 발생하는 최악의 사태가 벌어지기도 했다. 그러나 존슨 행정부는 군부와 정부 내 강경 노선에 끌려 희망 없는 전쟁을 계속했다. 미국은 점점 베트남전의 수렁으로 깊숙이 빠져들고 있었다.

마침내 미국 국민들은 1968년 대통령 선거에서 베트남전의 조기 종식을 공약으로 내건 공화당의 리처드 닉슨 후보를 당선시켰다. 닉슨은 취임하자마자 베트남전의 종식을 위해 미군의 단계적 철수와

국제 감시하의 총선을 북베트남 정부에 제안했다. 그러나 승리를 예감한 북베트남 정부가 미군의 무조건 철수만을 고집해 닉슨의 노력은 난관에 봉착했다. 국내에서는 반전론자들이 연일 대규모 집회를 열며 닉슨에게 압력을 가해왔다. 진퇴양난에 빠진 닉슨 행정부는 한편으로 미군을 조금씩 철수하면서 다른 한편으로는 베트남 정부에 대한 군사지원을 강화하는 등 어정쩡한 정책을 계속했다.

1972년 대통령 선거가 다가오자 닉슨은 중대한 결심을 하지 않을 수 없었다. 선거를 앞두고 미국은 북베트남 정부와 회담을 재개, 그해 10월 전쟁의 종식, 미군 철수, 전쟁포로 송환에 합의했다. 닉슨은 대통령에 무난히 재선되었고, 협상의 주역이었던 키신저와 북베트남의 레둑토는 노벨평화상을 수상하는 영예를 누렸다.

드디어 1973년 1월 27일 남북 베트남 정부와 미국 사이에 역사적인 종전협정이 체결되었다. 협정은 즉각적 휴전, 모든 미군 병력의 조속한 철수, 베트남 내 미군기지 폐쇄, 전쟁포로 석방, 국제연합군의 휴전감시 등을 규정했다. 북위 17도선이 남북 베트남 간 임시 경계선으로 확정되었다. 이에 따라 미국 의회는 그해 8월부터 인도차이나 반도에서 미군의 군사적 행동을 일절 금지했고, 1973년 말까지 거의 모든 미군이 베트남에서 철수했다.

그러나 불행하게도 남북 베트남 간의 전쟁은 계속되고 있었다. 미군이 철수하자 공산군의 공세는 더욱 거세어졌고, 1974년에 이르러 베트남 정부는 더 이상 수비가 불가능해진 북쪽의 전초기지들을 포기하지 않을 수 없었다. 1975년 1월 월맹군의 대공세가 시작되어 순식간에 수도 사이공을 압박하기 시작했다. 아직 남아 있던 미국인들은 황급히 사이공을 탈출했고, 티우 대통령은 타이완으로 도주했다. 4월 30일 월맹군은 아무런 저항도 받지 않고 사이공에 진입했다. 베트남에는 임시 혁명정부가 들어서 토지개혁, 반혁명분자 숙청을 단행했다. 이듬해인 1976년 7월 2일 하노이를 수도로 하는 통일 베트남 사회주의 공화국이 정식 출범했다.

사실 월맹의 승리는 1973년 휴전협정 발표 때 이미 예고된 것이나 마찬가지였다. 미군이 떠난 후에도 휴전협정이 지켜질 것이라고 믿은 사람은 거의 없었다. 베트남에서 어떤 사태가 벌어지든 미국이 다시 개입하는 것은 사실상 불가능했기 때문이다. 미국 역시 이 점을 잘 알고 있었다. 그럼에도 불구하고 협정에 서명한 것은 단지 베트남에서 발을 빼기 위한 명분을 얻기 위해서였다.

장기간에 걸친 베트남 전쟁으로 미국은 엄청난 인적, 물적, 그리고 정신적 타격을 입었다. 4만 7,000명의 군인이 전사하고 30만 명이 부상했다. 10년 동안 전쟁하면서 무려 2,000억 달러의 돈이 들었다. 그럼에도 불구하고 결과는 참담한 패배였다. 이 '인기 없는 전쟁'은 여러 면에서 미국 현대사의 한 획을 긋는 대사건이었다. 무엇보다 아시아의 한 소국을 상대로 전쟁에서 패배했다는 사실은 미국이 더 이상 세계의 초강대국이나 자유세계의 경찰이 아니라는 사실을 전세계에 알리는 것이었다. 말하자면 베트남 전쟁에서의 패배와 함께 미국의 '좋았던 시절(The Good, Old Days)'도 끝이 난 것이다.

오늘날까지도 많은 미국인들은 미국의 베트남전 참전이 중대한 실수이고 국력의 쇠락을 가져온 결정적 계기가 되었다고 말한다. 제2차 세계대전과 한국전 참전용사들이 아직도 이 전쟁을 자랑스럽게 말하고 미국의 참전을 기념하기 위해 수도에 화려한 기념비가 서 있지만, 베트남에서 부상당한 수많은 미국인들은 그들의 애국행위를 인정받지 못하고 사회의 밑바닥을 전전하며 생활하고 있다.

여성, 인권, 평화 - 1960년대의 사회운동

1960년대 들어 미국 사회에는 서서히 동요와 변화의 물결이 일기 시작했다. 오랜 풍요와 평화의 그늘에 가려 있던 여러 사회문제들이 고개를 들었고, 사람들은 나른한 일상과 고리타분한 사회적 규범, 그리고 정의롭지 못한 사회적 관행에 격렬하게 저항하기 시작했다. 그 선봉에는 대학생들을 비롯한 젊은이들이 있었다.

1960년대의 사회운동은 베트남전에 대한 반전운동에서 시작되었으며, 이것은 성, 의복, 헤어스타일, 음악 등 거의 모든 것에서 기존의 가치를 거부하는 젊은이들의 거대한 사회운동으로 발전했다. 새로운 삶의 방식을 창조하려는 몸부림 속에서 이들은 마약에 취하고 청바지를 입고 머리를 기르고 비틀스의 음악을 들었다. '이피즈 (Yippies, Youth International Party)'라는 전국적 청년조직이 결성되어 미국 사회의 물질주의를 비판하고 젊은이들에게 정치, 사회적 항의의 대열에 설 것을 촉구했다. 1969년 8월 뉴욕 우드스톡에서 열린 록 콘서트에는 40만 명의 젊은이들이 전국에서 몰려와 3일 동안 광란의 축제를 벌였는데, 이는 1960년대 청년운동의 절정과도 같은 것이었다.

이러한 사회적 분위기에 편승해 여성들이 여성의 권리신장과 남녀 평등을 주장하기 시작했다. 미국 여성들의 지위가 다른 나라들에 비해 나았던 것은 사실이지만, 그래도 여성은 가정과 직장과 사회에서 남성에 비해 훨씬 불공정한 대우를 받고 있었다. 기업들은 여성채용을 기피하고 여성에게 훨씬 적은 임금을 지불했으며 승진의 기회를 제한했다.

이러한 상황에서 몇몇 여성운동가들이 전국여성동맹(NOW, The National Organization for Women)을 결성하고, 이 단체의 주도로 여성에 대한 공정한 임금과 균등한 고용기회 보장, 낙태 합법화, 탁아시설의 확충, 그리고 남녀평등을 위한 관련 법률의 개정 운동이 시작되었다. 모든 여성들의 지지를 등에 업고 이 운동은 불길처럼 전국으로 퍼져나갔다. 마침내 성에 기초한 일체의 차별을 금지한 시민권법(The Civil Rights Act)이 1964년에 의회를 통과했다. 여성들은 결혼과 더불어 '누구의 부인'이 되고 마는 '미시즈(Mrs.)'라는 호칭 대신 '미즈(Ms.)'라는 중립적 호칭으로 자신들을 부르면서 승리를 자축했다.

1960년대 사회운동의 또 한 주류는 흑인의 지위와 관련된 것이었다. 여권신장운동의 성공은 흑인들의 기대수준을 높였으나 미국 사회의 흑인에 대한 편견과 불신은 여성에 대한 그것과는 비교할 수 없을 정도로 뿌리가 깊었다.

깊은 좌절감 속에서 흑인들은 좀더 과격한 방식으로 자신들의 요구와 불만을 표출하기 시작했다. 1965년 로스앤젤레스에서는 흑인 폭동이 일어나 30여 명이 사망하고 약탈과 방화가 6일 동안이나 계속되었다. 이와 유사한 폭동이 뉴욕과 시카고를 비롯한 전국 여러 도시로 확산되었다. '흑표범(Black Panthers)'이라고 하는 과격 흑인운동 비밀단체가 결성되고, 지도자 휴이 뉴턴은 "권력은 총구로부터 나온다"는 모택동의 말을 인용하며 흑인의 무력투쟁을 촉구했다.

그러나 1960년대 흑인인권운동의 지도적 인물은 역시 마틴 루터 킹 목사였다. 로사 파크스 사건 때 흑인들의 버스 안 타기 운동을 주도해 일약 흑인인권운동의 기수로 등장한 그는 간디의 비폭력주의에 바탕을 둔 평화적 흑인인권운동을 전국으로 확산시켰다. 링컨의 노예해방선언 100주년을 기념해 1963년 8월 수도 워싱턴에서는 전국에서 수십만 명의 흑인들이 모여 건국 이래 최대 규모의 시위를 벌였다. 여기에서 킹 목사는 '흑인에게도 꿈이 있다(We have a dream)'라는 명연설을 남겼고, 흑인들은 '우리는 승리하리라(We shall overcome)'라는 흑인 영가를 부르며 워싱턴의 중심가를 행진했다.

킹 목사의 흑인인권운동은 수백 년 동안 흑백 차별의 관행에 익숙해 있던 미국 사회에 이제 거역할 수 없는 현실로 다가왔다. 〈뉴욕타임스〉는 그를 1963년 '올해의 인물'로 선정했고, 흑인인권신장에 대한 공로로 그는 이듬해 노벨평화상을 수상했다. 마침내 1964년 시민권법 제정으로 흑인들에 대한 모든 정치적, 사회적 차별이 공식 철폐되었다. 킹 목사는 또 한 번의 대규모 평화시위를 준비하다가 1968년 4월 테네시 주 멤피스에서 한 극렬 백인 우월론자에게 암살되고 말았다.

그러나 그의 영웅적 투쟁은 많은 흑인들에게 인간으로서 자신들의 가치를 새롭게 깨닫도록 했고, 흑인들의 인종적 일체감과 단결을 가져왔다. 이러한 자긍심과 단결을 바탕으로 흑인들은 더욱 활발히, 그

오하이오 주 켄트 주립대학에서 한 학생이 군인
이 쏜 총에 맞아 쓰러져 있다.

리고 조직적으로 인권신장운동
을 계속해나갔으며, 이러한 노
력에 힘입어 오늘날 흑인들은
적어도 법적으로는 완전한 평등
을 보장받을 수 있게 되었다.

여성 및 흑인 운동과 더불어
대학생들의 반전시위도 이 시기
사회운동의 커다란 흐름 가운데
하나였다. 1965년에 미국의 베
트남전 참전이 본격화되면서 캠퍼스에서 반전 학생시위의 불이 붙기
시작했다. 1964년 버클리 대학에서 '언론자유운동'이라고 하는 반전
단체가 결성된 것을 시작으로 전국 거의 모든 대학에서 크고 작은 시
위가 잇달았다. 1968년 컬럼비아 대학에서는 학교 건물을 점거한 시
위대를 해산하기 위해 경찰이 학생들을 곤봉으로 마구 폭행하고 무
려 700여 명을 체포하는 폭력사태가 벌어지기도 했다.

학생들의 반전운동은 1970년 미국의 캄보디아 내전 개입을 계기
로 더욱 거세어졌다. 시위는 더욱 격렬해지고 폭력이 수반되는 일도
잦았다. 그리고 마침내 불행한 사태가 일어났다. 1970년 5월 4일 오
하이오 주 켄트 주립대학에서는 학생들이 ROTC 건물을 사제폭탄으
로 폭파하면서 격렬한 시위를 벌였다. 출동한 진압군의 발포로 4명
의 시위학생이 죽고 9명이 부상당했다. 5월 15일에는 미시시피 주
잭슨 주립대학에서도 2명의 학생이 군대의 발포로 사망했다. 1970년
1학기에 전국 448개의 대학 캠퍼스가 학생들의 시위에 의해서 파괴

되었으며 더 많은 수의 학교가 문을 닫고 학생들은 집으로 돌아가야 했다. 이러한 학원 소요는 1973년 베트남에서 미군이 철수하면서 비로소 잠잠해졌다.

이 시기 학생운동에 대해서는 비판적 평가가 있는 것도 사실이다. 그렇지만 이들은 사회 최후의 양심을 자처하면서 전쟁, 기아, 인권유린, 독재 등의 사회문제에 대해 이전의 수동적인 태도를 버리고 행동으로 나섰으며, 결과적으로 그들이 기대했던 것보다 훨씬 많은 것을 성취할 수 있었다. 전쟁에 지치고 삶의 의미를 회의하는 많은 사람들에게 젊은이들의 진보적 사고와 행동은 큰 자극제가 되었다. '대학생들의 힘(Students' Power)'이라는 말이 사람들의 입에 오르내리기 시작한 것도 이때부터였다.

제10장 변화의 기로

미 · 소 대결의 완화 - 데탕트

제2차 세계대전의 종전과 함께 시작된 미 · 소 간의 냉전은 1950년대와 1960년대 세계 질서의 축이었다. 냉전의 뒤에는 핵무기가 도사리고 있었다. 상대방의 핵무기에 의한 보복을 두려워한 두 초강대국은 어느 한쪽도 감히 상대국을 군사적으로 먼저 공격할 수 없었다. 즉, 직접적 군사적 충돌이 핵에 의해서 억제되고 있었던 것이다.

그렇지만 냉전은 한국전과 쿠바 위기에서 보듯이 때로는 전쟁으로 비화할 가능성이 있었고, 이런 점에서 불안정한 상태였다. 특히 1962년의 쿠바 위기, 그리고 베트남 전쟁은 미 · 소 양국에게 냉전의 위험을 다시 한 번 일깨우는 계기가 되었다. 냉전의 지속이 자신들의 국익에 결코 도움이 되지 않는다는 인식이 미 · 소 간에 공감대를 넓혀 갔다.

다른 한편으로 일본, 중국, 유럽연합 등 미 · 소에 견줄 만한 세력이 등장하고 미국과 소련의 국력이 상대적으로 약화되면서 국제질서가 점점 다극화하는 현상이 뚜렷해졌다. 이러한 상황을 배경으로 1960년대 후반부터 미 · 소 간의 냉전이 조금씩 완화되는 조짐이 보였다. 이른바 데탕트détente의 시대가 시작된 것이다.

해빙의 서막은 1972년 미국과 중국의 화해였다. 1970년대 초 미국 대외정책의 주도권은 닉슨과 국가안보담당 보좌관 헨리 키신저가 쥐고 있었다. 베트남에서 궁지에 몰려 있던 닉슨 행정부는 미국의 이러한 외교적 어려움이 동서 냉전체제에서 비롯된 것으로 보고 이

역사적인 중국 방문길에 오른 닉슨 대통령이 주은 래 총리가 주최한 만찬에 참석하고 있다. 닉슨의 중국 방문은 데탕트의 시작이었다.

를 타개하기 위한 돌파구를 모색했다. 소련과의 전면적 관계 개선이 현실적으로 어려운 상황에서 미국이 선택한 대화의 상대는 중국이었다. 중국과의 관계 개선은 중국과 소련의 갈등이 점차 심화되는 상황에서 간접적으로 소련을 압박하는 수단이기도 했다. 중국 또한 미국과의 관계 개선을 통해 강국으로서의 지위를 인정받고 소련과의 대결에서 유리한 전략적 위치를 확보하고자 하는 속셈이 있었다.

탁구를 통한 교류, 이른바 '핑퐁 외교'로 어느 정도 분위기가 잡히자 닉슨과 키신저는 1972년 2월 역사적인 중국 방문길에 나섰다. 이 방문에서 닉슨과 모택동은 양국간의 국교 정상화, 중국의 유엔 가입과 대만의 유엔에서의 퇴출, 그리고 상호간의 문화 · 경제적 교류에 합의했다.

미국과 중국의 화해가 급물살을 타자 소련도 미국과의 대화에 적극 나서, 그해 5월 양국은 역사적인 전략무기감축협정(SALT, Strategic Arms Limitation Talks)에 서명했다.

이러한 화해의 분위기 속에서 베트남에서는 종전협상이 급진전되었고, 1973년 드디어 미국과 월맹이 휴전협정에 동의함으로써 데탕트는 절정에 달했다. 이 모든 노력에서 주역을 맡았던 헨리 키신저는 그 공로로 1973년 노벨평화상을 수상하는 영광을 누렸다.

많은 사람들이 기대한 것처럼 1970년대 초의 데탕트가 미·소 간의 전면적 화해나 이념적 대립의 종식을 가져온 것은 아니었다. 오히려 1970년대 말 도덕성 회복의 기치를 내걸고 출범한 지미 카터 행정부가 소련의 인권 유린을 강하게 비난하면서 양국 간에는 신냉전이라 불리는 새로운 긴장관계가 조성되었다. 여기에 1979년 12월 소련이 아프가니스탄을 침공하자 미국은 전략무기감축협정 파기, 모스크바 올림픽 불참, 새로운 장거리 미사일 개발로 이에 맞섰다. 신냉전은 카터의 뒤를 이은 레이건, 그리고 부시 행정부에서도 지속되었으며, 1980년대 말 고르바초프의 개방정책, 그리고 이것이 몰고 온 소련의 붕괴와 더불어 비로소 막을 내렸다.

이처럼 1970년대 초의 데탕트는 그 당시로서는 실패했던 측면이 있다. 그럼에도 불구하고 데탕트의 세계사적 의미는 결코 과소평가할 수 없다. 데탕트는 제2차 세계대전 후 30년 가까이 지속되어온, 미·소를 정점으로 하는 양극체제의 종식을 의미했다. 이후 미·소가 대결국면으로 되돌아갔다고 해도 데탕트의 분위기는 각 체제의 내부 분열과 체제간 이념적 대립의 완화를 가져왔다.

데탕트 이후 세계 질서는 미국과 소련에 더해 중국, 일본, 유럽연합이 여러 축을 담당하는 다극체제로 재편되었고, 각 진영 간의 이념적 대립이라는 것도 이전의 냉전체제와는 비교할 수 없을 정도로 완화되었다. 데탕트 이후 미 · 소 간의 신냉전은 이미 두 강대국의 대결일 뿐이지, 이전처럼 전세계적 범위에서 서로의 총체적 대결을 의미하는 것은 아니었다.

결국 데탕트는 미국과 소련이 수십 년간 유지해온 세계 초강대국으로서의 지위를 잃었다는 공식적인 선언과도 같은 것이었다. 데탕트의 주역 닉슨 대통령은 워터게이트 사건이라는 정치적 스캔들에 휘말려 1974년 대통령직을 불명예 사퇴했다.

미국 패권주의에 대한 중동의 도전 – 이란 인질 사태

베트남 전쟁의 실패는 미국의 국제적 위상에 치명적 타격을 주었다. 여기에 1973년의 오일 쇼크는 이 시기 미국이 국제사회에서 처하게 된 곤경을 단적으로 보여준 또 하나의 예다.

그해 이스라엘과 이집트 사이에 전쟁이 터지자 이집트를 지원하는 사우디아라비아가 미국에 석유 금수조치를 내렸고, 다른 석유수출국기구(OPEC) 국가들이 이에 동조해 원유 수출가를 하루아침에 4배나 인상했다. 당연히 미국에서는 기름값이 폭등했고, 그나마 기름을 구할 수조차 없어 주유소마다 자동차들이 수백 미터씩 장사진을 치고 차례를 기다리는 소동이 벌어졌다.

에너지 값이 치솟자 살인적인 인플레이션이 뒤따랐고 기업들이 도산하면서 실업자들이 크게 늘었다. 제2차 세계대전 이후 미국이 누렸던 경제적 번영은 이제 끝난 것처럼 보였다. 지금까지 미국의 경제가 안정적으로 굴러왔던 가장 큰 이유는 미국이 초강대국으로서의 위세를 앞세워 국제 원유가를 통제했기 때문이었다. 석유수출국기구는 이러한 미국의 패권적 지위에 정면으로 도전했고, 미국은 속수무책으로 당할 수밖에 없었다.

이처럼 어려운 상황에서 1976년 대통령에 당선된 지미 카터에게 국민들이 높은 기대를 걸었던 것은 당연했다. 침체된 분위기를 쇄신하기 위해 카터는 도덕정치를 내걸고 평화와 인권신장을 위한 외교정책을 의욕적으로 추진했다. 인권문제를 빌미로 한국, 이란, 아르헨티나, 남아프리카의 내정에 간섭했고, 이로 인해 이들 국가와의 관계가 악화되었다. 소련과 협상을 벌여 제2차 전략무기감축협정을 체결하고, 중국과도 괄목할 만한 관계 개선을 이루었다.

카터 대통령의 가장 잘 알려진 업적은 수십 년간 전쟁을 벌여온 이스라엘과 이집트를 화해시킨 것이다. 1978년 9월 그의 초청으로 이집트의 사다트 대통령과 메나헴 베긴 이스라엘 수상이 캠프 데이비드 대통령 별장에서 만나 협상을 벌였다. 2주에 걸친 끈질긴 노력의 결과로 9월 17일 드디어 이집트와 이스라엘 사이에 역사적인 평화협정이 체결되었다. 이 협정에 따라 이스라엘은 1967년 6일 전쟁 이후 자국이 점령하고 있던 이집트의 영토로부터 철수할 것에 동의하고, 이에 대한 보상으로 이집트는 이스라엘을 외교적으로 인정했다.

그러나 불행은 예기치 못한 곳에서 찾아왔다. 이란의 국왕 모하마드 레자 샤 팔라비는 오랫동안 강력한 미국의 동반자였다. 하지만 그는 무비판적인 친미주의와 독재로 인해 국민들에게 미움을 받고 있었다. 1979년 추방되었던 종교 지도자 아야톨라 호메이니가 이끄는 혁명으로 팔라비 정권은 붕괴되었고, 팔라비는 국외로 도망쳤다. 카터가 팔라비의 미국 입국을 허용하자 분노한 테헤란의 시민들은 미국 대사관을 점거하고 58명의 미국인들을 인질로 잡았다. 이란인들은 미국이 팔라비를 이란으로 돌려보내고 미국의 은행에 있는 그의

| 인질에서 풀려난 미국인들을 환영하는 뉴욕 시민들. |

재산을 내놓아야만 그 인질들을 석방할 것이라고 했다. 카터는 이러한 제의를 거절하고 국왕을 돌려보내지도, 그의 재산을 내놓지도 않았으며, 인질들이 석방될 때까지 이란과의 무역을 금지한다고 발표했다.

카터의 이러한 조처는 사태 해결에 전혀 도움이 되지 못했다. 호메이니는 카터의 위협에 결연히 맞섰고, 궁지에 몰린 카터는 1980년 4월 특공대를 동원하여 사로잡힌 인질을 구출하고자 했으나, 불행하게도 요원들을 태운 헬기가 중간에 사막에서 추락하고 말았다.

이 사건으로 카터는 대내외적으로 더욱 궁지에 몰렸고, 이는 결국 그의 정치적 몰락을 초래했다. 이란 사태의 부담이 큰 상태에서 그는 1980년 선거에 나섰고, 예상했던 대로 로널드 레이건 공화당 후보에게 무참히 패배했다.

새로운 공화당 정부가 들어서자 이란은 화해의 표시로 444일 동안 억류하고 있던 인질들을 석방했다. 사실 이란으로서도 이라크와의 싸움 때문에 미국과의 싸움을 더 계속할 여력이 남아 있지 않았다.

레이건의 당선 가능성이 확실해지자 알제리가 중재자로 나선 가운데 호메이니와 레이건의 참모들이 인질 석방 협상을 벌였다. 이란은 미국 내 팔라비 재산의 환수를 조건으로 인질 석방에 합의했다.

　1980년 1월 20일, 레이건의 대통령 취임에 맞추어 52명의 인질들이 오랜 억류생활을 마치고 조국과 가족의 품으로 돌아왔다. 하지만 이란 인질 사태는 베트남 전쟁의 패배로 좌절감에 빠진 많은 미국인들에게 국력의 쇠락을 알려주는 또 하나의 슬픈 소식이었다.

레이건의 보수주의
− 레이거노믹스 (Reaganomics)

    1981년 대통령에 취임한 로널드 레이건의 대내외 정책은 1973년 제1차 오일 쇼크 이후 심화되어온 인플레이션의 해소와 국내경제의 회복, 그리고 실추된 미국의 위상을 높이기 위한 군비강화에 초점이 모아졌다. 이렇게 레이건 행정부가 단행한 일련의 경제개혁 조치들을 흔히 '레이거노믹스Reaganomics' 라고 말한다.

    이 정책의 핵심은 간단히 말해 기업과 개인이 내야 하는 세금을 크게 줄이고 사회보장에 대한 정부 지출을 줄이는 것이었다. 레이건의 이러한 정책은 이른바 '공급경제학' 이론에 바탕을 둔 것인데, 세금 감면을 통해 기업과 개인들이 보유하게 될 여유자금이 기업활동에 대한 투자로 전환되고 이에 따라 생산증대, 고용창출, 그리고 소득증대의 효과가 나타날 것으로 기대되었다.

    하지만 많은 경제학자들은 애초부터 레이거노믹스를 1930년대의 실패한 후버경제학(Hooverism)의 재판이며 현실적으로 작동 불가능한 정책으로 평가절하했다. 이러한 예상은 1982년 말 10퍼센트의 노동자를 실업자로 만든 심각한 경제침체에 의해 현실로 나타났다. 또 다른 불길한 조짐이 예산적자의 급격한 증대에서도 나타났다. 1980

년 590억 달러였던 연방정부의 수
지적자가 1983년에는 무려 1,950억
달러로 늘었다.

물론 레이거노믹스의 효과가 모
두 부정적인 것만은 아니었다. 인플
레이션이 연 4퍼센트 정도로 낮아
지면서 정부는 돈을 조금씩 풀기 시
작했고, 돈이 풀리자 기업의 투자가
늘고 유효소비도 확대되었다. 1984
년에 이르러 실업률도 4퍼센트 이

중거리 핵무기 감축협정(INF)에 서명하는 레
이건과 고르바초프. 미국인들은 아직도 레이
건의 대소 강경정책이 공산권의 붕괴를 가
져왔다고 믿고 있다.

하로 떨어졌다. 그러나 이 돈이 생산활동에 대한 투자보다는 소비재
구매에 집중되고 여기에 군비증강을 위해 군사비 지출이 눈덩이처럼
늘어나면서 미국 경제는 다시 심각한 인플레이션의 위험에 직면했
다. 마침내 행정부 내에서도 군사비 감축과 재정적자를 해소하기 위
한 세금인상의 필요성이 제기되었다.

그러나 소련과의 대결이라는 냉전논리에 집착하던 레이건은 이런
주장을 단호히 거부했다. 오히려 그는 내부적 어려움을 대외적 군사
행동으로 극복하려 했다. 공산주의자들이 니카라과의 좌익정부와 엘
살바도르의 반군에 무기와 자금을 공급하고 있다고 주장하며 이 지
역에 대한 군사적 개입을 강화했다. 1983년 10월에는 그라나다를 침
공해 미국에 적대적 태도를 보인 좌익 군사정부를 무너뜨렸다. 베트
남과 이란에서의 치욕을 기억하고 있었던 국민들은 레이건의 이 같
은 '용기 있는' 태도에 전적인 지지를 보냈다. 국민의 지지에 힘을

얻은 레이건은 1984년 대통령 선거에서 월터 먼데일 민주당 후보를 여유 있게 누르고 대통령에 재선되었다.

두 번째 재임기간 중에도 그의 대내외 정책은 크게 변하지 않았다. 특히 소련에 대한 강경노선을 고수하여 소련의 침공에 맞서 싸우는 아프가니스탄 반군을 비밀리에 지원하는 한편, '스타워즈'로 불리는 군비증강 계획을 밀고 나갔다. 이 계획은 소련과 또 다른 긴장관계를 유발할 위험이 있었지만, 1985년 3월 '이단자' 미하일 고르바초프가 소련 공산당 제1서기장에 취임하면서 미·소 관계 개선의 새로운 장이 열렸다.

고르바초프는 글라스노스트(glasnost, '개방'이라는 뜻)와 페레스트로이카(perestroika, '개혁'이라는 뜻)의 기치 아래 국내 정치의 민주적 개혁을 단행하고, 미국과 제2차 전략무기감축협정을 맺고 준수 의지를 밝히는 등 유화의 손짓을 보냈다.

1986년 레이건과 고르바초프는 아이슬란드에서 만나 핵무기 감축 등 미·소 대결의 종식을 위한 협상을 벌였다. 이 회담은 비록 실패로 끝났지만 2년 후 이들은 아이슬란드에서 재차 회동하여 그 동안 미·소 핵무기 회담의 최대 난제였던 중거리 미사일 감축 방안에 합의했다. 전세계는 이 회담의 성공을 40년 이상 계속되어온 미·소 대결의 공식적 종결로 받아들였다. 이로 인해 레이건의 정치적 인기는 급상승했다.

그러나 레이건은 국내 문제에 있어서는 실정을 거듭했다. 대외정책의 승리로 한껏 고무된 레이건 행정부는 이미 심각한 부작용을 낳고 있던 조세감면정책을 계속 추진해 개인소득세율을 50퍼센트에서

28퍼센트로, 기업에 대한 세율을 46퍼센트에서 34퍼센트로 인하하는 새로운 소득세제안을 의회에 제출해 통과시켰다. 세율 인하의 혜택은 주로 기업과 부자들에게 돌아가 사회적 빈부격차가 더욱 심각해졌다. 또한 정부 수입의 결손을 보충하기 위해 막대한 공채가 발행되었고 이에 따라 연방정부의 재정적자는 또다시 천문학적으로 늘어났다.

레이건 행정부의 공적에 대해서는 오늘날에도 평가가 엇갈린다. 비판자들은 레이건이 대중의 인기에 영합하여 미국이 처한 문제의 심각성을 외면하고 이를 더욱 심화시켰다고 말한다. 공산주의의 붕괴라는 유리한 상황에도 불구하고 미국이 아직도 대내외적으로 어려움을 겪는 것은 상당 부분 레이건의 왜곡된 국내외 정책에서 비롯된 것이라는 주장이다.

그러나 그가 자칫 나락에 빠질 뻔한 미국 경제를 어느 정도 살려낸 것은 사실이고, 더구나 군사행동을 불사하는 강경외교로 소련을 굴복시킴으로써 미국인들에게 오랜만에 통쾌한 승리감을 맛보게 했다. 존 힝클리라는 사람의 저격을 받아 병상에 누워 있으면서도 침착함과 유머감각을 잃지 않은 그에게 국민들은 깊은 존경을 보냈다. 아직도 많은 미국인들에게 레이건은 베트남 전쟁 이후 쇠락의 길을 걸어온 미국에 새로운 희망을 안겨준 영웅으로 기억되고 있다.

무기 밀거래, 음모, 독재 – 이란·콘트라 사건

1979년 산디니스타라 불리는 니카라과의 반정부조직이 독재자 아나스타시오 소모사를 몰아내고 좌익정부를 세웠다. 대외 강경노선을 외치며 출범한 레이건 행정부는 출범하자마자 니카라과의 좌익정부를 축출하기 위한 계획에 착수했다. 레이건은 산디니스타 정권에 대항하여 무력투쟁을 벌이던 콘트라Contra라는 반정부단체를 지원하기로 결정했다. 의회도 레이건의 이러한 입장을 지지, 1981년 '자유를 위해 투쟁하는 니카라과 인들'에게 무기 등을 지원할 수 있는 권한을 대통령에 부여했다.

하지만 미국의 지원에도 불구하고 대중적 지지가 약했던 콘트라는 좌익정부를 타도하는 데 어떠한 실질적 진전이 없었다. 더구나 베트남 전쟁을 아직도 생생히 기억하는 많은 미국인들은 미국의 콘트라 지원이 니카라과 내전에 대한 전면적 개입을 가져올 것을 우려해 레이건의 콘트라 지원을 반대하고 나섰다.

반대여론이 높아지자 의회는 1984년 볼런드 수정 법안을 통과시켜 콘트라에 대한 더 이상의 군사적 원조를 중단하기로 결정했다. 레이건 행정부는 의회의 결정을 무시하고 콘트라 지원을 계속하기 위한 음모를 계획했다. 후일 '이란·콘트라 사건'으로 알려진 이 같은 음모는 당시 국가안전보장회의의 고문 존 포인덱스터와 그의 보좌관이었던 올리버 노스 중령에 의해 주도되었다.

음모의 핵심은 콘트라 지원을 위한 비밀자금을 확보하는 일이었다. 1980년에 시작된 이란과 이라크의 전쟁이 기회를 제공했다. 전쟁 수행을 위해 무기가 필요했던 이란은 무기구매를 위해 적대국인 미국과도 거래를 할 준비가 되어 있었다. 무기거래상들이 개입된 몇 차례의 비밀회동을 거쳐 레이건은 이스라엘을 경유한 대 이란 무기 수출을 허용했으며, 나중에는 직접적인 무기 판매도 이루어졌다.

레이건 행정부가 이렇게 일을 비밀리에 추진한 이유는 이란 인질 사태를 아직도 생생히 기억하고 있는 많은 국민들이 이란과의 부도덕한 거래를 결코 용납하지 않을 것임을 잘 알고 있었기 때문이었다. 레이건 행정부는 이란에 대한 무기 판매를 통해 수천만 달러로 추정되는 막대한 비밀자금을 마련했고 이를 콘트라에 대한 무기 지원에 사용했다. 이는 볼런드 수정 법안에 대한 명백한 위반이었다.

이 사건이 처음 외부에 알려지기 시작한 것은 1989년 11월이었다. 우연한 기회에 사건에 관련되었던 몇 사람이 비밀을 누설하면서 언론이 이를 보도하기 시작했고 사태는 일파만파로 확대되었다. 사건의 실무 책임자였던 포인덱스터는 재빨리 사임했고, 노스 중령은 상하원 조사위원회의 소조사위원회에서 처음부터 끝까지 레이건의 개입을 부인하는 발언으로 일관했다. 많은 사람들이 레이건이 사건의 배후에 있음을 확신했지만, 결정적인 증거는 발견되지 않았다. 제2의 워터게이트 사건으로까지 비화될 조짐을 보였던 이란·콘트라 사건은 포인덱스터와 노스가 기소되는 선에서 마무리되었고, 레이건은 결정적인 정치적 위기에서 벗어날 수 있었다.

닉슨과 달리 레이건이 이러한 정치적 스캔들에서 살아남을 수 있었던 것은 물론 그의 높은 인기 때문이기도 했지만, 노스 중령의 변함없는 충성심 또한 큰 몫을 했다. 노스는 서슬 푸른 상원의원들 앞에서 조금의 동요도 없이, 이 사건은 순수한 애국심에서 자신이 개인적으로 추진한 일이라고 말했다. 노스는 결국 네 명의 다른 관련자와 함께 기소되어 유죄 판결을 받았다.

그러나 의회와 법정에서 보여준 그의 당당한 태도는 그를 일약 미국의 영웅으로 만들었다. 이것은 레이건 시대에 새롭게 고양된 국민들의 애국적 분위기와도 관련이 있었다.

형기를 마치고 출소한 노스는 메릴랜드 주에서 연방의원 출마를 준비하며 정치적 재기를 노렸지만 '레이건의 환상'이 사라지면서 그 역시 사람들의 기억에서 잊혀져갔다.

흑인의 끝없는 좌절 – LA 흑인폭동

1991년 3월 3일, 텔레비전으로 저녁 뉴스를 시청하던 많은 미국인들은 화면에 비친 한 충격적인 장면에 경악했다. 여러 명의 백인 경찰이 흑인 한 사람을 자동차에서 끌어내리고 곤봉으로 무차별 구타를 가하고 있었다. 흑인이 의식을 잃고 길바닥에 나동그라진 후에도 경찰들은 그에게 발길질과 구타를 계속했다. 이러한 야만적인 행위에 분노한 흑인들의 항의전화가 언론사와 정부로 빗발쳤고, 사건이 발생한 로스앤젤레스 당국은 즉시 해당 경찰들을 체포해 사태의 조기 수습에 나섰다.

피해자는 로드니 킹이라는 흑인이었다. 사건은 한국산 소형 승용차를 몰고 시내를 과속 질주하던 그가 교통경찰의 정지신호를 무시하고 도망친 데서 비롯되었다. 그는 곧 뒤쫓아온 경찰에 붙잡혔으나 격렬한 몸짓으로 체포에 저항했고, 흥분한 경찰들이 구타를 시작한 것이다. 아무리 로드니 킹에게 잘못이 있었다고 해도 일반인들이 보기에 경찰의 행위는 분명 지나쳤다. 게다가 경찰관 모두가 백인이라는 점 때문에 많은 흑인들은 참을 수 없는 분노를 느꼈다. 더구나 1965년 대규모 흑인폭동이 일어났던 로스앤젤레스에서 사건이 일어나 많은 사람들은 이것이 또 다른 대규모 폭동사태로 이어지지 않을까 염려했다.

모든 사람들의 불안한 시선이 집중된 가운데 관련 경찰들에 대한 재판이 시작되었다. 경찰의 과잉행위가 명백한 듯했으나 배심원들은 놀랍게도 이들에게 무죄 평결을 내렸다. 이것이 비극의 시작이었다. 평결 소식을 접한 로스앤젤레스의 흑인들이 거리로 몰려나와 무차별적 파괴와 약탈을 시작했다. 흑인들이 한 백인 트럭 운전사를 붙잡아 돌로 내려치는 장면이 텔레비전을 통해 생생히 보도되었다(그는 다행히 죽지 않았다). 비단 백인들뿐만 아니라 동양인과 히스패닉계 사람들도 곤경을 당했다. 폭동의 중심지에는 마침 한국 교포들의 가게가 밀집해 있었다. 흑인들은 가게를 불태우고 약탈을 자행했으며, 한국 교포들은 무기를 들고 삶의 터전을 지키려 필사의 노력을 기울였다.

로스앤젤레스에서 시작된 폭동은 방화, 상점 약탈, 백인에 대한 공격, 총격 등을 동반하면서 점점 더 고조되어, 전국적 범위의 흑인폭동으로 발전했다. 뉴욕에서는 흑인들의 집단거주지역인 할렘 가를 중심으로 폭력사태가 발생해, 트럭을 몰고 가던 두 명의 백인 운전자가 대낮에 폭행당하는 일이 벌어지기도 했다. 폭동이 전국적 범위로 확산되자 정부는 로스앤젤레스 일원에 비상사태를 선포하고 군대를 진주시켰다.

무법상태에 이르렀던 상황은 시정부의 비상사태 선포와 연방군의 투입으로 진정 국면에 접어들었다. 폭동사태를 일으킨 당사자 로드니 킹은 기자회견을 통하여 흑인들의 자제를 촉구하고, 폭력행위의 즉각적인 중단을 호소했다.

결국 폭동은 44명의 사망자와 엄청난 재산피해를 내고 3일 만에 수습되었다. 사망자의 대부분이 흑인과 중남미 사람들이었으며, 5명의 백인과 2명의 동양인도 여기에 포함되어 있었다. 흑인들의 분노가 사태를 직접 야기한 백인이 아닌, 다른 소수민족과 흑인 자신들에게로 표출된 셈이다.

로스앤젤레스 사태는 미국의 인종문제가 전통적인 흑백 간의 싸움에서 흑인과 다른 소수민족 간의 싸움으로 확대되는 위험한 징조로 보인다. 수백 년에 걸친 피나는 노력에도 불구하고 흑인들은 여전히 백인이 쌓아올린 인종차별의 높은 벽을 넘을 수가 없었다. 여기에 새롭게 미국 사회에 편입하기 시작한 아시아, 남미 출신의 이민자들이 그들보다도 훨씬 빨리 자리를 잡고 부를 축적해가는 것을 보면서, 흑인들의 좌절감은 그 동안 더욱 깊어갔던 것이다.

미국의 인종문제는 지금까지의 숱한 노력에도 불구하고 아직 해결될 기미를 보이지 않고 있으며, 어떤 면에서 더 위험한 상황으로 발전할 수도 있다는 사실을 이 사건은 분명히 보여준다. 신대륙의 역사와 더불어 시작된 미국의 인종문제, 과연 해결책은 없는 것일까? 미국의 장래를 걱정하는 많은 사람들에게 이것은 정말 고민이 아닐 수 없다.

9 · 11 비극 - 신세계 질서와 미국의 장래

1990년을 전후해 소련을 비롯한 공산권 국가들이 갑자기 무너진 것은 프랜시스 후쿠야마의 말대로 '역사의 종말'은 아닐지 몰라도 적어도 한 시대의 종말을 의미하는 것임에는 틀림없다. 그 시대란 제 2차 세계대전 이후 확립된 것으로 미국과 소련이라는 초강대국 간의 대결, 또는 그들로 대변되는 자본주의와 공산주의의 대결로 볼 수 있다. 비록 데탕트 이후 미·소 양극 체제가 무너지는 조짐이 보였다고는 하지만, 미국과 소련은 여전히 세계의 최강자로서 국제정치의 구석구석까지 막강한 영향력을 행사하고 있었다.

사실 공산권의 붕괴는 너무도 갑작스럽게 다가왔다. 그것은 소련에 고르바초프라는 '이단 공산주의자'가 등장하면서 시작되었다. 소련은 이제부터 더 이상 공산권의 수호자가 아니라는 그의 선언이 있은 후 공산권 국가들이 순식간에 무너져내렸다. 1989년 11월 4일, 그렇게도 견고해 보이던 베를린 장벽이 무너졌고, 급기야는 소련 자체가 무너지는 세계사의 대변혁이 일어났던 것이다.

많은 사람들은 이를 두고 자유민주주의와 공산주의의 대결에서 전자가 승리를 거둔 것이며, 나아가 이것은 역사의 필연적 법칙이라고까지 말한다. '역사의 종말'이라는 말을 전세계적으로 유행시킨 후쿠야마도 이제 사회주의는 종말을 고하고 자유주의가 세계를 지배할 것이라고 했다. 과연 그렇게 될 것인가? 아직 여기에 대해서 답변하는 것은 이르다.

공산권의 몰락 이후 세계의 모습에 대해 어떤 이는 앞으로 세계가 몇 개의 큰 문명권으로 재편되면서 그들 간에 치열한 싸움이 일어날 것이라고 하고, 다른 이는 국가들이 구심점을 잃고 더욱 민족국가 단위로 분열되는 현상이 일어날 것이라고 하며, 반대로 어떤 이는 기술 진보와 세계정신의 고양에 따라 국가 간의 국경선이 없어지고 세계가 하나의 거대한 공동체가 될 것이라고도 한다.

앞으로 세계가 어떤 질서로 재편될지는 아무도 모른다. 한 가지 분명한 것은 미국을 포함해서 어느 한 나라도 자국에게 유리한 질서를 전세계에 강요할 만한 힘을 갖추지 못하고 있다는 사실이다. 소련이 붕괴되자 많은 미국인들은 이제 미국만이 세계의 유일한 강자이고 앞으로 미국이 세계의 질서를 잡을 수 있으리라고 생각했다. 그러나 미국은 어제의 미국이 아니다. 미국의 국력이 상대적으로 쇠퇴하고 있다는 것은 여러 면에서 분명히 드러나고 있다. 1970년대 이후 미국은 국내적으로는 재정적자, 대외적으로는 무역적자라는 '쌍둥이 적자'에 시달려오고 있다. 제2차 세계대전의 패전국 독일과 일본의 경제력은 이미 미국의 경제력에 버금갈 정도로 성장했다. 15억의 인구로 다가오는 중국의 기세 또한 만만치 않다.

미국의 입장에서 더욱 당혹스러운 것은 이제 약소국들조차 미국의 말에 순응하지 않는다는 사실이다. 베트남 전쟁과 이란 인질 사태에서 이미 전조가 보이기는 했지만 약소국들의 반란은 공산권 붕괴 이후 더욱 노골화되었다.

소련이 무너지고 미국이 들뜬 기분을 채 가라앉히기도 전에 이라크는 미국의 코앞에서 쿠웨이트를 무력 침공했다. 중요한 것은 미국이 이를 수수방관하지 않을 것임을 뻔히 알면서도 이라크가 일을 벌였다는 사실이다. 이는 누가 보더라도 미국에 대한 공공연한 도전이었다. UN을 통한 철병 요구가 받아들여지지 않자 미국은 즉각 군사적으로 개입하여 삽시간에 이라크군을 축출하고 사담 후세인의 굴복을 받아냈다. 그렇지만 이후에도 이라크는 UN 무기사찰단의 활동을 방해하는 등 미국에 대한 도발적 행동을 계속했다.

또한 북한의 태도도 심상치 않았다. 미국의 거듭된 경고와 경제제재 조치에도 불구하고 북한은 핵개발 계획을 포기할 의사가 전혀 없는 것처럼 보였다.

마침내 비극적인 사태가 벌어졌다. 2001년 9월 11일, 미국의 세계 지배를 상징하는 뉴욕 세계무역센터 건물이 테러리스트들의 자살 항공기 공격을 받아 엄청난 굉음과 함께 무너져내렸다. 순식간에 3,000명이 넘는 사람들이 목숨을 잃었다. 같은 시간 미국 국방성 건물에도 테러리스트들에게 탈취당한 점보 여객기가 돌진하여 엄청난 피해가 발생했다.

도저히 믿기지 않는 현실에 미국뿐 아니라 전세계가 경악했다. 과연 미국이 어떤 행동으로 나올지가 초미의 관심사였다. 예상대로 미국의 반응은 격렬했다. 알카에다라고 하는 회교 원리주의 테러 집단이 사건의 배후에 있고 아프가니스탄 회교 정부가 이들을 지원하고 있다는 사실이 밝혀지자마자 미국은 즉각적인 군사행동에 나섰다. 미국의 막대한 군사력 앞에 아프가니스탄 정권은 불과 몇 주를 견디지 못하고 힘없이 무너지고 말았다.

미국은 여기에 그치지 않고 1990년대 이후 약소국들의 반란

2001년 9월 11일, 미국의 세계 지배를 상징하는 뉴욕 세계무역센터 건물이 공격을 받고 있다.

을 주도해온 이라크와 북한을 '악의 축'으로 규정하고 이들의 무장 해제를 요구했다. 이라크가 이 요구를 거부하자 미국은 러시아, 프랑스를 비롯한 각국의 강력한 반대에도 불구하고 이라크에 대한 군사행동에 나섰다. 세계가 불안한 눈길로 주시하는 가운데 미국은 마치 어른이 아이의 손목을 비틀 듯 결코 만만치 않아 보였던 사담 후세인 정권을 무너뜨렸다.

많은 사람들이 2003년에 벌어진 미국·이라크 전쟁이 앞으로 미국의 세계적 위상을 결정짓는 중대한 고비가 될 것이라고 말했다. 일단 미국의 군사행동은 성공한 듯 보인다. 반신반의하는 사람들도 많았지만 역시 미국의 군사력은 가공할 만한 것이었다.

그러나 이것으로 미국의 패권적 지위가 확립되었다고 말할 수 있을까? 아마도 아닐 것이다. 비록 전쟁에서 승리하기는 했지만 그 과정에서 미국은 열강들의 강력한 반대를 무릅쓰지 않으면 안 되었고, 이 앙금은 앞으로도 쉽게 해소되지 않을 것으로 보인다. 미국의 이라크 침공으로 고조된 이슬람 국가들의 반미감정은 언제 폭발할지 모

르는 시한폭탄처럼 미국 외교의 앞날에 암울한 그림자를 드리우고 있다. 북한은 이라크의 '교훈'에도 불구하고 핵무기를 담보로 미국과 위험한 줄다리기를 계속하고 있다. 그럼에도 불구하고 중국과의 한판 승부를 결심하지 않는 한 미국이 북한을 군사적으로 응징하기는 쉽지 않아 보인다.

이 모든 것은 미국의 외교가 지금 중대한 도전에 직면해 있음을 암시한다. 물론 미국은 아직도 의심할 수 없는 세계의 초강대국이며, 앞으로의 국제질서 재편에도 주도적 역할을 담당하게 될 것이다. 그러나 이를 성공적으로 수행하기 위해서는 타협과 협조, 때로는 양보도 필요하다. 오랫동안 일방적 강요에만 익숙해왔던 미국으로서는 이런 식으로의 발상의 전환이 쉽지만은 않을 것이다.

그러나 자신의 온몸으로도 현실의 벽이 무너지지 않을 때 미국은 어쩔 수 없이 현실에 타협하는 태도를 배우게 될 것이며, 이런 과정을 통해 세계 위에 군림하는 존재가 아닌, 세계의 일원으로서의 자신의 위치를 새롭게 깨닫게 될 것이다.